Hardy Dutronc

DU MÊME AUTEUR

La Chanson mondiale, Larousse, 1996.
Le Rock, Larousse, 1997.
Guide de la chanson française, Larousse, 1999.

Yann Plougastel

Hardy Dutronc

Biographie

Flammarion

ISBN : 2-08-06-8496-5

Chapitre 1

Une rencontre

Il parle depuis dix heures du soir. De ce succès qui lui est tombé dessus si facilement et sans qu'il s'en rende compte. De ces concerts qui le mènent de Bruxelles à Brive-la-Gaillarde, sans véritable logique, et l'épuisent. De Django Reinhardt, Barney Kessel, Freddie Green, ces guitaristes qu'il admire tant, parce qu'ils économisent leurs notes et les placent juste où il faut. De Marcel Carné, dont un film de 1958, *Les Tricheurs*, avec Pascale Petit et Laurent Terzieff, l'a profondément marqué. De Céline, dont il connaît par cœur des pages du *Voyage au bout de la nuit* et de *Mort à crédit*, lui, qui, peut-être, lorsque le désespoir l'emporte sur la dérision, s'imagine comme un Bardamu du IXe arrondissement. De son père, qui accompagna au piano Jean Bertola, l'un des membres de la bande à Brassens [1]. Peut-être se laissa-t-il aller à fredonner le refrain de son adaptation de *Sixteen Toons*, une chanson de Merle Travis, une star de la country : « *Chaque jour un peu plus vieux et plus près de la tombe...* » De toute façon, il se verrait bien au volant d'un camion en train de sillonner les routes américaines.

De temps en temps, il se ressert un verre de Clos Couvent d'Alziprato, un des crus réputés de la région. Un à un, les copains se sont éclipsés sur la pointe des pieds. D'habitude, il a besoin d'eux, de cette sorte de « cour des miracles » qui

---

1. Jean Bertola fut aussi directeur artistique de la maison de disques de Georges Brassens, avant de mettre en musique plusieurs de ses textes.

l'entoure sans cesse, avec ses blagues de potache, son humour de corps de garde, ses rires de marins en bordée. Mais ce soir, il leur a promis, juré, craché, il va oser, d'ailleurs demain matin, s'il arbore une chemise rouge, c'est que l'affaire aura été conclue...

À onze heures, il parle. À minuit, il parle toujours. À une heure, il parle encore. En fait, planqué derrière ses vannes à deux balles et ses aphorismes à la Pierre Dac, se cache un immense timide. « J'ai une vie intérieure très riche, avec tout ce que je mange, c'est pas étonnant ! »

Elle, elle écoute. Elle aime ses yeux. Elle rit à son bagout, à ses phrases de titi bien élevé, à son étonnante liberté d'esprit. Pour qu'un homme l'attire, il doit être doté d'une séduction extérieure évidente. Elle penche plus du côté de Robert Redford que de Dustin Hoffman ! En fait, il lui faut tout, beauté extérieure et beauté intérieure. L'une sans l'autre ne suffit pas. Peut-être est-ce parce que sa mère, son premier « objet », était d'une beauté exceptionnelle, ce qui a imprimé en elle une sorte d'indissociabilité entre amour et beauté... Là, ce garçon a tout. Charme. Fragilité. Ambiguïté. Elle ne prête pas véritablement attention à ses propos. Elle est fascinée par sa simple présence.

Elle a 23 ans, lui 24... Ce sont les idoles de toute une génération.

*

De la terrasse, depuis que le soleil s'est abîmé dans la mer, on aperçoit les lumières de L'Île-Rousse, à quatre kilomètres de là. En ce début de printemps 1967, le maquis est en fleurs. Immortelles, cistes, bruyères, arbousiers et lentisques laissent échapper de subtiles senteurs. Elle a acheté cette maison voici un an sur les conseils de son ancien compagnon, un photographe réputé, qui s'inquiétait de ses placements hasardeux dans des compagnies de taxi ou des opérations en Bourse. Le village compte environ mille deux cents habitants, au nord-ouest de la Corse, sur l'arête du Pinzu de Salascuccia, au début de la Balagne, que l'on surnommait avant le « jardin de la Corse », vaste amphithéâtre de montagnes et de collines ouvert sur la mer. Chaque 16 août, à la fête du village, on bénit les ânes en buvant la « *minestra di cecci* », une soupe aux pois chiches. Elle a tout de suite été attirée par le mélange de dépouillement et de rudesse de cette terre. Elle, la recluse, la solitaire, ne pouvait que se plaire dans cet environnement à la noblesse austère.

Il est deux heures. Puis, trois. Et il parle.

Elle le connaît depuis à peu près quatre ans. Ils se croisaient dans les couloirs de leur maison de disques, rue d'Hauteville. Au début, ce type avec ses grosses lunettes de myope et ses cheveux ultracourts, qui ricanait sans cesse, ne lui disait trop rien. Il était guitariste dans un groupe de rock, El Toro et les Cyclones. Elle avait repris deux de ses compositions, *Fort Chabrol*, un instrumental très inspiré par les Shadows, devenu *Le Temps de l'amour* grâce aux paroles de Lucien Morisse et André Salvet. Puis, *Va pas prendre un tambour* sur des paroles de Maurice Vidalin. Il avait été question qu'il devienne son guitariste. Un jour, alors qu'elle attendait à un feu rouge, dans son Austin Cooper, devant le Printemps, elle l'a vu traverser et l'a hélé pour avoir sa réponse. Il a décliné. Parce qu'il allait se fiancer... « J'avais déjà mieux en tête. Elle me plaisait... Alors pas question de me griller en jouant avec elle », confessera ensuite l'intéressé. À ce moment-là, elle est amoureuse d'un acteur anglais qu'elle a rencontré à Londres lors du tournage de *Grand Prix* de John Frankenheimer avec Yves Montand. Malheureusement, il est marié et la fait souffrir. Une nuit, chez Castel, une des boîtes les plus branchées du moment, alors qu'elle est au bras de son bel Anglais, elle l'a croisé entouré d'une nuée de jolies filles. L'acteur lui a indiqué que ce garçon était bien plus séduisant que lui et que, s'il était à sa place, il n'hésiterait pas...

Peu à peu, à force de voir son visage et surtout son regard dans des émissions de télévision, elle découvre sa beauté et se laisse charmer par ses provocations, ses insolences, son côté un peu « voyou » qui coexiste avec une grande sensibilité. Insensiblement, elle tombe amoureuse. Mais ne pense avoir aucune chance et, de toute façon, est incapable de faire le premier pas. Ils participent ensemble à de nombreuses émissions de radio ou de télévision mais la valse hésitation se poursuit. À Berlin, lors d'un tournage, puisqu'ils sont descendus dans le même hôtel, elle espère qu'il va lui téléphoner et l'inviter à prendre un verre. Non. Quelques semaines plus tard, ils chantent ensemble à un gala en Belgique. Elle lui raconte que sa voiture, accidentée, est en panne. Galant, il lui propose de rentrer avec lui à Paris. Assis à l'arrière de la DS, elle pense qu'il va oser un geste. Rien. « Je me souviens du coup de la DS. Moi, elle me paraissait inaccessible... C'était plus facile de me croquer des petits boudins. J'aime bien contempler une belle toile, mais de là à repeindre dessus, c'est autre chose. L'admiration provoque une sorte de distance. En clair, cela ne m'était jamais venu à l'esprit que j'avais mes chances, elle ne me donnait pas beaucoup d'indications », gouaille-t-il aujourd'hui. De retour dans son appartement de l'île Saint-Louis, elle écrit *Avec des si* qu'elle chantera l'année suivante : « *Si vous aviez été plus terre à terre/Si je vous avais moins intimidé/Si vous naviguiez moins dans vos trop hautes sphères/Si vous ne cachiez pas tout ce que vous sentez/Moi, si j'avais été moins romantique/Et si vous m'aviez moins impressionnée/Si nous avions osé mettre nos rêves en pratique/Si nous avions osé une fois nous parler/Avec des si... si... si... Si l'on s'était moins fié aux apparences/Car vous et moi vivions avec des gens/Qui ne nous intéressaient pas beaucoup, je pense/Mais c'était du contraire que nous faisions semblant /En bref, si nous avions été tout autres/Nous ne nous serions sans doute pas aimés/Nous n'aurions pas perdu par notre faute/Tant de temps pour un geste que nous n'avons pas fait/Avec des si... si... si...* »

Et elle réfléchit...

Il y a tellement de choses qui lui plaisent en lui : le

contraste entre son ironie proche du mépris et sa poésie, entre sa brutalité et sa douceur. Sa musique, sa façon de chanter, ses textes apportent un style original. Il ne fait jamais ce qu'on attend de lui et ses trouvailles, qu'elles soient dérangeantes ou cocasses, surprennent à chaque fois. Elle apprécie qu'il soit indifférent à son succès et trouve la plupart des autres chanteurs ridicules, car il n'a jamais eu l'intention d'en devenir un lui-même. Mais surtout, elle est épatée par ses facilités naturelles, elle qui se considère comme une laborieuse parfaitement sinistre... Pas de doute. Ce garçon est le bon.

Puisqu'il ne saute pas le pas, elle sort de sa réserve. Et l'invite à passer quelques jours chez elle en Corse, avec Jacques Wolfsohn, leur producteur-éditeur commun, quelques-uns de ses musiciens et un ou deux journalistes amis du magazine *SLC*, « sa » bande, quoi...

*

Il est quatre heures du matin. Ils sont seuls. Et il continue de parler. Elle frissonne dans la fraîcheur de la nuit. Elle appuie sa tête contre le dossier du fauteuil et le regarde à la lueur des bougies qui éclairent la terrasse. Elle repense au poème d'Aragon mis en musique par Brassens, *Il n'y a pas d'amour heureux* et surtout au raccourci saisissant d'une de ses phrases : « *Le temps d'apprendre à vivre, il est déjà trop tard* ». Ce soir ne peut pas être trop tard. Quant à l'amour, il est grand temps.

Elle se lève. Lui attrape la main. Et le conduit dans sa chambre... Il est cinq heures, Monticello dort. La plage blanche en bas de la colline a une belle mine. Les amoureux ne sont pas fatigués.

*

« Ça s'est fait comme ça, l'alcool aidant. Il m'a parlé de 10 heures du soir à 5 heures du matin... Une nuit tout à fait extraordinaire, je ne parle pas du dénouement, mais des prémices... Extraordinaire parce qu'il n'a pas cessé de parler, et malheureusement, comme tout cela était très arrosé, je n'ai aucun souvenir de tout ce qu'il a pu me raconter. Comme c'est quelqu'un qui se tait la plupart du temps, je me mords encore les doigts d'avoir tout oublié ! », confiera-t-elle plus tard.

Lui, il dira : « Certains connaissent le coup de foudre, moi je suis un peu lent. C'est vrai que c'était une très jolie fille... À l'époque, il existait des listes de femmes que tout le monde rêvait de croquer. Et elle en faisait partie. Le genre, si tu arrives à la séduire, tu es bon pour la mine de sel, tu payes toute ta vie, mais tant pis ! »

*

À midi, la maison s'éveille. Un petit déjeuner s'improvise autour de la maîtresse de maison qui a de jolies paillettes dans les yeux. Elle voit les roses du jardin. Et se dit qu'ils savent rire tous ses amis. Elle aime leur insouciance et adore partager leurs jeux. Elle est heureuse, Françoise.

Au bout de la longue table en pierre, il a surgi. Torse nu. Il n'a pas trouvé de chemise. Autour du cou, Jacques porte un foulard. Rouge.

« C'était un code. D'accord, ce n'est pas très élégant, mais c'était une manière de dire que je m'engageais avec elle. Ce n'était pas que l'exploit d'un soir », soufflera-t-il bien plus tard dans un nuage de fumée de Havane.

Chapitre 2

FRANÇOISE, LA FILLE ILLÉGITIME

Ce 17 janvier 1944, les Allemands occupent Paris depuis trois ans et demi. Après la réunion de Roosevelt, Churchill et Staline à la Conférence de Téhéran en novembre et décembre 1943, les Américains et les Anglais entrent dans la préparation active de ce qui va être l'opération militaire capitale de la Seconde Guerre mondiale : le Débarquement en Normandie. Depuis quelques semaines, les Alliés multiplient les bombardements sur la capitale. En fin d'après-midi, les sirènes des mairies de chaque arrondissement ont mugi à nouveau dans le froid piquant de l'hiver pour annoncer une alerte. Des avions anglais doivent survoler Paris, prévient « Radio Paris », la station collaborationniste au service de Vichy et des armées allemandes.

Il est 21 h 30. En dehors de maigres patrouilles, les rues sont vides et, black-out oblige, plongées dans une obscurité complète. Vers le nord-ouest, les déflagrations sporadiques des canons de la DCA éclairent le ciel en une sorte d'orage d'acier lourd de menaces mais en qui la plupart espèrent l'annonce d'une libération prochaine... Et si la suprématie des nazis sur l'Europe touchait à sa fin ? Ils n'ont pris ni Moscou ni Stalingrad ; ils ont dû quitter l'Afrique ; en Italie, les combats font rage, à Alger, le général de Gaulle a installé un gouvernement provisoire, et la Corse a été libérée le 5 octobre précédent. Les Parisiens ont froid. Les Parisiens ont faim. Mais les Parisiens commencent à relever la tête...

Il est 21 h 30. Au cœur de la guerre, pendant que des forteresses volantes passent au-dessus de Paris pour aller bombarder Düsseldorf et les usines de la Ruhr, un bébé vient de naître. C'est une fille. Françoise, Madeleine. Capricorne, ascendant Vierge. Avec pour signes dominants : Gémeaux, Capricorne, Balance, Lion. Et aspects dominants : Mars, Saturne, en opposition avec Vénus.

Commentaire d'une astrologue puisque cette discipline va prendre une grande importance dans la vie de Françoise : « Capricorne ascendant Vierge, elle est née sous une opposition dominante de Mars-Saturne-Uranus à Vénus dans l'axe Gémeaux-Sagittaire. Mars-Saturne-Uranus en Gémeaux devraient faire d'elle une personne dure, exigeante, rigoureuse, à la fois combative (Mars), impérieuse (Uranus) et sceptique (Saturne), au tempérament à la fois vif et contrôlé, volcanique et discipliné, capable d'autant de patience lorsqu'il s'agit de réfléchir, d'approfondir que d'impatience agacée lorsqu'il s'agit de prendre des décisions tranchées. En face de Mars-Saturne-Uranus, on trouve Vénus en Sagittaire. On découvre une autre facette de sa personnalité : quelqu'un de doux, tendre, affectif, à la sensibilité frémissante, aux émotions (Vénus) amples (Sagittaire), aux sentiments à fleur de peau, découverts sans protection. Bref, une personne sensible à la musique et au parfum des mots, réagissant en fonction de ses sympathies ou antipathies épidermiques, de ses goûts et dégoûts du moment. En résumé, son côté dur s'oppose à son côté doux. La cérébrale inquiète et systématique ne fait pas toujours bon ménage avec la sensorielle impulsive et réagissante [1]. » Quant à la principale intéressée, elle expliquera en 2002 : « Le Capricorne est un signe qui déconnecte du monde extérieur et porte à une grande démesure rentrée. La Vierge, ce n'est guère mieux. Comme son nom l'indique, elle s'effarouche facilement. Je sors difficilement de mes quatre murs,

1. Propos recueillis par l'auteur.

ma maladresse et ma timidité m'ont toujours fait fuir les mondanités [1]. »

*

Ce 17 janvier 1944, à 21 h 30, elle pleure. Elle va pleurer ainsi chaque nuit pendant plusieurs mois. Madeleine, sa mère, ne cherche pas à la consoler. Elle la laisse pleurer des heures dans son berceau parce qu'elle a peur que sa fille ne devienne capricieuse. Prémices d'une éducation d'une grande rigidité...

Madeleine a 24 ans. Elle est aide-comptable à mi-temps. Élancée, grande, d'une beauté rare et d'un caractère bien trempé, elle a décidé d'élever seule sa fille, qui porte son nom. Le père, marié, a une autre famille ailleurs et personne ne doit connaître l'existence de cette fille illégitime. Dirigeant d'une société fabriquant des machines à écrire et à calculer, il appartient à un milieu aisé, contrairement à Madeleine, qui a vécu en banlieue, à Aulnay-sous-Bois, et dont le père était caissier au Comptoir national d'escompte et la mère, employée à la Banque de France. « Ma mère n'a sans doute pas choisi son statut de mère célibataire, mais elle en tirait une certaine fierté. Elle non plus ne supportait pas la langue de bois et les donneurs de leçons. Je tiens d'elle l'horreur des consensus et de la morale bourgeoise. Mon père était fou de ma mère mais il était marié. Ma mère n'était pas amoureuse de mon père, mais il la sortait de son milieu. Elle avait un gros problème avec les hommes puisqu'elle n'a jamais pu passer une nuit avec l'un d'entre eux. Comme sa propre mère, elle était frigide et castratrice », confiera plus tard Françoise au journaliste Gilles Verlant.

Pendant toute son enfance, le père ne fera que des apparitions éclairs trois à quatre fois par an, mais son charme, sa classe et son mystère impressionnent profondément Françoise. Elle passera une bonne partie de ses jeunes années à prier

1. Gilles Verlant, *Françoise Hardy, ma vie intérieure*, Albin Michel, 2002.

pour demander au Bon Dieu qu'il revienne. De lui, elle ne sait presque rien. Elle n'apprendra par exemple que plus tard la mort en déportation à Dachau du frère aîné de son père, un jésuite, dont les médecins nazis se servirent comme cobaye. Elle s'identifiera très longtemps à la petite sirène du conte d'Andersen, qui ne peut vivre l'amour qu'elle éprouve pour son prince charmant que dans la souffrance et le sacrifice. Ce masochisme moral va modeler de façon profonde son inconscient et, donc, sa vie.

*

Françoise et Madeleine habitent un petit appartement au 24 de la rue d'Aumale, une rue tranquille longue d'environ deux cents mètres du IXe arrondissement, derrière la place Saint-Georges.

C'est un quartier plutôt huppé, autrefois appelé la Nouvelle Athènes, où Frédéric Chopin et Georges Sand vécurent leur grand amour dans le square d'Orléans, dont l'entrée se trouve aujourd'hui au 80 de la rue Taitbout. Baudelaire vécut également là, ainsi qu'Alexandre Dumas. Les peintres Géricault et Delacroix y eurent leurs ateliers... De nombreux artistes, écrivains, musiciens, peintres, poètes ou sculpteurs ont hanté ces lieux secrets aux belles façades haussmanniennes, qui abritaient au début du XIXe siècle les hôtels particuliers de ces égéries entretenues dont la vie parisienne bruissait des conversations et des frasques. C'est désormais un quartier d'affaires, déserté à la tombée du jour. « Il n'y a pas très longtemps, j'y suis retournée par hasard. Rien n'avait changé. Je me suis arrêtée à la porte de notre ancien appartement. Il y avait du bruit. Je n'ai pas osé frapper », confie la chanteuse.

Dix-huit mois après la naissance de Françoise, Madeleine accouche, au printemps 1945, d'une autre petite fille. Michèle est à l'opposée de sa sœur. Désobéissante. Extravertie. Turbulente. Les deux sœurs ne s'entendront jamais vraiment. Leur seule complicité reposera sur les aventures imaginaires de

Madame Untel et de Madame Autre Chose qu'elles s'inventent chaque soir dans le noir après que leur mère les a couchées à 19 h 30 précises. Déjà, Françoise se réfugie dans un imaginaire parallèle.

Chez les Hardy, la vie est loin d'être rose. Madeleine n'a pas d'amis et encore moins de relations. Femme de devoir, elle ne s'occupe que de ses filles. En les couvant d'un amour possessif. Et en tirant le diable par la queue, puisque l'argent versé par le père est aussi aléatoire et fantomatique que ses apparitions...

Lever à 6 heures, chaque jour que Dieu fait, pour réviser ses leçons. Extinction des feux à 19 h 30, une heure après le retour de la mère de son travail. Entre-temps c'est l'école. L'institution La Bruyère, une école catholique privée où les jeunes filles de bonne famille apprennent une morale sans fausse note. Françoise s'y ennuie poliment.

En classe, sa timidité pathologique l'empêche de prendre la parole et chaque devoir lui demande d'incommensurables efforts qu'elle accomplit sans se plaindre pour obtenir des notes qui rendront sa mère heureuse et fière. « Je me cachais pour que la maîtresse ne m'interroge jamais. J'étais paniquée à l'idée d'être debout devant les autres élèves. À l'origine de ce complexe, il y a peut-être une mésaventure avec ma mère. J'avais cinq ans. Le matin, en partant à l'école, j'avais oublié de mettre ma culotte... À midi, ma mère est venue me chercher avec ma petite culotte, et j'ai dû la mettre devant tout le monde, à ma grande honte ! Dans mon inconscient, être au centre des regards est sans doute associé à cette honte [1]. » La cour de récréation la remplit de terreur. Parce qu'elle n'ose pas parler de sa situation familiale, disant pudiquement que ses parents sont divorcés, ce qui, dans les années 50, figure encore comme une exception, mais rend moins marginale que d'être une fille illégitime. Albertine Sarrazin n'a pas encore publié son roman et le mot bâtarde sonne comme une gifle.

---

1. *Ma vie intérieure*, Gilles Verlant et Françoise Hardy, Albin Michel, 2002.

arce qu'elle n'a pas d'amie, ayant l'impression qu'elle n'a rien à dire. Parce que, maladroite (sa mère l'a surnommée mademoiselle Poum à cause de ses nombreuses chutes), elle n'a jamais réussi à rattraper un ballon et refuse de jouer à la balle au prisonnier... D'ailleurs, en gymnastique, elle est nulle. Pour fuir l'opprobre de ses petites camarades, elle se réfugie dans la chapelle de l'institution. Ses nombreuses heures de prière, son assiduité à la messe laisseront penser quelque temps aux bonnes sœurs et à ses proches que la petite fille pieuse a la vocation...

*

À la maison, les distractions sont rares.

Le cinéma, aux anniversaires et à Noël, place Clichy, au Gaumont Palace, la plus grande salle de Paris, aujourd'hui remplacée par un hôtel sans âme et une galerie commerciale pour bricoleurs. Elle garde un souvenir ému de *La Piste des éléphants* avec Elizabeth Taylor, qui raconte l'histoire d'une Anglaise transplantée à Ceylan traversant de rudes épreuves avant de trouver l'apaisement auprès de son mari, un film de 1954 célèbre pour la charge spectaculaire d'un troupeau d'éléphants. Et de *Sous le plus grand chapiteau du monde*, un film de 1952 de Cecil B. De Mille, avec Charlton Heston, qui retrace la vie du cirque Barnum...

La visite, le samedi, aux Grands Magasins. Il suffit de descendre la rue de la Rochefoucauld, en laissant sur sa droite la rue de la Tour-des-Dames, où habite le futur Johnny Hallyday, et une fois passé devant le musée Gustave Moreau de tourner à droite dans la rue Saint-Lazare puis de longer le square de La Trinité, avant de prendre à gauche soit la rue de la Chaussée-d'Antin et ses boutiques de chaussures, de vêtements et de joaillerie, soit la rue Mogador, avec son traiteur italien et son théâtre au fronton en lettres rouges. C'est là. Le Printemps. Et les Galeries Lafayette. Avec leurs coupoles dorées et leurs décorations chatoyantes. Dans les années 50, au moment où la France est entrée dans ce que les économistes appellent les Trente Glorieuses, ce sont des temples de la consommation et du luxe. Les deux petites filles se promènent, émerveillées, au rez-de-chaussée, au rayon parfumerie, où flottent les senteurs les plus entêtantes et les plus subtiles dans une sensualité enivrante. Quelques jours avant Noël, rituellement, elles écrasent leurs petits nez sur les vitrines féeriques où ours en peluche, poupées, soldats de plomb, trains électriques paraissent avoir leur propre vie. Françoise aime les poupées. Elle y jouera jusqu'à l'âge de quatorze ans. Elle garde un souvenir ému d'un baigneur aux yeux noirs, tout doux, en plastique mou, qui crie quand on lui appuie sur le ventre et fait pipi lorsqu'on lui donne à boire... Il y a également le piano, puisque les deux sœurs commencent à prendre des cours dès leurs cinq ans. Persuadée que l'aînée est douée, sa professeur la pousse vite sur la scène de la salle Gaveau. Erreur fatale. Son trac est tel que Françoise supplie sa mère de mettre un terme à l'expérience.

Le jeudi, c'est mamie. Aux Tuileries ou au square de La Trinité. Et c'est moins gai. Jeanne Hardy est selon Françoise, « un monstre d'égocentrisme et de bêtise ». Cette femme amère et refoulée avait voulu devenir bonne sœur, mais la mère supérieure de son couvent, convaincue qu'elle n'avait pas les qualités requises, la poussa à s'en aller. Jeanne en conçut une profonde amertume qu'elle s'empressa de faire rejaillir sur le monde entier. Ses propos ne sont que dénigrements et assertions destructrices. « Tous les hommes sont des salauds ! » et « Mais pour qui se prend-elle celle-là ? » sont les piliers d'un credo sans cesse ressassé. Alexandre, son mari, est un être aimable et doux qu'elle rabroue perpétuellement. Au bout d'un certain temps, il se taira et ne parlera plus jusqu'à la fin de sa vie. À Françoise, qui souffre secrètement de l'absence d'un père dont elle ne connaît presque rien, elle assène régulièrement : « Tu es bien la fille de ton père ! » Lorsque la petite fille va aux toilettes, Jeanne cogne à la porte en criant : « Je sais pourquoi tu t'enfermes ! Tu n'es pas normale, tu as vu le gros ventre que tu as ! » Elle lui coud des jupes spéciales, avec un grand pli sur le devant, d'une laideur confondante, soit disant pour cacher ce ventre... Françoise du coup, convaincue de ses nombreuses disgrâces physiques, devient totalement complexée et n'osera ensuite jamais se mettre en maillot de bain sur une plage [1]...

Presque chaque week-end et à la plupart des vacances de Mardi-Gras, de la Toussaint ou de Pâques, les deux filles remontent la rue de Maubeuge, s'engouffrent dans la gare du Nord et prennent le train pour Aulnay. Direction le pavillon des grands-parents. Françoise y étouffe. Entre la vaisselle à essuyer, les meubles à nettoyer, les cancans sur les voisins et les parties de dames sans fin. « Ma grand-mère très névrosée, n'a jamais cessé de me dénigrer, elle me disait que j'étais laide, bête que j'avais tous les défauts de la terre et aucune qualité pour être aimée. Ce qui a provoqué un manque de confiance en moi que j'ai traîné toute ma vie. Arrivée à l'adolescence, j'étais persuadée de n'être bonne que pour le couvent, que jamais je ne plairais à qui que ce soit de l'autre sexe [2] », se souvient Françoise.

*

Une mère omniprésente et rigide, qui survalorise ses filles pour compenser les propres frustrations affectives de son enfance, un père absent et une grand-mère destructrice, cela ne permet pas de grandir autrement qu'avec un sentiment d'inconfort et de honte. La future chanteuse ne se sent bien nulle part et se replie sur elle-même.

N'ayant personne d'autre à aimer dans cet univers confiné, elle éprouve pour sa mère un amour démesuré. Soumise, sage

---

1. Gilles Verlant, *Françoise Hardy, ma vie intérieure*, Albin Michel, 2002 et Éric Dumont, *Françoise Hardy, notes secrètes*, Albin Michel, 1991.
2. Gilles Verlant, *Françoise Hardy, ma vie intérieure*, Albin Michel, 2002.

et obéissante, elle la voit se donner beaucoup de mal et sa seule angoisse est de la décevoir. « J'éprouvais l'intuition paralysante que ma mère projetait sur moi tous ses rêves de grandeur frustrés... J'ai répété toute ma vie ce modèle qui consiste à me polariser sur une seule personne, à faire tout en fonction d'elle plus qu'en fonction de moi. Si j'avais bénéficié d'un entourage plus diversifié, mon comportement n'aurait pas été aussi monolithique [1]. »

Très tôt, elle se réfugie dans la lecture. Elle dévore *La Semaine de Suzette*, un hebdomadaire illustré pour les filles de son âge. Et tombe sous le charme des *Contes verts de ma mère-grand*. Son histoire favorite est celle de *La Dame au blanc visage*. Un jeune garçon est éperdument amoureux d'une femme à la beauté mystérieuse, qui émerge au milieu d'un étang chaque nuit et dont il ne faut pas s'approcher sous peine de se noyer. Le garçon ne craint pas de mourir mais il ne peut laisser sa grand-mère seule. Déchiré entre son amour pour la Dame au blanc visage et son affection pour sa grand-mère, il tombe très malade et se met à délirer. La grand-mère entend alors son secret. Elle court voir la Dame qui les entraîne tous les deux au fond de l'étang... Encore une fois, il s'agit de sacrifice, de tragédie, de masochisme.

Pour Françoise, l'amour ne peut se vivre que dans le sacrifice.

*

Elle a huit ans lorsqu'un nouvel homme entre dans la vie de sa mère. Il est baron, autrichien et sans le sou. Amateur de musique classique, il fait découvrir Beethoven et Mozart à la fillette, qui apprécie l'exaltation de la *Septième Symphonie* mais s'avère allergique à la gaieté mozartienne. Ce qu'elle confirmera bien des années plus tard en se prenant de passion pour la pianiste Hélène Grimaud. Malheureusement, le baron perd aux cartes et aux courses le peu d'argent de Madeleine.

1. Éric Dumont, *Françoise Hardy, notes secrètes*, Albin Michel, 1991.

Ce qui provoque des crises homériques dans l'appartement de la rue d'Aumale... Cela va durer dix ans. Pour ne rien entendre, Françoise s'échappe dans la musique.

Elle passe et repasse sur son électrophone à piles un des quinze 45 tours qu'elle possède de Georges Guétary, un chanteur d'origine grecque, qui tire son nom d'un petit village basque et qui, après avoir été un des boys de Mistinguett au Casino de Paris, devient l'un des interprètes des opérettes de Francis Lopez (*Monsieur Carnaval*, *La Route fleurie*, *Pacifico*...). En 1951, il apparaît aux côtés de Gene Kelly dans *Un Américain à Paris*... Ensuite, ce sera au tour de Paul Anka, un crooner façon rock, dont le tube *Diana* symbolise les frustrations adolescentes. Puis de Jacques Brel (*Je ne sais pas*), de Francis Lemarque (*La Rue Saint-Vincent*), de Charles Aznavour (*Il faut savoir*), de Charles Trenet (*Un jardin extraordinaire*), d'Edith Piaf *(La Vie en rose)* et de Juliette Gréco (*Si tu t'imagines*).

Sa chanson préférée reste encore aujourd'hui, *La Rue s'allume* interprétée par Cora Vaucaire, une grande chanteuse française à la croisée de la tradition montmartroise et de la mouvance rive gauche : « J'étais très jeune, douze-treize ans environ, quand j'ai entendu cette chanson, mais c'est exactement ce que j'aime encore à présent, tout est dans le non-dit et la sophistication. Quand elle évoquait l'homme qu'elle aimait, elle disait : "*Il avait un beau costume/couleur d'un soir de Paris/gris et bleu couleur de brume/imprécis comme lui... c'est lui pourtant qui m'avait apporté ces quelques roses...*" » Elle avait également une passion pour *Les Roses de Picardie*, dont la mélodie l'enchantait. « C'est réellement autour de mon adolescence que ma passion pour les chansons s'est développée pour ne plus me quitter. Saturne correspond au stade de l'adolescence et les personnes marquées par cette planète, comme moi, ont tendance à rester fixées toute leur vie sur les pôles d'attraction qui ont été les leurs alors[1]... », explique-t-elle.

---

1. Gilles Verlant, *Françoise Hardy, ma vie intérieure*, Albin Michel, 2002.

*

À quoi peut donc bien rêver cette petite fille lorsqu'elle dort ou se laisse aller au charme de ces mélodies douces et sensuelles ?

À son père, bien sûr... Il n'est pas besoin d'être un grand clerc de la psychanalyse pour le supposer. Ce père qui n'est jamais là et qui, pourtant, est l'homme de sa vie, avec qui elle recherche un contact physique tendre de façon systématique, que ce soit par le souvenir de sa voix chaude lorsqu'il lui chantait quelques ritournelles ou par ce désir d'être dans ses bras, dansant au son d'une musique douce pendant qu'il lui chantonne à l'oreille un refrain d'autrefois.

« Nombre de petites filles ont ainsi, réellement ou en rêve, ouvert un bal avec le premier objet de leur désir. Cette scène, que nous pourrions qualifier de primitive, est sans doute celle que revit la fillette devenue adulte, lorsque la voix tendre et chaude d'un chanteur la fait vibrer, à l'écoute d'un disque, ou mieux encore, sur une piste de danse. L'homme inaccessible qui la berce de sa voix, vêtu des habits de fête qui donnaient à son père, lorsqu'il se préparait à sortir avec sa mère, l'apparence d'un prince, l'homme qui lui dispense les bienfaits d'une mélodie destinée à toutes les autres, donc à une "autre" imaginaire, lui offre une intimité dans laquelle, sans crainte, elle peut entrer. Cet homme-là, le chanteur nostalgique, réduit à sa seule voix, si proche, lui chante la chanson de l'inceste, un inceste sans culpabilité, vécu dans l'abandon et le plaisir », commente Philippe Grimbert, un psychanalyste lacanien qui s'est penché sur les rapports entre chanson et inconscient[1].

En fait, si la chanson tient une place aussi importante chez Françoise (mais également chez la plupart d'entre nous), c'est parce qu'il s'agit d'un objet transitionnel. Il lui permet de mettre en forme ses souvenirs, de tempérer la violence du signifiant et d'alléger les drames de son existence. Lors de la découverte des émois sexuels, des fonctions troublantes du

1. *Psychanalyse de la chanson*, Les Belles Lettres, Archimbaud, 1996.

corps, de la vie amoureuse et, du même coup, de la vie sociale, la chanson va lui servir à rendre moins rude le chemin. « Après avoir facilité à l'enfant l'entrée dans le langage, la chanson continue d'assurer son rôle auprès de l'adulte, lui permettant l'abord en douceur des sujets les plus critiques, rejoignant en cela la fonction du mot d'esprit ou de l'humour telle qu'elle fut définie par Freud, celle d'ouvrir la voie à la vérité du désir ou d'assouplir (voire d'assoupir) la vigilance du Surmoi, cette instance critique qui ne laisse rien passer ! », précise notre psychanalyste.

*

L'été de ses quatorze ans, elle part avec sa sœur à Innsbruck, en Autriche, pour un séjour linguistique. Par l'intermédiaire de l'Institut français de la ville, les deux Hardy séjournent dans une famille d'accueil, qui possède, au sommet d'une colline, un joli chalet aux volets verts.

Françoise s'enferme dans sa chambre pour lire (*Jean-Christophe* de Romain Rolland, *La Chute* d'Albert Camus et *Les Mandarins* de Simone de Beauvoir dont elle dévore ensuite toute l'œuvre), mais surtout pour écouter des chansons : « Écouter une chanson, c'est être la chambre d'écho de son propre cœur, être exclusivement attentif à l'expression de ses émotions et sentiments les plus intimes, les plus personnels. Dans ces conditions, le monde extérieur, on sait à peine ce que c'est. »

Une partie de ping-pong, une balade en bicyclette ou une conversation autour d'une limonade relèvent pour elle, à cette époque (et sans doute aujourd'hui !), de l'embêtement maximum !

Un jour pourtant, la recluse accepte de suivre sa sœur à la campagne. Dans le compartiment du train du retour, elle croise le regard d'un charmant jeune homme et tombe, illico, béatement amoureuse. Elle reprend plusieurs fois le même train, croise à nouveau le garçon mais, claquemurée dans sa timidité, n'ose pas lui adresser la parole... Michèle, sa sœur, à qui elle se confie, se gausse de cette attitude de godiche. Décidément, les sœurs Hardy ont du mal à se comprendre...

Quelques jours plus tard, dans une sorte de dancing, où sa sœur a réussi à l'entraîner, Françoise, qui a déjà une taille d'adulte et des yeux de biche, défaille lorsqu'un jeune homme à l'accent russe, beau comme un prince surgi de *Guerre et paix* de Tolstoï, lui adresse la parole. Il a dix-sept ans. Elle bafouille. Rougit. Regarde ses chaussures. S'étrangle. Et se liquéfie lorsque Youra, puisque tel est son nom, l'invite sur la piste de danse. Elle ne sait pas ! Elle n'a jamais appris à danser ! Elle est bien trop complexée ! Heureusement, il s'agit d'une série de slows ! Youra pose ses mains sur ses hanches. Lui murmure à l'oreille qu'elle est si belle. Presse sa poitrine contre la sienne. Niche son menton dans son cou. Effleure d'un doigt sa bouche. Le cœur de Françoise va exploser. Elle aime. Elle adore. Ah le doux émoi que voilà.

Au troisième slow, Youra la regarde droit dans les yeux et l'embrasse. Sur les lèvres. Elle s'évanouit pendant que le Canadien Jack Scott hoquette dans les haut-parleurs, *My True Love*. Son doux cavalier la dépose sur une banquette et, à la faveur de la demi-pénombre de la boîte, ils flirtent le reste de la soirée... Après les vacances, ces deux-là s'écriront. Longtemps. Et souvent. Puis les missives de Youra deviendront de plus en plus brèves. Avant de s'estomper définitivement...

Plus tard, elle chantera : « *Il y a peu de gens/que l'on peut aimer/mais si tu voulais pourtant/j'aimerais t'aimer/le jour où tu voudras/je serai là pour toi*[1]. »

Françoise n'en est pas revenue que l'on s'intéresse à elle ! Sans le savoir, ce garçon à moitié russe vient de lui ouvrir une porte qu'elle ne refermera plus jamais.

*

1. *Je serai là pour toi*, 1966.

À quinze ans, son apparence douce et réservée de tendre jeune fille grandie trop vite cache un brasier intérieur que personne ne soupçonne. Elle se met à collectionner les photos d'acteurs et d'actrices de cinéma, s'enflammant pour Brigitte Bardot, Romy Schneider et Marina Vlady. Avec une ferveur spéciale pour Robert Hossein, dont *Toi le venin* et *La Nuit des espions*, des thrillers psychologiques particulièrement haletants, la ravissent.

Le soir, elle a pris l'habitude d'écouter à la radio, enfermée dans sa chambre, les refrains qui alimentent ses rêves. Et tombe par hasard sur une station étrangère, Radio Luxemburg, qui diffuse ce rock juste naissant, celui d'Elvis Presley, d'Eddie Cochran, de Jerry Lee Lewis, de Roy Orbison ou de Brenda Lee. Mais aussi de la country avec les Everly Brothers, dont *So sad*, *Don't Blame Me* et *Crying In the Rain* appartiennent toujours à son panthéon personnel [1]. C'est le choc.

Comme la plupart des adolescents de sa génération, elle comprend instinctivement que cette révolution musicale va devenir le mode d'expression privilégié d'un monde à venir. « Lorsque j'ai découvert le rock, c'est devenu une passion telle que je ne pouvais pas envisager mon avenir sans qu'il ait un rapport avec ce type de musique. J'ai songé à devenir programmatrice de radio ou à travailler dans l'édition musicale [2]. »

Mais Madeleine, sa mère, veille au grain. Le bac, d'abord. On verra ensuite.

*

Nous sommes en 1960. Le nouveau franc entre en circulation le 4 janvier. À Alger, les partisans de l'Algérie française déclenchent, du 24 janvier au 1er février, une semaine d'insur-

1. Elle reprend *So Sad* sur l'album *Clair-obscur* en 2000.
2. Propos recueillis par l'auteur pour le documentaire « À quoi ça rime », la 5/Arte, 2000.

rection et de barricades, qui, faute du soutien de l'armée, échoue. Le général de Gaulle, à l'issue d'une tournée d'inspection du 3 au 7 mars sur le théâtre des opérations, se prononce pour une *« Algérie algérienne »* et annonce entamer des négociations pour arriver à la paix. Le 13 février, la France fait exploser sa première bombe atomique dans le Sahara. En mai, *La Dolce Vita* de Frédérico Fellini remporte la Palme d'Or du Festival de Cannes et le paquebot *France* est mis à l'eau à Saint-Nazaire.

Tous ces événements ne troublent guère le quotidien de Françoise. En juin, elle passe son bac, qu'elle obtient brillamment, avec deux ans d'avance. Elle n'a que seize ans...

Pour marquer l'exploit, ses parents décident de lui offrir un cadeau notable. Elle hésite entre un transistor, un de ces nouveaux postes de radio portables qui envahissaient le marché et une guitare, mais elle opte finalement pour la guitare. Grâce à la petite méthode élémentaire fournie avec, elle apprend trois ou quatre accords. Et, tout naturellement, commence par imiter les chansons qu'elle entend à la radio. Elle les joue dans la cuisine parce qu'elle y trouve l'acoustique meilleure. Très vite, elle se met à composer et à écrire ses propres morceaux...

À la rentrée suivante, elle entre à Sciences-Po. Mais le décalage entre les étudiants en costume-cravate, qui ambitionnent d'être les futurs cadres d'une société en pleine expansion économique, et la jeune fille – jupe plissée et imperméable bleu ciel usé jusqu'à la corde – au visage d'ange qui vit de poésie et de rêverie cachée est trop grand. Au bout de quinze jours, Françoise fuit. Et s'inscrit à la Sorbonne en propédeutique de lettres, qui est le nom donné jusqu'en 1966 à la première année d'études supérieures. En 1961, l'année de ses dix-sept ans, elle commence une année d'allemand dans l'intention, pour plaire à Madeleine qui tient à ce que ses filles s'assument financièrement, de devenir prof. Mais une petite annonce dans *France-Soir* va en décider autrement.

Chapitre 3

JACQUES, LE FILS CHÉRI

L'histoire démarre le 28 avril 1943. À Paris. Sous les bombes. Le 5 avril, le gouvernement de Vichy a livré aux Allemands Georges Mandel, Léon Blum, Paul Reynaud, Édouard Daladier et le général Gamelin, qui sont déportés en Allemagne. Le 19 avril, en Pologne, les SS ont pénétré dans le ghetto juif de Varsovie : la révolte des 60 000 rescapés des camps va durer quatre semaines mais s'achève par un bain de sang. Le 24 avril, un premier membre de la Milice de Darnand, la police politique de Vichy, est assassiné par la Résistance en Dordogne.

Le 28 avril, donc, Madeleine Sounier, épouse Dutronc, femme au foyer, donne naissance à un petit Jacques, qui vient rejoindre Philippe né six ans et demi auparavant. Quelques années plus tard, le principal intéressé expliquera : « Après une rude nuit durant laquelle l'aviation alliée avait particulièrement bombardé (par erreur ou pour me jouer un mauvais tour) le quartier de la rue de Provence, ma mère "m'infligea la vie" entre un car de police et la mairie du XVIIe [1]. »

Il est 5 h 20 du matin... La légende familiale veut, la guerre se poursuivant, que Jacques ait appris à marcher, l'année suivante, entre deux alertes, dans la station de métro la plus proche.

1. *Salut les copains*, 1967.

*

Les Dutronc viennent de Montrouge. Et appartiennent à ces classes moyennes, qui, sans être des nantis, ont peu de soucis matériels. Ils ont récemment emménagé dans l'appartement du 67 de la rue de Provence, presque à l'angle de la rue de la Chaussée-d'Antin, à quelques centaines de mètres de la place de l'Opéra et du square de la Trinité. Ils ne le quitteront que dans les années 90, après la disparition de Madeleine, en 1991.

La rue de Provence, qui s'appelait autrefois rue Saint-Nicolas-d'Antin, est une des plus anciennes rues de Paris. Elle a été construite à l'emplacement de l'ancien grand égout de la capitale. Et a été baptisée ainsi en l'honneur du comte de Provence devenu roi sous le nom de Louis XVIII. Baudelaire habita au 24 et Berlioz au 41. Le mythique One Two Two, la maison close la plus célèbre de Paris avec le Chabanais et le Sphinx, était installé au 122, dans l'ancien hôtel particulier du prince Murat. Soixante filles parmi les plus belles de la capitale y recevaient chaque jour dans un luxe raffiné acteurs, écrivains, hommes politiques, financiers. On y croisait Fernandel, Jean Gabin, Marlène Dietrich, Michel Simon, Edith Piaf, Clark Gable, Ernest Hemingway... La « maison » ne ferma ses portes que le 6 octobre 1946. Et fut pendant toute l'occupation un haut lieu de la nuit parisienne où officiers allemands et truands buvaient force champagne en admirant des dames fort accortes et réputées pour l'excellente tenue de leurs seins. Puisque c'était le principal critère de sélection de la patronne des lieux, Fabienne Jamet.

Le père, Pierre, un homme chaleureux et massif, travaille aux Charbonnages de France. Il est ingénieur des Mines. Ayant perdu son père à l'âge de trois ans, il a été élevé par une grand-mère plus qu'autoritaire : « J'en ai bavé. Elle habitait un ancien couvent où il y avait des chambres dans tous les coins et elle m'a mis au sous-sol. L'hiver, j'avais des engelures partout, parce qu'on ne chauffait que chez ma grand-mère. » Du coup, plus complice que père fouettard, il laissera ses deux garçons grandir à leur rythme et selon leur humeur. Fils et petit-fils de musiciens, il joue du piano et du violon. À ses moments libres, il anime des bals à la Bastille, au Balajo de la rue de Lappe, ou rue de la Croix-Nivert chez Laffont : « C'étaient des sortes de bal musette si vous voulez. J'avais un avantage sur les autres musiciens, c'est que moi, j'étais toujours à l'heure et je ne buvais pas [1]. » Pour que ses secrétaires ne le reconnaissent pas, il s'affuble d'un magnifique faux-nez. « Son truc, c'était le piano. Le reste, il s'en foutait. Il jouait dans les bals populaires de Paris ou de Province. J'ai encore des photos où il porte des chapeaux mexicains avec des manches bouffantes », se souvient Jacques, qui va prendre chez son père une grande partie de son humour et de sa fantaisie. « Jacques a fait exactement ce que je voulais faire ! », précisera plus tard le père.

La mère, Madeleine, qui porte – hasard incroyable – le même prénom que la mère de Françoise Hardy, est une femme active, charmante et joyeuse, qui aime le côté bohème de son mari mais le tempère d'un soupçon de règles. N'importe quel ami de ses enfants peut s'inviter à sa table mais les repas se prennent à heure fixe... Chacun a son rond de serviette. Lorsqu'elle ne s'occupe pas de ses deux garçons, elle tient le secrétariat du curé de la Trinité, l'abbé Martin, qui, lui aussi, vient régulièrement dîner, s'extasiant à chaque fois sur les rillettes de cette brave Madeleine. Hadi Kalafate, le meilleur ami de Jacques, se souvient d'elle tapant, des après-midi entiers, derrière une grosse machine à écrire les lettres pour ses bonnes œuvres, une éternelle gauloise à la bouche. Elle adore ses enfants et mise sur une gentille complicité pour les éduquer. Jacques ne parle guère d'elle. Autant par élégance que par pudeur, sans doute. Car elle l'a toujours soutenu, défendant ses frasques auprès de ses professeurs et, lorsqu'il abandonne ses études, le laissant trouver sa voie en lui prodiguant une confiance sans faille. « Question mots d'excuse, ma

1. Dans *Salut Sex*, un film de Jean-Marie Périer.

mère était une scénariste assez géniale. Par exemple, le lundi, elle écrivait : “Mon fils étant tombé dans l’escalier, il ne pourra pas, etc.” Le lendemain, c’était : “Étant donné qu’il est tombé, comme je vous l’avais dit dans ma précédente lettre, quelques maux de têtes empêchent mon fils de... etc.” », raconte Jacques. Elle sera sa première fan, compilant amoureusement disques et articles de journaux. Et s’occupera longtemps de son courrier de chanteur à succès. « Elle était née pour ça. Et elle m’a mis au monde pour ça. Moi je dis que c’est une absence. Ils ne sont pas là pour l’instant. Ils reviendront ou on ira les rejoindre. J’en sais rien. On ne peut pas vivre sur un chagrin. C’est trop facile... » commentera Jacques quelque temps après la disparition de sa mère. Depuis, il porte son alliance au petit doigt de la main gauche.

*

Il règne dans l’appartement de la rue de Provence recouvert de livres, de disques et d’instruments de musique, une fantastique impression de liberté et d’ouverture d’esprit. Cette roulotte, où, entre l’élevage de rats de Jacques, les airs de boléro de son père et les activités de dame patronnesse de la mère, sans oublier les collections de modèles réduits de Philippe, il se passe toujours quelque chose, fascine les enfants du quartier, qui y voient une sorte de caverne d’Ali Baba. « C’était un décor de théâtre, nous allions rue de Provence pour rigoler [1] », se souvient avec tendresse Kalafate.

Comme chez toutes les familles de l’époque, où la télévision n’apparaîtra qu’au début des années soixante, le poste de radio tient une place prépondérante. On se réunit autour du gros poste à galène pour suivre les aventures de *La famille Duraton* ou de Zappy Max dans *Ça va bouillir !* On rit ensemble aux jeux de mots de Pierre Dac dans *Signé Furax*. On écoute religieusement *La minute de Saint-Granier* causerie bien-pensante d’un éditorialiste que l’on qualifierait aujour-

1. Entretien avec l’auteur.

d'hui de « politiquement correct ». On commente les vaticinations enflammées et prophétiques de Geneviève Tabouis, sorte de pythie politique à la voix grinçante et hallucinée. On reprend en chœur les réclames : « *Cadum, Cadum, Cadum lanoliné ! Les petits Cadums entretiennent la beauté !* » ou « *La Boldoflorine, la Boldoflorine, la bonne tisane pour le foie !* »

Dans cette ambiance bon enfant, les deux garçons s'épanouissent vite. L'été, la famille émigre en Bretagne, à Saint-Cast, en face du Cap Fréhel, entre Dinard et Lamballe, une des stations balnéaires de la Côte d'Émeraude, où les Dutronc louent une maison.

Philippe, moins « aquaboniste » que son frère et plus réservé, après avoir entamé des études de médecine qu'il abandonnera (« par honnêteté » selon son frère), intégrera les Grandes Écoles de la République et deviendra haut fonctionnaire. Et terminera sa carrière au cabinet d'un Premier ministre nommé Lionel Jospin.

Jacques, contrairement aux apparences, est un enfant sage, qui, certes, attache des casseroles à la queue du chat et massacre les Dinky Toys de son frère, mais ne s'extériorise guère. « Dans la famille, il a toujours été un témoin sérieux et grave. Je me souviens de lui tout jeune, de son regard bleu, attentif. Il se taisait pendant des heures, mais il enregistrait tout. Il a une mémoire d'éléphant... S'il y a une poésie dans la petite-bourgeoisie, Dutronc en est l'illustration », confiera le cinéaste Claude Sautet, cousin germain du père de Jacques, qui d'ailleurs lui donnera un rôle dans un de ses films, *Mado*.

*

À trois ans, premier accroc. Une hernie étranglée manque lui être fatale. Ce n'est que le début d'une série d'ennuis de santé qui vont ponctuer la vie de Jacques. Mais là-dessus, il refusera toujours de s'étendre. Chez Jacques, on ne se plaint jamais, on esquive, on pirouette, on « s'arrache de rire »...

L'alerte a été rude. De là viennent sans doute son fatalisme, son détachement et son refus de se prendre au sérieux, qui camouflent à peine un désespoir profond. Mais la vie continue. Direction l'école. À l'institut Rocroix-Saint-Léon. Chez les oratoriens de la rue du Faubourg-Poissonnière, un ordre de moines séculiers dont l'enseignement est la spécialité. Pour trois années pas vraiment folichonnes dans une institution catholique d'excellente réputation, où il trouve cependant le moyen de provoquer un début d'incendie en prenant l'encensoir pour un micro... Chez les Dutronc, on est très croyants. Une des sœurs de Pierre, le père, est d'ailleurs mère supérieure d'un couvent dans le sud de la France. Jacques fréquente assidûment le patronage de l'abbé Martin, à La Trinité, où il est, entre autres, chargé de projeter des diapositives, ce qui lui servira ensuite d'excuse pour s'éclipser discrètement de chez ses parents afin de retrouver ses copains du square de La Trinité.

Il rejoint ensuite l'école communale du 9 de la rue Blanche. Un bâtiment extérieurement d'aspect austère, qui cache de belles salles de classe et une vaste cour de récréation, où s'ébattit une palanquée de générations de bambins dont plusieurs sont devenus célèbres (Lucien Ginsburg avant qu'il ne devienne Serge Gainsbourg).

La vie de Jacques bascule alors du tout au tout. L'enfant sage se mue en un chahuteur de haute volée qui entraîne avec lui une tripotée d'agités du bocal patentés, dont l'activité principale est de mettre en boîte leur instituteur, M. Courtinot. Le pauvre homme est surnommé « *Tic-tic* », parce qu'il effectue les mains dans les poches de surprenants mouvements verticaux, qui, dans leur imagination débordante, deviennent vite synonymes de masturbation. En 1972, Jacques interprétera même une chanson titrée *Tic-tic*.

Il y a, dans le groupe, Jean-Louis Licard, surnommé Joseph, baptisé Professeur Lalic, qui vient de la rue Chaptal et triture le français en y injectant du verlant ou en déformant les mots pour inventer un langage à l'usage des seuls initiés. Et Hadi

Kalafate, un gamin brun au visage de fouine, surnommé le Mameluk à cause de ses origines turco-kabyles, qui habite rue Taitbout, dont la mère est femme de ménage et le père vend des fruits et légumes. Il va devenir le meilleur ami de Jacques et, affublé du sobriquet de « *L'émir du twist* », l'accompagnera longtemps dans sa carrière de chanteur, tantôt comme bassiste, tantôt comme conseiller artistique... Il y a également un certain Jean-Philippe Smet, du 13 de la rue de la Tour-des-Dames, le futur Johnny Hallyday, qui, lorsqu'il ne suit pas sur les routes d'Europe sa cousine et son mari, Desta et Lee Hallidays, ou ne tourne pas dans *Les Diaboliques* de Clouzot, vient attendre à la sortie son copain Kalafate.

Après l'école, la joyeuse bande descend la rue et envahit le square de La Trinité. Bordé à gauche par la rue de Clichy et à droite par la rue Blanche, ceint d'une balustrade en pierre blanche, formant un ovale parfait au pied de l'église de La Trinité, dont Olivier Messiaen fut pendant quarante ans l'organiste, ce modeste jardin, où quelques massifs de camélias, de magnolias et d'hortensias, dominés par un ptérocarya du Caucase de vingt-six mètres et des aulnes à feuilles en forme de cœur donnent une impression de verdure, ne vaut que par son immense fontaine et le bassin qui va avec. Il existe depuis 1865 et clôt la perspective de la Chaussée d'Antin. Il a été conçu sur un rythme ternaire pour rappeler le nom de l'église, qui le surplombe : trois fontaines à triple vasque, trois statues (la Foi, l'Espérance, la Charité) et trois pelouses. L'été, quelques audacieux trempent les pieds dans le bassin. L'après-midi, des amoureux s'y bécotent sur les bancs. Et le soir, les dames du quartier viennent y promener leur chien. Bref, c'est une aire de jeux idéale pour des brimborions en mal de 400 coups, de batailles de châteaux de sable ou de courses de vélos. Mais personne ne peut imaginer que de ce square poussiéreux, de nos joueurs de billes devenus ados, va s'envoler la légende du rock français...

*

En 1955, à l'âge de douze ans, Jacques entre en 6e au Petit Condorcet. Cette année-là, James Dean se tue dans un accident de voiture, Charlie Parker meurt à New York, Citroën présente la DS 19 au Salon de l'Automobile, Jacques Soustelle, le nouveau gouverneur général d'Algérie, fait proclamer l'état d'urgence, le gouvernement de Pierre Mendès France est renversé, une nouvelle station de radio voit le jour : Europe no 1, Gilbert Bécaud est surnommé « Monsieur 100 000 volts », la parution de *Tristes Tropiques* de Claude Lévi-Strauss marque l'émergence du structuralisme...

Le Petit Condorcet est un collège noir et triste de la rue d'Amsterdam, qui fut fréquenté par Jean Cocteau de 1900 à 1904. Dutronc va y passer quatre ans et comprendre que les « humanités » ne sont pas sa tasse de thé. Il redoublera d'ailleurs sa cinquième. Il est en section moderne (anglais en première langue, russe en seconde) mais préfère suivre les cours du fond de la classe, près du chauffage, là où tous les farceurs de son genre s'agglutinent.

« Quand il décidait de s'intéresser à des matières, il était excellent et il aurait pu faire de grandes études. Elles ont été bonnes, sans plus, mais surtout, très, très dissipées. Il y a des choses qu'il ne voulait pas comprendre et d'autres qu'il assimilait facilement... quand ça l'intéressait. À l'école, il adorait lire Camus et Céline. Il avait une culture picturale. Il s'intéressait énormément à la peinture. Il a fait quelques tableaux. Il dessinait aussi très bien. Il aurait pu faire les Beaux Arts », raconte Kalafate qui ne l'a pas suivi à Condorcet et a entamé un apprentissage de menuiserie [1].

Les frasques de Jacques sont légendaires. Un jour, un prof de maths lui demande de venir au tableau pour tracer une droite. Joli sourire d'enfant de cœur accroché aux lèvres, il s'exécute. Tire un trait sur le tableau. Puis sur le mur. Et continue jusqu'à la porte qu'il s'empresse de prendre sous les

1. Entretien avec l'auteur.

applaudissements de ses camarades. Une autre fois, il planque des vieilles croûtes de fromage au fond de ses chaussures, laisse macérer quelques heures puis se déchausse discrètement sous son pupitre, laissant l'odeur pestilentielle se répandre lentement à travers la classe... Il adore aussi cacher sous l'estrade plusieurs réveils qui, réglés à des heures différentes, sonnent à toute berzingue les uns après les autres en plein milieu du cours.

À l'époque – et encore aujourd'hui – M. Romieu est le seul prof qui trouve grâce aux yeux de Jacques. Imaginez un sosie de François Mauriac, belle moustache grise, front dégarni, strict costume trois pièces, qui, d'une voix de stentor, enseigne le français, latin, grec. Incomparable comédien, il lit des scènes de Corneille ou Racine comme si sa vie en dépendait, au point, parfois, de finir agenouillé, les bras en croix, au pied de l'estrade de son bureau. À l'indiscipliné – quel étourneau ! – qui ose perturber sa classe, il lâche, superbe et féroce : « Monsieur, vous faites le clown ? Bien, dans quelques années, vous travaillerez effectivement dans un cirque, mais, faute de diplômes, derrière un éléphant, avec une pelle et un balai à ramasser ses crottes [1] ! » Son autoritarisme cassant dont on a bien du mal aujourd'hui à imaginer la virulence ne l'empêcha nullement de faire partager à plusieurs générations de têtes de linottes sa passion pour la langue française. Il y avait une sorte de mysticisme laïque chez cet homme. Nous sommes nombreux à lui devoir notre amour des mots, des phrases et de la littérature. « S'il avait été dictateur, il aurait été effrayant », s'amuse Jacques...

*

En dehors des heures de cours, le futur chanteur joue du violon. Pour embêter son père. Mais il n'arrive à rien. Place à la batterie. Parce que son oncle, en l'occurrence un certain

1. Souvenirs personnels de l'auteur qui fréquenta également le Petit Condorcet et eut aussi M. Romieux comme professeur.

Jacques Dutronc, est batteur. « J'ai commencé par jouer de la batterie avec des brosses à cheveux sur des chaises en contreplaqué imitation paille. Deuxième instrument, les varinettes, sureau troué des deux côtés et au milieu du papier à chiottes noué avec des élastiques. Puis l'harmonica, le sifflet et l'ukulélé », se souvient notre ami.

À l'âge de douze ans, parce que son frère en jouait, il se met sérieusement à la guitare. « Quand Jacques a commencé à faire du bruit à la guitare, on ne l'a pas embêté. Sa mère signait tous ses bons d'absence. Il préférait ça aux études », explique son père. À écouter et à disséquer les disques de jazz manouche ou de West Coast, le jazz fluide et ensoleillé venu de Californie, de son frère, Jacques progresse rapidement. À côté de Wess Montgomery, Montaigne et La Boétie sont un peu tricards... « Tout le monde jouait de la guitare classique ou des imbécillités du genre *Jeux interdits*. Moi, je me démarquais déjà. Je préférais Django Reinhardt et la musique manouche, ce type d'ambiance. À la guitare, il faut trouver la vraie note, juste celle qu'il faut. J'ai eu la chance d'être assez doué dans ce domaine. J'ai d'ailleurs appris à jouer tout seul. Très vite, c'est devenu comme une véritable obsession. »

Pourtant, à l'époque, il veut devenir camionneur. Cet amour de la route ne l'a visiblement toujours pas quitté puisque, sur le bar de la salle de cinéma de sa maison de la rue Hallé, où il va vivre jusqu'à la fin des années 90, trônait une magnifique reproduction d'un truck américain. Son ami Kalafate souligne que lors des tournées, c'était toujours lui qui conduisait et qu'il a toujours été *« on the road again »*. D'ailleurs, aujourd'hui encore, en Corse, Dutronc possède un van avec lequel il se déplace en écoutant de la musique country...

*

À la fin des années 50, les brimborions du square de la Trinité se muent en des adolescents excités par la musique américaine, qui rêvent de jouer à *La Fureur de vivre* dans leur quartier. Ce sont des enfants de familles modestes qui découvrent le charme des filles et les joies du rock'n'roll.

Parce qu'ils ont une réputation à tenir, ils affrontent leurs ennemis du square Saint-Lambert. Mais se tiennent à carreaux lorsque ceux du Sacré-Cœur, de Vintimille, où s'illustre Michel Sardou, des Tuileries ou de la Bastille se pointent, car ils sont plus méchants et plus nombreux. « Nous étions des faux voyous, c'est-à-dire qu'on essayait de jouer les voyous, mais qu'on y parvenait pas vraiment. On portait des blousons noirs, on allait voir tous les films de série B. de l'époque, on se baladait avec des chaînes de vélo dans la poche. On essayait de se battre, mais on prenait généralement des dérouillées. Et puis on jouait les durs dans notre quartier. Il y en avait un parmi nous qui perdait toujours ses lunettes, et puis qui ne savait plus où il était tant il était myope, c'était Jacques Dutronc », se souvient Johnny.

« À part Johnny, il y avait des types auxquels nous avions donné des surnoms incroyables style : Têtard, Jacky la Croix, Fronde et sa sœur, Baudin... Johnny, quand on était avec lui, c'était toujours la même histoire : il prenait ma Mobylette, il se garait assez loin et me disait : "On dira qu'on a une Triumph, une TR3... et à nous les filles !" En surboums, il y avait des disques qui s'imposaient bien entendu. On écoutait beaucoup Ray Charles », précise Dutronc.

Dans la bande, il y a Christian Blondiau (le futur Long Chris), Hadi Kalafate, Gérard Christiné, Jean-Louis Licard, Bernard Moussot, Francis Andrieux, surnommé « Bibof »[1], Daniel Deshayes (Dany Logan), Dany Maranne, Dean Noton, Jacky et Charlot Benaroche (qui formeront ensuite les Fantômes) et un certain Jean-Claude Testaer qui en est le véritable chef. Ils sont tout au plus six ou sept, qui « empruntent »

1. Un ami d'enfance de Jacques, qui a également participé aux colonies et au patronage de l'abbé Martin. Il accompagnera quelque temps Jacques aux maracas et au tambourin, avant de travailler avec Éric Charden et de rejoindre la rédaction de *Vidéo 7*. Il coule désormais une paisible retraite à la campagne.

quelques Mobylettes ou, comme dans *Les Tricheurs* de Marcel Carné, des disques dans les grands magasins. Ils roulent en Vespa, en « *Paloma Flash* » ou en « *Rumi* », et portent les premiers jeans 501. Ils parlent ensemble une drôle de langue, mélange de verlan et de javanais, totalement hermétique aux non-initiés.

« Comme l'argot est nase, je m'amuse avec mes potes à trouver d'autres mots et ces mots deviennent pour nous, et pour nous seuls, un code. Les filles, on les appelle les soutes pour plusieurs raisons : on peut y mettre son bagage, on peut se cacher dans leurs bras, on peut, quand elles sont intelligentes, en découvrir les profondeurs. On les appelle aussi des boîtes, parce qu'on les fréquente la nuit, ou même des boîtes à musique, des boîtes à biscuits. Et, de toute façon, ce terme de boîte ou de soute nous permet de parler d'elles sans qu'elles s'en doutent. Exemple : "Je n'ai pas envie de rester à la boite toute la journée" ; "Il faudrait se débarrasser de cette boîte" ; "Laisse-moi la boîte s'il te plaît..." », confiera-t-il plus tard à Jacques Lanzmann, son parolier [1].

*

En juin 1959, le futur interprète des *Cactus* quitte le Petit Condorcet à la fin de la quatrième. Il se vantera ensuite d'avoir été renvoyé pour « insubordination notoire et chahut organisé ». L'administration du collège n'a gardé aucune trace de cette décision. Disons que, de guerre lasse, le divorce entre l'éducation nationale et le play-boy de la Trinité a dû s'opérer par consentement mutuel. Jacques a seize ans. Il joue de la guitare et peint. Bref, il sort de l'ordinaire. D'ailleurs, pour ses copains, c'est déjà une star.

Pendant ce temps-là, à Cuba, Fidel Castro et ses Barbudos sont entrés à La Havane. Chypre devient indépendante. *Cer-*

1. Une invention de langage que Jacques Dutronc pratiquera longtemps encore, notamment lors de ses tournées avec son groupe de copains dans les années 60.

tains l'aiment chaud de Billy Wilder, avec Tony Curtis, Jack Lemmon et Marilyn Monroe triomphe sur les écrans. Françoise Giroud invente « *la nouvelle vague* ». François Truffaut obtient le prix de la mise en scène à Cannes pour *Les Quatre Cents Coups*. Alain Resnais tourne *Hiroshima mon amour* d'après un scénario de Marguerite Duras. Michel Debré est nommé Premier ministre par le général de Gaulle, qui proclame le droit à l'autodétermination des Algériens. Gérard Philipe s'éteint le 25 novembre. Les premières aventures d'Astérix et d'Obélix voient le jour dans *Pilote*. Pierre Lazareff, Pierre Desgraupes, Pierre Dumayet et Igor Barrère créent un nouveau magazine télévisé d'actualité, *Cinq Colonnes à la Une*...

Parce qu'il faut bien faire quelque chose, dixit le principal intéressé, Jacques passe l'examen d'entrée à l'École professionnelle de Dessin industriel (EPDI) et, reçu, commence en septembre à y apprendre le dessin publicitaire et industriel. Il semble avoir trouvé sa voie. Et, à la grande surprise de ses copains et de ses parents, s'avère un élève tout aussi studieux que doué. Il y rencontre celui qui va devenir un de ses meilleurs amis et le compagnon de nombreuses virées. Jean-Pierre Huster est le frère aîné de Francis, l'acteur. Il est brun et ressemble étrangement à Jacques. Ces deux-là s'habillent de la même façon (blazer et pantalon gris), emploient les mêmes mots et rient aux mêmes blagues. On dirait deux frères... Jean-Pierre sera le premier bassiste de Jacques.

Ils commencent avec un succès certain à draguer toutes les filles qui passent à leur portée et notamment celles de l'école de coiffure qui jouxte la leur. Ou alors, ils se font un « plan d'gitanes », nom de code qui, dans le langage fleuri inventé par le Professeur Lalic, signifie aller voir les accortes demoiselles des rues de Budapest ou de Joubert, les rues chaudes du quartier. Ils poussent ensuite la porte du Silène, un bar près de la gare Saint-Lazare, où ils jouent au flipper des heures. Et terminent l'après-midi au Calypso Bar, rue Joubert, point de rendez-vous de tous les membres de la bande de la Trinité qu'Eddy Mitchell chantera dans *Mes souvenirs, mes 16 ans* : « On faisait notre numéro de flipper, de juke-box et de déhanchement à la James Dean, devant le bar, pour impressionner les trois louloutes qui étaient là et qui avaient des chignons crêpés. En ce temps-là, je dois dire qu'on n'avait pas un très grand succès. » Entre-temps, ils sont peut-être allés au Cinéac Italien, un cinoche des Grands Boulevards, pour voir un film de Kim Novak, leur actrice fétiche, ou un western de série Z. *Vertigo* d'Hitchcock reste mon film préféré. Je l'ai vu cinquante-deux fois de suite à sa sortie en 58. J'étais complètement amoureux de Scottie, le personnage joué par James Stewart, une version parfaite du machiavélisme, de Mister Hyde et Docteur Jekyll, de l'innocence poussée à son paroxysme. Et puis il y a Kim Novak, ma Madeleine à moi. C'est sans doute à *Vertigo* que je dois ma peur du vide... Bizarrement, je n'ai jamais pu lire le roman de Boileau et Narcejac (*D'entre les morts*), car les images du film interféraient sans arrêt. » Au Wimpy, ancêtre plutôt luxueux des McDo d'aujourd'hui, à l'angle de la rue Drouot et du boulevard Montmartre, en dessous de ce qui sera bientôt le Golf Drouot, ils adorent semer dans les pots de ketchup en forme de tomate des colliers de « titis », c'est-à-dire des crottes de nez, puis mater la tête des pauvres gaziers qui l'étalent sur leur hamburger. De temps en temps, ils prennent un train à Saint-Lazare. Direction La Garenne-Bezons. But : jouer au gang des poubelles. Modalités : vous grimpez une vieille poubelle en fer au dernier étage d'un immeuble, vous la laissez rouler dans la cage d'escalier dans un bruit d'enfer et vous sonnez à la porte où elle a atterri en prenant bien soin de pousser des hurlements d'Iroquois sur le sentier de la guerre...

L'espace d'un instant pourtant, les copains de Jacques ont peur de le perdre. Il est tombé raide dingue d'une fille de Vincennes, Ghislaine, qui, justement, a des petits airs de Kim Novak. De plus en plus, il semble préférer leur rendez-vous aux blagues de potache de Kalafate et du Professeur Lalic. « Elle nous détestait et lui prenait la tête en lui disant d'arrêter de fréquenter cette bande de toquards. Nous aussi, on ne l'aimait pas parce qu'elle nous éloignait de notre meilleur pote. Du coup, on lui taillait sans cesse des costards. Jacquot était pris entre deux feux [1]... », se souvient Kalafate. À chaque fois que les deux tourtereaux s'apprêtent à roucouler rue de Provence, les compères se pointent pour, benoîtement, lui faire découvrir l'intro du nouveau 45 tours qui vient d'arriver des States... Au bout du compte, Jacques a rejoint ses potes. Il aura toujours besoin de sa « cour des miracles » autour de lui. Même s'il a failli épouser Ghislaine. Mais ça, c'est une autre histoire...

*

Et puis il y a la musique. Au Paris Swing, sur les Grands Boulevards, un disquaire qui fait également café, ils entendent les disques d'Eddie Cochran (*C'mon Everybody*), de Bobby Darin (*Mack The Knife*), Lloyd Price (*Personnality*), des Coasters (*Poison Ivy*), de Ray Charles (*What'D I Say*, *Georgia On My Mind*), de Paul Anka (*You Are My Destiny)*, de Brenda Lee (*I'm Sorry*), d'Elvis Presley (*It's Now Or Never)*. Le soir, Jacques sort sa guitare et va dans les boîtes du quartier : « On se produisait chez Gaby, rue Rodier, un homosexuel terrible. C'est pour ça que je les appelais tous des Gaby : semi-putes, semi-flics, des mecs qui rôdent la nuit, à coup de cinquante balles, ils nous demandaient un morceau, mais ils étaient tellement bourrés qu'on jouait autre chose de toute façon. [2] » Peu à peu, il remise ses disques de jazz, tourne le dos à Brassens, Piaf ou Gloria Lasso pour le rock'n'roll de Chuck Berry ou d'Elvis Presley.

Square de La Trinité, Jean-Philippe Smet commence à se faire appeler Johnny. Il a adopté le look Presley, banane et blouson de cuir. Jacques et ses copains chambrent la future idole des jeunes. « On lui disait : "Allez, fais-nous Elvis !" Ni

1. Entretien avec l'auteur.
2. *Libération*, février 2000.

une ni deux, il se roulait dans le bassin en braillant “Ouap Badelou Ouap” et en triturant une guitare imaginaire. On s’arrachait de rire. Le jour où il a enregistré son premier disque chez Vogue, on était vert [1] ! », raconte Kalafate.

Les autres membres de la bande de la Trinité décident alors eux aussi d’acheter des guitares électriques dans une boutique de la rue de la Tour-des-Dames, au bas de chez l’ex-Jean-Philippe. Des Egmond, avec, en guise de jack, une prise de courant qui se branche sur l’entrée *« pick-up »* des postes de radio à lampes. « Pour ma part, je n’avais qu’une guitare sèche des plus classiques sur laquelle j’avais placé deux petits micros pour amplifier le son. Le poste de radio de mes parents me servait d’amplificateur [2] », se souvient Jacques.

Ce qui ne l’empêche pas de monter son premier groupe. Avec Kalafate, le Professeur Lalic et un certain Charles Bénaroche qui sera ensuite le batteur des Cyclones, puis des Fantômes, avant d’accompagner Julien Clerc. « On reprenait des morceaux des Shadows, le groupe d’Hank Marvin. Pour reproduire les “ouin ouin” de la Stratocaster du guitariste anglais, Jacques a eu l’idée de placer une cuillère à soupe sous le chevalet. On a eu l’impression d’avoir tout pigé [3] ! » explique Kalafate.

La troupe répète dans une cave du 12 de la rue de Clichy, qui appartient à la mère de Jean-Yves Bouillac, un des membres de la bande de la Trinité. « Au début, j’y allais une heure par jour, puis quatre heures et, à la fin, c’était vingt-quatre heures sur vingt-quatre. On dormait sur place. Parmi les titres que l’on jouait le plus souvent, il y avait *Teddy Bear* d’Elvis Presley. Par la suite, on s’est mis à fréquenter le Calypso, un bar de la Trinité, où venaient Johnny, bien sûr, mais aussi Eddy Mitchell, les Vautours, les Pirates, enfin tous les rockers parisiens. À l’époque, on se disait musiciens, tout simplement parce qu’on était allé acheter une guitare. On se

1. Entretien avec l’auteur.
2. *Salut les copains*, 1967.
3. Entretien avec l’auteur.

regardait dans la glace, et plus la guitare brillait, plus ça frimait. Et puis il y avait une boutique à Bonne Nouvelle, sur les Grands Boulevards, qui habillait tous les rockers. Je me souviens aussi du Tabarin, où il y avait des minifestivals de rock'n'roll », précise Dutronc.

Plus portée sur la rigolade que sur l'étude des partitions, la troupe est vite dissoute par Jacques qui en reforme aussitôt une autre. Avec Hadi Kalafate à la guitare, Jean-Pierre Huster à la basse et à la batterie, Denis Pépin, qui aura dans quelques années son heure de gloire en reprenant du Brassens. « On avait un chanteur italien, Ferruccio Baldacci, qui se retournait quand on l'accompagnait et disait "Drrriton's" en faisant mine de se couper la joue avec son pouce. On n'a jamais su ce que cela signifiait, mais on a gardé le nom [1] », s'amuse Kalafate. Les Dritons (Jacques affirme que le groupe s'appelait les Tritons) donnent quelques concerts dans les écoles et les cinémas du quartier. Avec des fortunes diverses.

*

Et puis Jacques tombe malade. Rhumatisme aux genoux. Puis aux poignets. Il doit arrêter son école de dessin, tirer un trait sur ses ambitions de dessinateur et, surtout, rester coucher pendant un an... Exit les Dritons.

Baldacci rentre en Italie. Huster achève ses études, entre dans une agence de pub et se marie. Pépin vaque aux occupations que l'on sait. Seul Hadi reste. Chaque jour, il se rend au chevet de son copain, qui a du mal à se lever. Ils n'ont qu'une chose à faire : écouter et jouer de la musique. Pour rééduquer son poignet, Jacques promène sans cesse ses doigts sur les cordes de sa guitare. Il met un disque sur l'électrophone et rejoue à l'oreille ce qu'il entend. Qu'il s'agisse de Brassens, de Django Reinhardt, de Barney Kessel ou d'Henri Salvador. Tout y passe. Du jazz à la chanson française en passant par Gloria Lasso et bien évidemment Chuck Berry ou Eddie

1. Entretien avec l'auteur.

Cochran ! Il acquiert vite une vélocité et une technique hors pair. Kalafate l'accompagne et progresse également. « On grattait comme des cinglés jusqu'à trois heures du matin ! Ses parents dormaient dans la chambre à côté, je ne sais pas comment ils faisaient », raconte Hadi.

À la fin du repos forcé de Jacques, ils sont devenus, contrairement à leurs homologues de la Trinité, de véritables musiciens capables d'entrer dans le circuit professionnel. « Je jouais avec tous les doigts, alors que pour les autres, utiliser deux doigts, ça frisait l'exploit... »

Jacques en a profité aussi pour dévorer tous les livres de la bibliothèque de ses parents et se construire, en autodidacte éclairé, une solide culture littéraire, qui va de Céline à San Antonio, en passant par Hergé, dont les aventures de Tintin demeurent une de ses plus grandes références : « Au départ, ce sont les dessins qui m'ont plu, et puis y avait pas de gonzesses, les histoires d'amour me faisaient tellement chier quand j'étais nain. Depuis, tous les ans, je relis ma collection de Tintin, un héros unique, et je redécouvre sans cesse de nouveaux détails, des blagues, j'apprends des anecdotes sur Hergé et Jacobs. » Pendant cette période, il se forge également cette philosophie détachée, qui le caractérise encore aujourd'hui : « C'est bien d'être feignant, ça évite de faire semblant de travailler. Je passe des heures à regarder l'écran noir de ma télé en ne pensant à rien. J'observe. Je regarde les objets, j'étudie la manière dont ils sont disposés. Ma seule satisfaction, c'est de savoir que je bosse pour être peinard ensuite. C'est le propre des paresseux. »

De toute façon, un jour, on va mourir, alors autant rigoler... Et transformer sa vie en une longue école buissonnière.

Chapitre 4

La France du baby-boom

À la fin de la Seconde Guerre mondiale, au moment où Françoise Hardy et Jacques Dutronc poussent leurs premiers cris, la France va mal... Le pays est économiquement et financièrement ruiné. L'occupation a coûté environ mille milliards de francs et l'unité monétaire doit être abaissée dès la fin 1945 à un trente-neuvième du franc de 1914. Le potentiel industriel a été réduit de moitié par rapport à celui de 1939. Deux cent mille habitations sont entièrement détruites, un million d'autres sérieusement endommagées. Des ports comme Calais, Dunkerque, Le Havre, Boulogne, Brest, Saint-Nazaire sont inutilisables. Des milliers de ponts doivent être reconstruits. Le parc des locomotives a, quant à lui, diminué de moitié. La flotte commerciale représente à peine un tiers de celle de 1939. Le réseau routier se trouve dans un état sinistré. Personne n'est en mesure de prévoir la fin du rationnement...

Pourtant, la France retrousse ses manches et tout semble possible après la tristesse des années d'occupation. Elle se met à faire des bébés. La Libération va correspondre à un coup de jeune et à une montée de sève d'un pays qui veut changer... En dépit de la pénurie qui perdure et des difficultés politiques qui éclatent à cause de la guerre froide et du début des guerres en Indochine (1946) et en Algérie (1954), l'heure reste à une certaine euphorie. Grisée par cette période de plein emploi, le développement de la voiture individuelle, la facilité de se nourrir et de se vêtir, la France a envie de profiter de la vie...

Dès 1943, la natalité française est repartie timidement à la hausse, avec 616 000 naissances (contre 612 000 en 1939). L'année suivante, elles seront 627 000... Dès 1945, le sociologue Alfred Sauvy écrit : « L'enfant, cet éternel oublié, doit être l'ami public nº 1. »

Une sorte de mélodie du bonheur accompagne alors la naissance et les premiers pas de cette génération qu'on appellera ensuite celle du « *baby boom* ». À la radio, qui, dans les années cinquante, demeure le seul media de masse, on entend des chansons qui sont des hymnes à la joie familiale : *Ma Maman* de Mick Micheyl (1950), *Oh mon papa* de Suzy Delair (1952), *Maman, la plus belle du monde* de Tino Rossi (1958), *Papa aime maman* de Georges Guétary (1960).

Dans la foulée des préceptes établis dès 46 par le docteur Spock, un pédiatre américain qui prône un changement radical de l'éducation, les parents se mettent à profiter de leur bambin sans être dessaisis de leur rôle par les médecins. Et les bébés, en retour, sont élevés dans un climat de liberté, sans réelles contraintes. Mais, comme la tendresse et l'attention sont les pivots de cette nouvelle attitude, la mère se retrouve l'actrice principale de l'éducation. « Ce nouveau mode éducatif a-t-il favorisé le règne de l'enfant-roi et nourri ainsi, dans le sein des sociétés industrielles, une jeunesse, la "Dr Spok génération", qui se révéla, au sortir de l'adolescence, frondeuse, imprévisible et par-dessus tout individualiste [1] ? » s'interroge les historiens, ici Jean-François Sirinelli.

*

Les baby boomers vont devenir les enfants-rois d'une société dont ils incarnent le futur. Ils arrivent à la vie au moment où la France de l'après-guerre s'engage dans un processus de métamorphose accélérée. Ils seront les ados de la prospérité.

Très vite, la croissance économique, la montée en puissance

1. Jean-François Sirinelli, *Les Baby-boomers*, Fayard, 2003.

d'une culture de masse basée sur le son et l'image, le temps de la paix qui succède à près d'un siècle de guerres font qu'il ne s'agit plus, désormais, pour les familles de survivre mais de sur-vivre... L'heure est à la société de consommation et de loisirs. L'argent de poche devient une pratique de plus en plus courante, et, du coup, la jeunesse un marché qu'il s'agit de conquérir et de canaliser. Ce qui lui forge une identité générationnelle... Laquelle est le produit d'une culture juvénile de masse qui transcende les milieux et brasse les appartenances sociales et culturelles.

Mais surtout, à partir de 1962, après la reconnaissance par le général de Gaulle de l'indépendance de l'Algérie, la guerre disparaît de son horizon... « La génération du baby boom, apparue en même temps que l'arme nucléaire – 1945, avec le brasier d'Hiroshima, et 1949, qui voit la première expérimentation de la bombe soviétique – et dont l'enfance s'est déroulée au cœur de la guerre froide, parvient à l'adolescence au moment où le *Docteur Folamour* de Kubrick (1963) devient le symbole de l'épée de Damoclès atomique, plus que jamais suspendue au dessus, notamment, de l'Europe occidentale... Pour la jeune génération, après 1962, mourir pour la patrie n'apparaît plus comme un possible destin collectif. La génération de l'après-guerre devient celle de la non-guerre. Elle fut très largement tenue – au moins dans son vecteur culturel le plus prégnant – à l'abri des malheurs du temps et de ses échos. Elle aussi ignorait que l'Histoire peut être cruelle. De ce fait, elle arrivera à l'adolescence vierge de toute empreinte profonde portée par les "guerres" », note Jean-François Sirinelli.

*

Au début des années soixante, l'écrivain François Nourrissier, s'interrogeant sur les Petits Princes d'une planète en train de passer de Gutenberg à MacLuhan, les premiers à vivre, à travers un flot d'images et de sons, la présence physique et quotidienne de la totalité du monde, écrit dans les *Nouvelles*

Littéraires : « Voici que se lève, immense, bien nourrie, opulente, réaliste, la cohorte dépolitisée et dédramatisée des Français de moins de 20 ans... »

Ce mouvement débouchera sur les instants *SLC* et la vague yéyé, puis sur les événements de mai 1968... L'un étant sans doute la continuité de l'autre et non une réaction comme certains le crurent trop rapidement dans les années soixante-dix. Il est d'ailleurs intéressant de noter qu'Europe 1 mit fin à l'émission *Salut les copains* un mois avant le début des événements de mai 1968 [1]. Quant au rock qui connaît ses premiers balbutiements en juillet 1954 lorsqu'Elvis Presley enregistre à Memphis *That's all right ma* du bluesman noir Arthur Crudup, il va devenir le support privilégié de la fureur de vivre qui agite le monde occidental.

Toutefois, pour ces jeunes gens parvenus à la puberté et dont le monde semble changer de base, il n'est pas encore l'heure de bouleverser ses comportements amoureux. *J'suis d'accord*, prévient pudiquement Françoise Hardy sur son premier 45 tours, en précisant qu'elle est d'accord pour le rock mais pas pour manger chez son petit ami.

1. Il est vrai aussi qu'une nouvelle concurrence venue de RTL n'y a pas été pour rien.

Chapitre 5
Françoise Hardy

Les premiers pas

À 17 ans, Françoise n'a qu'une idée en tête. Chanter. Mais, elle ne sait pas comment s'y prendre. Dans une revue, *Music Hall*, elle découvre les adresses de plusieurs écoles, mais les cours sont payants et très au-dessus de ses moyens. Sur le récepteur de télévision de ses grands-parents, ce petit écran qui commence juste à envahir les foyers français, elle tombe un soir sur Le Petit Conservatoire de la chanson de Mireille...

L'épouse du philosophe Emmanuel Berl s'est fait connaître dans les années trente en écrivant des chansons avec Jean Nohain (*Couché dans le foin*, *Quand un vicomte*, *Puisque vous partez en voyage*[1]). En 1955, sur les conseils de Jean Cocteau et de Sacha Guitry, elle propose à Paul Gilson, le directeur général de la radio nationale, de créer une sorte d'école de la chanson pour débutants dont les cours seront diffusés une fois par semaine. Le principe en est à la fois simple et profondément original. « Je ne sais pas quoi chanter, quel répertoire choisir ! C'est l'éternel problème du jeune interprète, monsieur le directeur ! Pour l'instant, il est quasi insoluble ! La ballerine dispose d'une barre pour s'entraîner et de points de repère fixés par son maître à danser ; le baryton, le ténor et la soprano ont leurs vocalises et leurs opéras, le tragédien son confident, ses tirades, le comédien sa

1. Françoise Hardy la chantera en duo avec Jacques Dutronc sur l'album, *Clair-obscur* en 2000.

réplique, ses scènes. Mais nous, au music-hall, nous n'avons pas la moindre référence. Autrement dit, il y a des conservatoires pour tout, sauf pour la chanson ! Cela peut se comprendre, parce que rien n'est plus difficile que d'enseigner à un talent en herbe les règles essentielles de ce métier. Il faut beaucoup de travail à partir d'un don ! Le charme, la gouaille, la présence, ça ne s'apprend pas plus que le fluide que peut dégager Maurice Chevalier à travers un simple geste ou un sourire. Le génie d'Édith Piaf, c'est de savoir mieux que personne faire passer une émotion à laquelle on ne peut pas être insensible. À quelle école Bourvil a-t-il sa malice, sa candeur, sa fraîcheur ? À celle des parterres de spectateurs, voyons ! Parce qu'il a eu la chance d'arriver jusqu'à eux, ce qui n'est pas donné à tout le monde... En quel lieu les jeunes poètes, paroliers, musiciens interprètes, ont-ils la possibilité de se retrouver ? Nulle part. Personne à qui parler, confier, avouer leurs angoisses et leurs problèmes... Ils en sont réduits à errer tels des orphelins, alors que réunis, rassemblés, ils deviendraient leur premier public. Je dirais même que, grâce à une présence et à un soutien mutuel, ils auraient une chance de découvrir leur véritable emploi ! C'est en cela que nous pouvons leur être utiles : écouter, regarder, veiller, empêcher, éviter que la stagnation ne soit trop longue, détecter plus vite, plus tôt le talent latent [1]... », explique-t-elle d'une traite au directeur.

Qui lui ouvre aussitôt son antenne pendant une demi-heure chaque dimanche. Une vingtaine de garçons et de filles, assis sur des bancs, passent ainsi une sorte d'audition en direct. Mireille, de sa voix fluette, avec fraîcheur, ironie et une poésie pleine de légèreté, les conseille : « Si vous avez le trac, quand vous chantez dans une salle, fixez dans les yeux un spectateur au huitième ou au dixième rang ; chantez pour lui, et vous retrouverez tous vos moyens. » Ou encore : « Si vous ne vous accompagnez pas à la guitare et si vous ne savez pas quoi

1. *Génération Mireille*, Éditions n° 1, 1995.

faire de vos mains, pensez à Edith Piaf. Elle ne faisait pratiquement pas de gestes, mais, en plaçant ses bras le long de sa robe noire ou en les croisant à la hauteur du ventre, elle effectuait un geste parfaitement adapté au sens de ses couplets et à leur interprétation. » À ceux qui ne lui prêtent pas suffisamment attention, elle lâche, en direct : « Il y a trois portes dans le studio. Prenez celle que vous voulez ! »

Hugues Auffray, Alain Souchon, Yves Duteil, Serge Lama, Pierre Palmade, Ricet Barrier, Daniel Beretta, Frida Boccara, Philippe Castelli, Hervé Cristiani, Jacqueline Danno, Sophie Darel, Jean-Jacques Debout, Alice Dona, Claude Lemesle, Colette Magny ou Sapho furent ainsi quelques-uns des élèves de cette école si particulière et totalement gratuite, dont ils gardent un souvenir émerveillé et tendre.

À partir de 1960, Mireille présente avec Jacqueline Joubert, qui est déjà la maman du petit Antoine de Caunes, Le Petit Conservatoire sur l'unique chaîne de télévision, chaque samedi après-midi, pendant trois quarts d'heures. L'émission va vivre jusqu'en 1974...

*

Sans trop y croire, Françoise note l'adresse qui apparaît au générique. Elle se rend la semaine suivante au 69, rueBoissière, près de la place Victor-Hugo, dans le XVIe arrondissement, afin de passer une audition.

« Je n'avais pas le sentiment que c'était d'un fol intérêt, mais, en même temps, je me disais qu'il serait bon que j'aie l'audace de tenter ma chance. En réalité, je pensais au fond de moi : "Il faut que j'aie la confirmation que ça ne peut pas marcher, afin que je ne passe pas le reste de ma vie à avoir des regrets." [1] »

Dans son autobiographie, Mireille, qui s'est éteinte en 1996, raconte : « Lorsqu'elle est entrée dans la classe pour la première fois, j'ai été éblouie par son aspect et sa présence

1. *Génération Mireille*, Éditions n° 1, 1995.

dignes d'un mannequin, d'une danseuse, d'une cover-girl, et, le cas échéant, d'une chanteuse... Je n'avais pas entendu le moindre de ses couplets, j'ignorais la tournure que pourrait prendre sa carrière, mais je savais déjà qu'elle avait toutes les chances de devenir un modèle, une idole, comme l'on disait alors, pour tous les garçons et les filles de son âge, en tout cas le chef de file de sa génération. »

Françoise, elle, n'en mène pas large. Elle chante, morte de peur. Attendrie, Mireille décide de la prendre sous son aile : « On ne peut pas dire que la conviction vous étouffe. Vous avez confiance en votre avenir comme un condamné à mort dans le sien. » Il va s'en suivre une véritable relation « mère-fille » qui permettra à Françoise de dépasser ses inhibitions et de se lancer la chanson.

*

« J'ai toujours détesté les cours, l'école et toute forme de groupe, en général. Mais puisque j'avais fait la démarche pour être là, autant venir. Lorsque j'arrivais dans la classe, ma grande terreur, c'était que Mireille puisse me remarquer. Je me cachais au dernier rang dans l'espoir qu'elle ne me voie pas, et surtout qu'elle ne me demande pas de venir chanter quelque chose. Hélas, de temps à autre, elle me repérait quand même et me demandait de venir sur scène. J'obéissais », se souvient Françoise.

Elle apprécie les remarques judicieuses de Mireille, sa volonté de concret, de ramener sur terre l'impétrant trop grisé en lui demandant comment il gagne sa vie. Elle y entend des chansons qui lui plaisent tellement, comme *Mon Amie la rose*, de Cécile Caulier et Jacques Lacombe, ou *Tu verras* de Guy Bontempelli qu'elle les enregistrera plus tard. Bontempelli, qui lui écrira également, *Ma jeunesse fout l'camp*, deviendra un de ses amis. Après avoir reçu le prix de l'Académie Charles Cros en 1965 pour son premier disque, *Les Yeux cachou*, il travaillera pour Juliette Gréco (*Dans ton lit*),

Dalida, Brigitte Bardot ou Richard Anthony (*Aranjuez mon amour*) puis, en collaboration avec Éric Charden et Jean-Claude Petit, il écrira *Mayflower*, une comédie musicale qui connaîtra une carrière internationale.

Sur les bancs du Petit Conservatoire, Françoise rencontre également Jean-Max Rivière, un auteur qui va écrire les premiers tubes de Brigitte Bardot (*Sidonie*, *La Madrague*, *Les Amis de la musique*) avant de contribuer au succès de Juliette Gréco (*Un petit poisson*). Il donnera à Françoise un de ses plus jolis titres, *L'Amitié*.

C'est là qu'elle croise pour la première fois Patrick Modiano, qui n'assiste pas aux cours mais, protégé de Mireille et surtout d'Emmanuel Berl, fréquente ces jeunes gens tout aussi affamés que lui. Il n'est pas encore écrivain et avec son ami Hugues de Courson (le futur leader du groupe folk, Malicorne) s'essaie à l'écriture de chanson (d'où *Étonnez-moi Benoît* quelques années plus tard). Il va devenir un des intimes du couple Dutronc-Hardy.

*

Françoise rend également de nombreuses visites au compagnon de Mireille, Emmanuel Berl, que ce petit monde appelle Théodore.

Ami de Bergson, de Proust, de Cocteau et de Blum, il fut tour à tour historien, pamphlétaire, journaliste (en 1927, il fonde avec Drieu La Rochelle l'hebdomadaire *Les Derniers Jours* avant de rejoindre *Le Monde* d'Henri Barbusse en 1930, puis de créer *Marianne* qu'il dirige de 1932 à 1937). Son pacifisme militant le conduit à participer quelque temps au gouvernement de Vichy où il écrit plusieurs discours du maréchal Pétain (il est l'auteur de formules qui vont passer à la postérité : « Je hais les mensonges qui vous ont fait tant de mal » et « La terre, elle, ne ment pas. ») Atterré par les dérives antisémites et les flirts avec le fascisme du régime, il prend rapidement ses distances et décide de ne plus se consacrer qu'à la littérature. Ses deux romans, *Sylvia* (1952) et *Rachel et autres grâces* (1965) assoient définitivement sa réputation d'écrivain important. Il reçoit même, en 1967, le Grand Prix de littérature de l'Académie française.

Ce grand esprit, à l'humour pince-sans-rire, curieux de tout, s'intéresse énormément à Françoise et se prend d'amitié pour cette jolie jeune fille qu'il recevra régulièrement jusqu'à sa disparition, le 21 septembre 1976. « Lorsque j'ai commencé à me passionner pour l'astrologie, il s'est inquiété, raconte-t-elle. Il avait peur que cette passion ne finisse par prendre le pas sur la chanson. C'était aussi l'époque où je venais de rencontrer Jacques. Constatant que ma vie personnelle était en train de prendre le pas sur beaucoup de choses, il me disait : "Jacques Dutronc est tombé amoureux d'une star et pas d'une femme de ménage !" Je ne me rendais pas vraiment compte de ce qu'il voulait dire. Et ça m'inquiétait beaucoup. J'ai mis des années avant de me rendre compte qu'il avait à moitié raison, à moitié tort, parce que Jacques était ravi, ne voulait pas de la star et préférait la femme de ménage [1] ! »...

*

Mais surtout, le Petit Conservatoire permet la première apparition à la télévision, en noir et blanc, d'une jeune fille toute intimidée qui, interviewée par une Mireille pétrie de gentillesse, séduit d'emblée par sa naïveté et son romantisme.

« Cela reste la plus grande peur de ma vie ! La façon dont je lui réponds me permet d'imaginer, rétroactivement, la terreur dans laquelle j'étais. J'ai l'impression qu'il s'agit d'une autre personne. Je me trouve godiche, d'une naïveté absolument incroyable ! Je me console en me disant qu'à cette époque, on était presque toutes comme ça [2] ! » raconte la chanteuse.

---

1. *Génération Mireille*, Éditions nº 1, 1995.
2. Propos recueillis par l'auteur pour le documentaire « À quoi ça rime », la 5/Arte, 2000.

*

Le principal mérite du Petit Conservatoire va être de donner de l'assurance à Françoise.

Dans *France-Soir*, le quotidien que sa mère achète depuis toujours, elle lit dans « Les potins de la commère », une rubrique rédigée par Carmen Tessier, qu'une grande maison de disques souhaite auditionner de nouvelles voix. La jeune fille cherche donc dans l'annuaire le numéro de téléphone de Pathé Marconi, puisque, pour elle, il ne peut s'agir que de cette maison car la plupart des disques qu'elle aime en viennent. Au bout du fil, une voix prend son nom, son adresse et lui recommande d'attendre une convocation, qui arrive quelques jours plus tard !

« J'ai passé une audition avec mes pauvres chansons. J'étais persuadée – comme je l'ai toujours été pour tout – que ça allait rater. Je pensais qu'on me jetterait au bout de deux secondes, et en fait ils m'ont gardée un quart d'heure. Et puis, ils m'ont dit que cela ressemblait un peu trop à Marie-José Neuville[1], que ce n'était pas vraiment ce qu'ils recherchaient. J'étais déjà dans la rue quand ils m'ont rappelée pour me demander si je m'étais déjà entendue. À l'époque, on n'avait pas de magnétophone personnel, j'ai donc répondu non. Mais que je n'en avais pas envie car je pensais avoir été très mauvaise, tellement j'avais le trac ! Ils ont insisté. Et à l'écoute, j'ai été réconfortée, je m'attendais à une telle horreur que j'ai été surprise dans l'autre sens[2] ! »

*

1. Surnommée la collégienne de la chanson, elle connut, à partir de 1955, alors qu'elle n'a que 17 ans, une jolie suite de succès, grâce à des titres comme *Johnny Boy*, *Gentil camarade*, *Ingénue libertine*, *Par-derrière, par-devant*. À 20 ans, elle décide d'arrêter, redevenant Josée de Neuville.

2. Entretien avec Pierre Achard, *Revue de la SACEM*, 1995.

Nous sommes au printemps 1961. Pourquoi donc en rester là ? Françoise sait à peine jouer de la guitare, a du mal à chanter en mesure et possède un sens rudimentaire de la composition mais ces professionnels ne l'ont pas jetée comme une malpropre ! Il faut continuer ! Il y a d'autres maisons de disques...

Philips l'envoie balader. Vers qui se tourner ? Il y a bien celle de ce garçon blond, qui, l'année dernière, en mars et juin 1960, a sorti, coup sur coup, deux 45 tours, *Laisse les filles* et *Souvenirs, souvenirs*. Tous les jeunes – et Françoise n'est pas la dernière – les fredonnent en écoutant chaque jour à dix-huit heures sur Europe n° 1, *Salut les copains*, une émission que Daniel Filipacchi et Frank Ténot présentent depuis octobre 1959 pour répondre à la demande de plus en plus forte de musique rythmée venue du monde anglo-saxon. Il s'appelle Johnny Hallyday et la maison, Vogue...

« Je trouvais ses chansons très mauvaises, mais je me disais : "Ils sont peut-être moins difficiles avec les jeunes, j'ai sans doute une chance."[1] »

Françoise ne sait pas que l'idole des jeunes, mécontent – en tout cas, c'est ce qu'il laisse entendre – de la direction artistique imposée par Vogue (un titre ridicule comme *Itsy Bitsy, petit bikini,* également interprété par Dalida, le met particulièrement mal à l'aise[2]) et de son refus de lui accorder les musiciens qu'il veut, a décidé de signer chez Philips. Vogue a donc besoin d'une nouvelle vedette. Et pourquoi pas d'une Hallyday au féminin ?

Au bout du fil, son interlocuteur, André Bernot, le directeur des auditions, qui va devenir l'ingénieur du son de Dutronc et un des piliers de sa bande[3], saute sur l'occasion : « Qu'est-ce

---

1. Entretien réalisé par l'auteur pour le documentaire « À quoi ça rime », la 5/Arte, 2000.

2. Ce qui ne va pas empêcher Johnny d'enregistrer encore six autres 45 tours !

3. Surnommé « Bébert » ou « Dédé », c'est lui qui signe les Cyclones chez Vogue. Il met ensuite en boîte tous les disques de Jacques ! Lors de l'enregistrement des *Contes pour enfants* que Dutronc crée avec le

que vous chantez ? Si vous faites du rock'n'roll venez tout de suite... ».

Elle débarque dans le studio de Vogue à Villetaneuse avec l'idée de prendre un pseudonyme digne d'une chanteuse de rock... Charmé par cette grande bringue au sourire mélancolique, qui n'arrive pas à chanter en mesure, Bernot lui conseille d'apprendre deux titres de Johnny, *24 000 baisers* et *Oui mon cher*, qu'elle reviendra ensuite interpréter avec l'orchestre d'Aimable, un accordéoniste de renom.

Le jour dit, elle est là : « Je ne savais pas ce que c'était de chanter en mesure, je ne connaissais pas le solfège, ni rien. Donc, je chantais n'importe comment, c'est-à-dire comme ça venait... Je me souviens qu'Aimable a été très gentil et coopératif. Il se donnait beaucoup de mal pour que j'arrive à chanter en place, sans succès [1] », confesse Françoise.

À la fin de cette deuxième audition, le directeur artistique, Serge Goron, lui conseille de poursuivre ses études de lettres...

*

Le monde de Françoise s'écroule. Elle part en vacances en Italie, l'âme en peine, sans trop savoir de quoi demain sera fait... En septembre, elle s'apprête à reprendre le chemin de la Sorbonne, lorsque André Bernot, qui n'a pas oublié la longue jeune fille à la chevelure d'Ophélie dorée, téléphone rue d'Aumale pour savoir ce qu'elle devient. C'est Madeleine qui lui répond en expliquant que sa fille n'arrive pas à chanter en mesure et qu'elle va renoncer.

« Il ne faut pas laisser tomber. Quand j'ai passé sa bande, j'ai bien vu que les directeurs artistiques avaient accroché... Je peux lui apprendre à chanter en mesure », s'emporte Bernot.

---

dessinateur Fred, il joue de l'accordéon. C'est sans doute pourquoi il incarne un accordéoniste dans le film de Pialat, *Van Gogh*. Il est aujourd'hui bouquiniste sur les quais.

1. Propos recueillis par l'auteur pour le documentaire « À quoi ça rime », la 5/Arte, 2000.

Tous les samedis après-midi, pendant trois mois, Françoise va rejoindre André chez sa mère, qui est concierge avenue de l'Opéra, à côté du cinéma Vendôme, aujourd'hui disparu. Il lui apprend à chanter des classiques du rock'n'roll en vue d'une troisième audition qui est prévue le 14 novembre 1961...

*

Le jour dit, elle se retrouve rue d'Hauteville, au siège de Vogue, seule avec sa guitare dans le bureau de Jacques Wolfsohn. C'est lui qui a découvert Johnny Hallyday et lui a fait enregistrer ses premiers disques. Trapu, le cheveu charbonneux et l'œil vif, ce fou de jazz a d'abord été photographe, ce qui lui a permis de devenir un ami de Daniel Filipacchi, avant d'entrer chez Vogue comme magasinier. Il comprend vite l'intérêt pour une maison de disques de posséder ses propres éditions et lance les Éditions Musicales Alpha. Parallèlement, il a l'idée d'élargir la maison, spécialisée dans le jazz, au classique et à la variété, ce qui lui permet de signer Aimable, Georgette Plana, Marino Marini, puis de révéler au grand public Albinoni et son *Adagio*. Désormais, il s'occupe de Petula Clark, une pétulante Anglaise mariée à l'attaché de presse de Johnny, Claude Wolf, qui, après de multiples succès en Grande-Bretagne, s'est faite connaître en France en 1958 grâce à *La java pour Pétula* écrite par Boris Vian, suivie de *Ne joue pas* (1960) et *Ya ya twist*[1].

Wolfsohn vient de recevoir d'un éditeur américain une chanson, *Oh oh chéri*, adaptée en français par Jil et Jan, deux cousins (Gilbert Guenet et Roger-Jean Setti), qui, après avoir travaillé avec André Claveau (*La Vieille Rengaine*), ont écrit

1. La carrière de Petula Clark a été incroyable en Angleterre. Enfant star qui chanta pour les troupes britanniques durant la Seconde Guerre mondiale et fit des centaines de galas, devenue ensuite vedette de radio, de la télévision débutante et même de cinéma, elle a explosé dans l'Hexagone notamment quand son mari, devenu directeur artistique chez Vogue, l'a soutenue. Le morceau de Boris Vian, quant à lui, est presque passé inaperçu.

quelques-uns des premiers succès de Johnny (*Kiliwatch*, *Je cherche une fille*, *Ma guitare*, *Les Bras en croix*). Mais Petula refuse de la chanter. Pourquoi ne pas essayer avec la protégée de Bernot ?

« J'ai le souvenir d'un moment assez ridicule. Je me suis retrouvée dans une pièce minuscule et complètement vide, avec ma guitare, devant Jacques Wolfsohn. Il m'a tout de suite subjuguée par sa fantaisie et son regard vert pâle, extraordinairement perçant. Tout en lui était original et drôle. J'étais très intimidée. Il m'a tutoyée d'emblée, mais je n'aurais jamais osé en faire autant. Aujourd'hui encore, il me tutoie mais je le vouvoie ! Il m'a dit : "Vas-y, chante-moi quelque chose !" À la fin de ma chanson, il m'a demandé mon âge. Je lui ai répondu que j'avais 17 ans. Il a aussitôt enchaîné : "Tu me donnes les coordonnées de tes parents, je leur fais signer ton contrat." C'était ahurissant, inimaginable, j'avais vraiment décroché la lune [1] ! » se souvient la chanteuse.

En quittant la rue d'Hauteville, Françoise se précipite chez Mireille pour lui annoncer la nouvelle : « Elle m'a tout de suite dit que je n'étais absolument pas prête, et elle avait entièrement raison ! Plusieurs fois dans ma vie, j'ai d'ailleurs éprouvé un sentiment identique. Mais enfin, c'était comme ça. Il est des moments où, même si on ne sait pas nager, il faut se jeter à l'eau, au risque de se noyer. J'ai eu la chance de toujours me sortir de ce genre de mauvais pas [2]. »

*

Le 14 novembre 1961, Françoise réalise ses rêves les plus fous. La période est pourtant sombre. Depuis le début de l'année, pour répondre au référendum sur l'indépendance de l'Algérie, l'OAS, qui regroupe les derniers partisans de l'Algérie française sans illusions après l'échec du putsch des généraux à Alger en avril, a lancé une vague d'attentats terroristes dans

1. Documentaire réalisé par Gilles Verlant pour Canal + en 1995.
2. *Génération Mireille*, Éditions n° 1, 1995.

la capitale. Le 17 octobre, la police parisienne dirigée par Maurice Papon a réprimé dans le sang une manifestation clandestine du FLN (il y aura deux cents morts).

La belle Françoise regarde de loin toutes ces convulsions. Pour elle, la vie va commencer...

Chapitre 6
Jacques Dutronc
On l'appelait Gaston

Au début de l'année 1960, parce qu'il faut bien occuper ses journées, Jacques, qui a repris ses études de dessin sans trop y croire, passe avec Hadi ses après-midi au Calypso Bar de la rue Joubert.

Ils y retrouvent, autour du juke-box, les copains de la bande de La Trinité mais aussi Long Chris ou Claude Moine, le futur Eddy Mitchell :

« *Le Calypso Bar du Square de La Trinité/En a vu passer des stars de quartier/Mais ils ont tell'ment rêvé tout éveillés/Le hasard, la magie les a réalisés/Jacques Dutronc ne pensait pas encore à Hardy/Long Chris confondait diligence et taxi/Jean-Philippe Smet ignorait tout de Johnny/Et piquait mes disques dans les surprises-parties* [1]... ».

Ils vont ensuite au Golf Drouot, à l'angle de rue Drouot et des Grands Boulevards, qui depuis un an est devenu le rendez-vous de tous les amateurs de rock de la capitale. Jacques n'apprécie pourtant pas énormément l'endroit : « Le Golf, si tu veux, c'était *La Fièvre du samedi soir*. Si on prenait ça à la rigolade, c'était très bien, mais malheureusement, la plupart se prenaient vachement au sérieux. Je préférais jouer de la musique avec des copains ou en écouter [2]. »

---

1. *Mes souvenirs, mes 16 ans*, 1984.
2. *Jacques Dutronc, Crac ! Boum ! Huuuue !*, André Choumier et Jean-Charles Lemeunier, Jean-Pierre Taillandier, 1993.

*

Johnny, le 14 mars, sort son premier 45 tours chez Vogue, *T'aimer follement* (un titre également chanté par Dalida). Le 18 avril suivant, il casse la baraque dans l'émission d'Aimée Mortimer[1], *L'École des vedettes*, où, parrainé par Line Renaud, il se roule par terre comme autrefois dans le square de La Trinité.

Sa réussite laisse pantois les autres membres de la bande. « Pourquoi pas nous ? », pensent-ils en leur for intérieur.

Fidèle, Johnny propose à Jacques et à Hadi de rejoindre son groupe pour une tournée d'été qui, histoire de surfer sur le succès de son deuxième 45 tours, *Souvenirs, souvenirs*, doit visiter les principales plages hexagonales.

« Hors de question » assènent les parents de l'un et de l'autre, qui voient mal leur progéniture accompagner ce grand blond en cuir noir, dont les déhanchements et les hoquetements ont mis la France des plus de 20 ans au bord de la crise de nerfs.

Direction Saint-Cast. Le sable. La mer. Le soleil. Des vacances comme il faut pour des zouaves qui se voient déjà en haut de l'affiche...

*

À la rentrée, Hallyday leur présente un ancien de la bande rivale, celle des Sactos, les types du Sacré-cœur, qui descendaient leur chercher des noises lorsque les freluquets de La Trinité s'approchaient trop près de leurs copines. Daniel Dray est une force de la nature. Un gavroche à l'accent faubourien qui est fan de Presley et s'est autoproclamé chanteur.

« On a fait un premier petit truc comme ça chez Dutronc, puis on a continué de répéter, rue de Provence. On faisait des petites surboums, des trucs comme ça, vraiment touristiques,

1. Productrice réputée de télévision dans les années 50-60, elle est la mère de la journaliste Michèle Manceaux.

sans penser faire ci ou ça. On passait régulièrement au Golf en reprenant en yaourt des morceaux d'Eddie Cochran, de Gene Vincent ou de Little Richard[1] », se souvient-il.

En dehors de Dray, Bénaroche est à la batterie, Licard à la guitare rythmique, Kalafate à la basse et Dutronc à la lead guitare. Ce petit monde a décidé de prendre le nom : Les Cyclones, parce qu' « ils balaient tout sur leur passage » !

*

Les Cyclones se piquent vite au jeu. Et décident de suivre les pas de Johnny en passant une audition chez Vogue. Leur réputation naissante de rockers purs et durs est parvenue jusqu'aux oreilles de Jacques Wolfsohn, le directeur artistique d'Hallyday[2], qui les convoque illico à Villetaneuse pour une audition.

Il pleut. Dray joue sa star et exige de s'y rendre en taxi. Lequel taxi n'accepte que quatre passagers. Exit Licard. Il rejoindra du coup les Pirates puis les Chaussettes Noires.

André Bernot, l'homme qui a également repéré Françoise Hardy, les accueille et les écoute. « Chose rare, le résultat, contrairement à l'habitude, était convaincant, ça tenait debout. De par Jacques, qui avait un sacré feeling à la guitare, et Bénaroche, qui tenait très bien le tempo et faisait tourner tout ça... Les autres n'étaient pas mauvais non plus, puisque l'ensemble donnait un excellent résultat[3] », raconte-t-il...

Le lendemain, Wolfsohn les convoque dans son bureau au 54, rue d'Hauteville. Après leur avoir joué du clairon en guide de bienvenue, il baptise Dray « El Toro ». Et leur signe un contrat.

---

1. *Juke-Box Magazine*, 1995.
2. Jacques Wolfsohn avait en effet plusieurs casquettes, celle de directeur artistique de la maison de disques, mais aussi celles de producteur et d'éditeur pour différents artistes.
3. *Jacques Dutronc, Crac ! Boum ! Huuue !*, André Choumier et Jean-Charles Lemeunier, Jean-Pierre Taillandier, 1993.

*

Six mois plus tard, en janvier 1962, alors que *Jules et Jim* de François Truffaut sort juste sur les écrans parisiens, on peut lire au dos de la pochette de leur premier 45 tours : « El Toro et les Cyclones, rien qu'à la lecture de ce sobriquet, vous avez compris de quoi il s'agit : le chanteur est un justicier de la chanson et l'orchestre une véritable usine à rythme. Ils ont choisi pour vous quatre twists dans lesquels ils peuvent se donner à fond. Hourrah pour El Toro et les Cyclones ! ! ! »

Au menu, *Oncle John* (*Long Tall Sally* de Little Richard), *Je l'aime telle qu'elle est* (*Skinnie Lizzie*), *Comme un tigre* (*Tiger* de Fabian) et *Vivre sa vie* (*Gee Whizz It's You* de Cliff Richard)...

Ils donnent quelques concerts au Tabarin, à la salle Wagram ou au Théâtre de l'Étoile avec Rocky Volcano, les Chaussettes Noires et les Pirates. À Pontoise, ils jouent même en première partie de... Sim ! Zozotement du chanteur ? Choix des morceaux ? El Toro et les Cyclones ne sont pas vraiment pris au sérieux.

En mai, alors que les pieds-noirs commencent à quitter l'Algérie et à prendre le chemin de la métropole, Wolfsohn leur donne une seconde chance. Les quatre titres du nouveau 45 tours sont également des reprises. *Le Vagabond* est l'adaptation de *The wanderer* de Dion, *Vingtième étage* de *Twenty Flight Rock* d'Eddie Cochran, *Elle est tout* de *She's Everything* et *Qui te le dira* de *I'm Gonna Get You* des Shadows... Au verso de la pochette, le texte de présentation ne fait pas dans la dentelle : « El Toro arrache les couplets avec un punch inégalable accompagné par ses amis les Cyclones ! El Toro est l'athlète du rock et du twist et les Cyclones sont ses prophètes ! »

*

Bénaroche ayant décidé de rejoindre « Les Fantômes », un groupe rival pour qui Dutronc a composé l'instrumental *Fort*

Chabrol[1], futur *Le Temps de l'amour* chanté par Hardy, un nouveau batteur a rejoint les Cyclones. André Crudo, ancien assistant d'André Bernot, est un fou de jazz, ce qui va le rapprocher de Jacques, dont il devient un des proches[2].

L'été suivant, pendant que la France découvre « Intervilles » à la télévision, que le général de Gaulle échappe de justesse à un attentat au rond-point du Petit-Clamart et que les États-Unis pleurent la mort de Marilyn Monroe, le groupe entame, en première partie de Sacha Distel et Henri Salvador, une tournée des plages...

À la rentrée, le bilan est mitigé. Le disque n'a accroché ni les programmateurs de radio ni le public. Les concerts se sont, certes, bien passés, mais n'ont pas soulevé quelque tornade que ce soit...

« El Toro était un mec génial. En bagnole, à la place du mort, il faisait un rictus genre Elvis Presley dans le miroir du pare-soleil pendant deux ou trois heures. Il avait un cheveu sur la langue, et au lieu de chanter *Le Vagabond*, il prononçait "le gavabond, le gavabond". On reprenait *Twenty Flight Rock* en français : "J'ai une copine, c'est une vraie pin-up, son nom, c'est Loulou, elle a un pick-up." Ça, c'est du texte... », raconte Dutronc[3].

*

Avec Hadi Kalafate, également de la partie, à la basse, ils accompagnent aussi tous les rockers qui donnent des concerts à Paris.

---

1. La légende veut qu'en fait, ce soit le père de Jacques qui ait composé ce thème. Les principaux intéressés restent muets sur la question.

2. À la fin des Cyclones, il accompagnera Alain Barrière et Françoise Hardy, puis entamera une carrière de photographe à *Salut les copains* et *Rock & Folk*, avant de devenir un arbitre de tennis de grande renommée.

3. Dans « Salut Sex », un documentaire que Jean-Marie Périer lui a consacré sur Canal + en 2000.

« J'ai même joué avec Vince Taylor[1] aux Folies Pigalle et au Tabarin ! Et avec Gene Vincent[2] dans un théâtre, raconte Jacques. Il passait son temps à me poursuivre, la bière le rendait agressif. Il faisait une fixation sur moi, il était persuadé que je lui avais volé son peigne. Et il en avait besoin de son fichu peigne. Mais moi, je ne lui ai pas volé son peigne. Je le jure[3]... »

---

1. Sorte de jumeau diabolique d'Elvis Presley, c'est lui qui inspira à David Bowie le personnage de loser emblématique qu'est Ziggy Stardust. Brian Maurice Holden, dit Vince Taylor, est né à Londres le 14 juillet 1939, a grandi à Los Angeles, a fait carrière en France avant de mourir en Suisse le 23 août 1991. Adolescent, il rêve d'être aviateur, mais après un accident de pilotage, il se retrouve maître nageur. En 1957, il revient à Londres, se convertit au rock et fonde les Play Boys avec Tony Sheridan (le guitariste qui se fera accompagner par les Beatles à Hambourg) et Bobby Clarke (un des batteurs d'Hallyday). Leur deuxième 45 tours, *Brand New Cadillac*, devient un classique (repris en 1980 par les Clash). Il change alors de nom : Vince, inspiré de la devise en latin figurant sur les paquets de cigarette Pall Mall, *In hoc vinces* (Et ainsi tu vaincras) ; Taylor, à cause de son acteur préféré, Robert Taylor. En 1960, il remplace au pied levé Gene Vincent lors d'une tournée en France. Impressionné par sa tenue de cuir noir, ses chaînes, ses cheveux gominés, ses feulements de fauve en rut, Eddie Barclay lui signe un contrat : « Je vais enfoncer Johnny ce mollasson ! » décrète Vince qui a une liaison avec Brigitte Bardot. Malheureusement, le 18 novembre 1961, un concert au Palais des Sports tourne à l'émeute et Vince, en dépit d'un virage twist, devient tricard dans le show-biz. Suivra une carrière sporadique, entre abus divers, dépression, disparition, séjours en hôpital psychiatrique et tentatives de retour avec l'aide du jazzman Jac Berrocal et du musicien Jacky Chalard. En 1982, Dutronc l'invite dans son émission télé, *La Nuit d'un rêveur*. Il s'exile ensuite en Suisse où il devient agent d'entretien à l'aéroport de Genève.

2. Eugene Vincent Craddock, dit Gene Vincent, né le 11 février 1935 à Norfolk en Virginie (USA), surnommé « Gegene » en France, incarne la face teigneuse du rock. Il apparaît en mauvais garçon bardé de cuir dans *The Girl Can't Help It* (*La Blonde et moi*) où il chante *Be-Bop-A-Lula*. Il y aura ensuite *Race With The Devil*, *Dance To The Bop*, *Lotta Lovin'*, *Blue Jean Bop*, *Say Mama*, *Baby Blue*, *Wildcut*. En 1960, après un accident de voiture, où Eddie Cochran trouve la mort, il sombre dans une profonde dépression et sa carrière devient quelque peu erratique, sauf en France où il continue à remplir les salles. Il meurt d'un ulcère à Los Angeles le 12 octobre 1971.

3. *Salut les copains*.

*

Et puis, El Toro et Jacques sont convoqués sous les drapeaux. Daniel Dray, qui effectue son service à Paris, à la caserne Dupleix, avec Eddy Mitchell, en profite pour prendre ses distances [1].

Dutronc se retrouve le 1er novembre 1962 à Trèves en Allemagne, dans le service des transmissions, avec Aldo Martinez, le bassiste des Chaussettes Noires. Ce qui permet au futur chanteur de donner quelques concerts pour son colonel et d'obtenir un diplôme de Maître Ouvrier en électronique, mais sonne le glas des Cyclones...

En février 1964, au moment où les skieuses Christine et Marielle Goitschel triomphent aux Jeux olympiques d'hiver d'Innsbruck, c'est la quille. Avec l'argent des droits d'auteur de la chanson, *Va pas prendre un tambour*, qu'il a composée pendant son service pour Françoise Hardy [2], Jacques s'achète sa première guitare électrique digne de ce nom, une Gretsch Country Gentleman, la même qu'Eddie Cochran, avec un ampli de la même marque. Eddy Mitchell, qui a abandonné les Chaussettes Noires et chante désormais sous son nom, lui propose d'être son guitariste.

« Dutronc revenait du service militaire avec la coupe de cheveux en vogue dans les casernes. Il était couvert de boutons sur la figure, restes d'une adolescence incandescente et portait des lunettes à triple foyer vertes, suite à une myopie infantile. Comme il était voûté et ne se séparait jamais d'un

---

1. À son retour à la vie civile, il entre aux Galeries Lafayette, vend de la moquette, devient cordonnier et monte une société de décoration avec sa femme. En 1990, il ressort, sans véritable succès, un disque, *J'ai pas de pot*, sous le nom d'El Toro sans les Cyclones.

2. Elle sortira en 1963 sur le sixième 45 tours de Françoise, qui, quelques années plus tard, dans *Rock & Folk* confiera : « J'ai eu un de ces emballements, comme j'en ai toujours d'ailleurs, et elle a très bien marché... Jacques a été un peu ému parce que pour la première fois, il touchait pas mal d'argent et que c'était grâce à moi. »

imperméable trop grand pour lui, on l'appelait Gaston[1]... », se souvient Schmoll.

Il a fait d'énormes progrès à la guitare, dont il joue maintenant depuis près de dix ans. Passionné de musique classique, il a pour maître Segovia, Presti, Lagoya, Yepes. Et s'intéresse au jazz en écoutant Django Reinhardt, Jimmy Raney, Charlie Christian, Tal Farlow ou Barney Kessel, dont il interprète souvent la version de *Carmen*. Ce qui ne l'empêche pas d'être marqué par le rock naissant : « J'ai été emballé par les premiers disques de Neil Sedaka, de Presley, de Cochran, de Gene Vincent. Une de mes tantes qui réside aux États-Unis me les envoyait dès qu'ils sortaient. Ensuite, j'ai écouté les groupes anglais, les Stones, les Kinks, les Troggs[2]. » Bref, Jacques est désormais un authentique musicien qui assimile tout ce qu'il entend. Ses multiples influences vont lui permettre de se transformer en un compositeur sur lequel il va falloir compter.

*

Wolfsohn, depuis que Jacques a composé pour Françoise Hardy *Le Temps de l'amour* et *Va pas prendre un tambour*, a compris que derrière les grosses lunettes de Gaston – son surnom – se cache un formidable mélodiste. Il aime en plus son humour au second degré, cette façon de ne pas se prendre au sérieux et d'envisager la vie comme une immense farce.

Ces deux-là se ressemblent. Leurs provocations, leurs blagues d'éternels collégiens, leur détachement cynique cachent tout autant une profonde sensibilité qu'une évidente intelligence matinée d'un esthétisme à tous crins. Ce sont des dandys, qui cultivent le costume trois pièces dans un univers rock'n'roll, où le cuir noir et les jeans 501 relèvent du bon goût.

Ils sont le pendant en matière de variété des fameux hussards littéraires que sont Nimier, Laurent et Blondin. Même

1. In *Galas, galères*, l'autobiographie d'Eddy Mitchell.
2. *Salut les copains*.

cavalcade, même sens de la formule, même appétit de vivre et, surtout, même refus de penser comme tout un chacun. Des anars de droite qui se moquent du monde et tirent à vue sur le conformisme du plus grand nombre. Des voyous bien élevés et fort doués qui ont décidé de ne jamais vieillir et de surfer sur la bêtise... Des Bardamus qui ne veulent pas vivre – et encore moins mourir – à crédit.

*

En janvier 1965, Wolfsohn engage Dutronc, mais aux Éditions Musicales Alpha. Mission : composer pour les autres artistes engagés par Vogue et les accompagner en studio lors des enregistrements de disques.

« Au début, j'étais dans la cave, petit à petit je suis monté au rez-de-chaussée, j'ai fini assistant de Wolfsohn au deuxième, où j'espionnais tous ses rendez-vous. Faut dire qu'il recevait les gens formidablement, tirant à la carabine ou jouant au cor de chasse avant de virer le mec [1] », raconte Jacques.

Dans les couloirs, il croise à nouveau Françoise Hardy, la star de la maison. Elle regarde à peine ce guitariste aux lunettes de myope qui ricane sans cesse. Elle vit à ce moment-là le début d'une grande histoire d'amour avec Jean-Marie Perrier, le craquant photographe de *Salut les copains*, qui, chaque mois, immortalise Johnny, Sylvie, Claude ou Sheila.

Jacques, lui, assure les chœurs sur *Les Jolies Colonies de vacances* de Pierre Perret et participe à l'enregistrement des disques de Zouzou la twisteuse, une des égéries de Saint-Germain-des-Prés, amie de Brian Jones, le guitariste des Stones, qui jouera ensuite dans les films de Rohmer. « Elle avait un timbre intéressant, bien loin des horribles chanteuses à voix d'aujourd'hui. On a donc enregistré des titres. C'était très joyeux : il y avait un certain Alain Legovic, rebaptisé "Chamfort des pieds" au piano, Michel Pelay à la batterie, devenu maintenant un ponte de la SACEM, et, naturellement, Hadi Kalafate à la

1. *Libération*, février 2000.

basse... On cassait tout dans le studio. J'amenais mon guépard qui sautait sur le batteur[1] ! » racontera ensuite Jacques.

Il travaille également sur les 45 tours de Cléo (dont un titre évoque furieusement quelque chose : *Et Moi, Et Toi, Et Soie*), d'Anne-Marie Nebot, de Claude Puterflame, surnommé « Peter Flam », d'un certain Benjamin, qui cherche à concurrencer Antoine, dont *Les Élucubrations* viennent de sortir. Le succès n'est guère au rendez-vous. Mais Wolfsohn et sa bande s'amusent bien.

*

Le soir, Jacques rentre rue de Provence. Il habite désormais avec Ghislaine, son amour d'enfance, un appartement au-dessus de celui de ses parents. L'ambiance n'a rien avoir avec le pandémonium des bureaux et des studios de la rue d'Hauteville. « Ils avaient un appartement complètement bourgeois. Tout était nickel. Le lit était style Louis XVI. Il fallait pratiquement marcher avec des patins[2] », rigole encore Kalafate... Ghislaine déteste ce que fait Jacques. Elle est, depuis le début de leur histoire, à mille lieues du monde de la musique et du rock. Entre eux, le décalage est immense. Pourtant, ils doivent se marier au début de l'année 66. Les bans sont publiés. À quelques jours de la cérémonie, Jacques craque. Comment envisager une vie commune avec quelqu'un qui ne partage presque aucune de vos passions ?

Lorsqu'il annonce à ses futurs beaux-parents son intention de ne pas se marier, ils prennent ça pour une nouvelle blague ! Ah, il est drôle ce Jacquot ! C'est vraiment un artiste. Hé bien non, le sale rêveur pour qui l'important c'est d'aimer, leur hurle : « Sauve qui peut (la vie) ! » Ce sera la seule fois de sa vie où le père de Jacques se fâchera contre lui.

Adieu à la bien-aimée Ghislaine, à ses airs à la Kim Novak, ses envies de reconnaissance sociale et de vie douillette...

---

1. Zouzou, *Jusqu'à l'aube*, Flammarion, 2003.
2. Entretien avec l'auteur.

Chapitre 7
Françoise Hardy

Le temps des copains

En ce début d'année 1962, les nuits parisiennes sont rythmées par les attentats au plastic de l'Organisation de l'armée secrète (OAS), qui réclame le maintien de l'Algérie française. L'un d'entre eux, visant le domicile de l'écrivain André Malraux, ministre de la Culture du gouvernement mis en place par le général de Gaulle, blesse grièvement au visage une fillette de quatre ans. L'émotion est telle que, le 8 février, à l'appel du Parti socialiste unifié (PSU), du Parti communiste français (PCF) et des syndicats, des dizaines de milliers de manifestants exigent, entre la République et la Bastille, « la paix en Algérie » et la fin de l'OAS. Lors de la dispersion, au métro Charonne, la police charge violemment. C'est la tragédie. Huit personnes meurent et une centaine sont blessées. Le 13 février, 500 000 personnes assistent aux obsèques des victimes et accusent les forces de l'ordre de collusion avec l'OAS... Les grèves générales se succèdent dans une grande tension et le pays semble au bord de la guerre civile.

Pendant ce temps, à la radio, on entend en boucle, *Retiens la nuit*, une chanson écrite par Charles Aznavour que Johnny Hallyday fredonne à Catherine Deneuve dans *Les Parisiennes* un film à sketches de Marc Allégret et Michel Boisrond. Sylvie Vartan, qui s'est fait connaître l'été précédent en chantant *Panne d'essence* avec Frankie Jordan, passe pour la première fois à l'Olympia et sort son deuxième 45 tours en solo, *Est-*

ce que tu le sais ?, adaptation d'un titre de Ray Charles[1]. Henri Salvador interprète *Le Lion est mort ce soir*, un thème traditionnel sud-africain chanté par Miriam Makeba et devenu un méga tube, puis repris par Pete Seeger qui l'a importé aux États-Unis et, enfin, le groupe new-yorkais, The Tokens. Quant à Jeanne Moreau, elle chantonne : « *Elle avait des bagues à chaque doigt / des tas de bracelets autour des poignets...* » *Le Tourbillon*, écrit par l'écrivain-peintre Rezvani sous le pseudonyme de Cyrus Bassiak, apparaît dans le film de François Truffaut, *Jules et Jim*... Assez paradoxalement, ces refrains laissent percer une note d'insouciance alors que le pays traverse une période plus qu'agitée...

*

Dans son bureau de la rue d'Hauteville, Jacques Wolfsohn prépare le premier disque de Françoise Hardy. Il passe la plupart de ses journées dans une sorte de sauna portatif, dont seule sa tête émerge. Ses yeux bleus perçants jugent vite son interlocuteur. Pour couper court à la visite d'un importun, il n'hésite pas à sortir un revolver et à tirer au plafond... Ce fou furieux plaît à Françoise, surtout lorsqu'il lui explique que sa femme l'a quitté pour un marchand de marrons, car, ne travaillant que l'hiver, ils sont disponibles le reste du temps pour les épouses inconstantes... Elle perçoit bien, derrière le rire appuyé, l'angoisse et le désarroi d'un homme qui bougonne mais ne se confie guère.

Wolfsohn tient à ce que Françoise chante, *Oh oh chéri*, une chanson de Jil et Jan, les paroliers des premiers titres de Johnny Hallyday. Il est persuadé de tenir un tube. Certes, les paroles frisent l'inanité – « *Oh oh chéri, j'aime tout ce que tu fais/même quand tu ne fais rien moi ça me plaît/tu peux dan-*

1. Si l'on compte le 45 tours avec Frankie Jordan, il s'agit en fait de son troisième disque puisque, entre les deux, est sorti celui intégrant, *Quand le film est triste, Je suis libre, Tout au long du calendrier, Le Petit lascar.*

ser en pyjama/tu as de la classe comme ça... » –, mais il y a un gimmick, le « *oh oh* » asséné avec une pointe d'écho à la façon des premiers morceaux de Presley enregistrés au studio Sun de Memphis, qui donne une sonorité rock.

Françoise ne se reconnaît guère dans ce titre guilleret, à des années lumières des mélodies mélancoliques qu'elle a l'habitude de composer et de chanter. Mais elle s'incline. Car les trois autres morceaux sont d'elle. *Il est parti un jour* très courte rengaine pop d'une minute et quarante-quatre secondes ne vaut que par son thème, la frustration suscitée par l'absence de l'être aimé, qui va devenir récurrent dans l'œuvre de la chanteuse. *J'suis d'accord*, qui dure à peine deux minutes, possède la fraîcheur d'une ritournelle adolescente. Deux morceaux qui ne tiennent, aujourd'hui, que par une écoute au second degré...

Et puis il y a : *Tous les garçons et les filles de mon âge.*

Le morceau va devenir en l'espace de quelques semaines l'hymne d'une génération désenchantée, qui se reconnaît dans ce besoin romantique d'échange. Pourtant, la mélodie de *Tous les garçons et les filles* ressemble beaucoup à celle de *Lonely Boy* de Paul Anka. Bien que basée sur trois accords (la fameuse *« anatole »* chère aux musiciens débutants) et d'une simplicité confondante, sa façon d'aborder la solitude et le désordre de l'âge ingrat provoque une véritable lame de fond [1]...

L'enregistrement a lieu le 25 avril.

*

1. *Tous les garçons et les filles*, *J'suis d'accord* et *Il est parti un jour* sont cosignées par un certain Roger Samyn qui n'est autre que l'orchestrateur du disque. Pour des raisons administratives, car, à l'époque, pour être admis à la SACEM, il fallait réussir un examen ardu de solfège, Samyn a prêté son nom à Hardy... Personne n'imaginait que cette simple signature allait lui permettre de couler dans l'anonymat le plus complet une retraite paisible jusqu'à la fin de sa vie.

Deux semaines auparavant, les accords d'Evian entre le gouvernement français et le FLN algérien ont été entérinés par un référendum. La guerre d'Algérie s'achève... Georges Pompidou vient de succéder à Michel Debré au poste de Premier ministre...

Françoise est accompagnée par quatre musiciens sans inspiration qui jouent sur des arrangements à la limite de la vacuité. Elle chante en direct sur un appareil qui possède simplement quatre pistes ! En tout et pour tout, mixage compris, les quatre titres vont être mis en boîte en quatre heures... Aujourd'hui, il faudrait dix jours !

*

Quelques jours plus tard, Jean Peigné, l'homme qui a été choisi par Lucien Morisse pour diriger la programmation musicale d'Europe 1, écoute, l'oreille distraite, un lot d'échantillons d'une quinzaine de candidats à la célébrité.

« Et puis j'entends une fille à la voix douce, presque monocorde, mais qui, sans qu'on sache pourquoi, accroche l'oreille. Elle chante l'adaptation d'un rock américain quelconque, et sur l'autre face une ballade dont elle est l'auteur, comme l'indique l'étiquette. Cela s'intitule, *Tous les garçons et les filles*. Le texte, malgré une certaine naïveté ou peut-être grâce à elle, dégage une sincérité évidente. Cette histoire d'une adolescente qui voit les autres en couple et croit que personne ne l'aime me semble correspondre à ce que ressentent beaucoup de jeunes de cette génération. Babar, mon adjointe, qui a beaucoup de feeling est du même avis [1] », raconte le programmateur.

Il téléphone aussitôt chez Vogue pour manifester son enthousiasme...

*

1. *Salut les sixties*, Éditions de Fallois, 2003.

Le disque sort en juin. Jacques Wolfsohn a décidé de mettre en avant *Oh oh chéri*. Mais Europe 1 programme *Tous les garçons et les filles*... Daniel Filipacchi craque littéralement et matraque le morceau chaque jour entre 17 et 19 heures pendant *Salut les Copains*. Devant l'engouement du public, Wolfsohn change de pochette. *Tous les garçons et les filles* devient le titre principal.

Jean Peigné garde un souvenir ému de sa première rencontre avec Françoise. « Je vois entrer dans mon bureau une grande fille aux longs cheveux, mince comme une liane, visiblement très timide. À brûle-pourpoint, je lui demande combien de disques elle espère vendre.

— Je ne sais pas, répond-elle. Peut-être six ou sept mille...

Je lui suggère d'ajouter des zéros.

— Soixante-dix mille ? fait-elle, effarée.

— Je n'ai pas dit un zéro, mais des zéros. À mon avis, vous allez en vendre au moins sept cent mille.

Elle éclate de rire. »

Et ils parient un très bon dîner dans un des meilleurs restaurants de Paris. Aucun des deux n'imagine que leurs pronostics vont s'avérer... faux.

*

En juillet, Françoise, comme chaque année, part perfectionner son allemand en Autriche. À son retour, le disque s'est vendu à deux mille exemplaires. Elle exulte. Ce n'est qu'un début. En octobre, alors que sort *Love Me Do*, le premier 45 tours des Beatles, le chiffre de 800 000 est dépassé ! Deux mois plus tard, on en est à un million ! L'Allemagne s'enflamme, l'Italie suit... Trois millions d'exemplaires vont être au total vendus en Europe ! Du jamais vu pour l'époque ! En dix-huit mois, elle va écouler plus de disques qu'Édith Piaf en dix-huit ans de carrière...

Claude Lelouch tourne à la Foire du Trône un scopitone, l'ancêtre du clip, autour de la chanson. Il est diffusé dans tous les cafés de France et de Navarre qui possèdent un juke-box. *Paris Match* lui consacre sa couverture. Elle devient un phénomène de société. Dans *France-Soir*, le très élégant Philippe Bouvard, dont la surdité à toute modernité n'a d'égal que la logorrhée acariâtre, la baptise l'endive du twist. Face aux blousons noirs des rockers, l'innocence de cette jeune fille aux yeux de biche qui vit chez sa mère rassure un monde adulte perturbé par l'irruption d'une jeunesse turbulente.

« Sur le moment, j'étais contente que la chanson marche et qu'elle passe à la radio, mais la pauvreté des arrangements m'a toujours exaspérée. Son succès a été déterminant et, si je semble la dénigrer aujourd'hui, c'est parce que j'ai l'impression que les gens ne connaissent de moi que ce titre, alors que j'en ai enregistré beaucoup d'autres très supérieurs sur tous les plans [1]... », confiera plus tard Françoise.

Toujours est-il qu'à la fin de l'année, elle tient parole. Et invite Jean Peigné à dîner dans l'un des meilleurs restaurants chinois de Paris. « Françoise avait laissé sa timidité au vestiaire et nous avons longuement bavardé. J'ai découvert une fille intelligente, sensible, aux idées très originales, qui derrière son petit air réservé savait parfaitement ce qu'elle voulait. J'ai aussi appris qu'elle était Capricorne et qu'elle croyait beaucoup à l'astrologie [2] », raconte-t-il.

*

Ce succès lui ouvre de nombreuses portes. Et la propulse, quelque temps plus tard, dans l'univers de *Salut les copains*. Elle rejoint Johnny (Hallyday), Sylvie (Vartan), Eddy (Mitchell) des Chaussettes Noires, Dick (Rivers), Lucky (Blondo), Hugues (Aufray), Long (Chris) [3] dans l'imaginaire des jeunes

---

1. *Françoise Hardy, ma vie intérieure* de Gilles Verlant, Albin Michel, 2002.
2. *Salut les sixties*, Éditions de Fallois, 2003.
3. Se joindront rapidement au groupe Sheila, dont le premier 45 tours sort en novembre 1962, et Claude François dont le grand succès, *Belles, belles, belles*, date du même mois.

qui, quels que soient leurs origines ou leurs milieux, écoutent Europe 1 entre 17 et 19 heures.

Le transistor a profondément changé la façon d'écouter la radio. La famille ne se réunit plus autour de l'œil vert du poste pour écouter les émissions. L'ado se retire dans sa chambre et écoute, seul, ses animateurs préférés. Cette écoute individuelle va permettre la segmentation de l'offre radiophonique. Europe n° 1 est la première à comprendre ce changement de donne. Dès 1959, Lucien Morisse, le patron des programmes, a lancé une émission pour les jeunes, « Salut les copains », titre inspiré par une chanson de Gilbert Bécaud. Limitée d'abord à une demi-heure le jeudi et présentée par une étudiante américaine, Suzy[1], fille d'un colonel de l'OTAN en poste à Paris, l'émission devient quotidienne en octobre et prend forme dès qu'elle est confiée à Daniel Filipacchi[2], qui anime déjà sur la station périphérique une émission consacrée au jazz, « Pour ceux qui aiment le jazz », avec Frank Ténot. Après s'être rendus aux États-Unis et avoir écouté les nouvelles radios qui fleurissent là-bas, ils décident de les adapter à la France. Daniel Filipacchi donne ainsi à « Salut les copains » un ton familier et une forme rythmée où alternent *jingles*, interviews, concours, publicité et chansons. Il arrive généralement cinq minutes avant le début, et quelquefois il est encore dans l'escalier quand l'indicatif démarre. Josette Milgram, sa collaboratrice, lui tend au vol la liste des disques programmés, puis il s'installe devant son micro, et présente chaque chanson comme s'il avait passé la journée à préparer

1. Ses à peu près en français vont lui être fatals.

2. Fils d'Henri Filipacchi, le créateur du Livre de Poche, Daniel s'engage d'abord dans une carrière de reporter-photographe, qui l'amène à travailler à *Paris Match*. En 1955, il entre à Europe n° 1. La station lui confie une émission consacrée au jazz, car il possède une des plus belles discothèques de jazz au monde. Il l'anime avec Frank Ténot et la prolonge avec sa revue, *Jazz magazine*... Après avoir créé plusieurs journaux, il s'associe avec Jean-Luc Lagardère pour fonder Hachette-Filipacchi Media, le premier groupe français de presse.

son texte... Le succès est foudroyant. L'émission devient vite quotidienne, six jours sur sept.

*

À l'été 1962, Daniel Filipacchi et Franck Ténot ont l'idée de créer un magazine qui prolonge chaque mois leur émission. Le premier numéro, anniversaire de Johnny oblige, est consacré à Hallyday. Il se penche sur la signification du terme "*yé yé*", que l'on commence à employer pour désigner cette nouvelle génération de chanteurs : « Et puisque je vous parle du *yeah* des Anglais (et des Américains), qui est devenu "*yé yé*" en français (si j'ose dire), permettez-moi d'apporter ma modeste contribution au dictionnaire des copains avec plusieurs mois d'avance. Voilà ce qu'on pourrait lire à la lettre Y, au mot yé-yé : étymologiquement vient de l'affirmation anglaise "*yes*" (oui) transformée en *yeah* dans l'argot américain pour exprimer l'enthousiasme d'un auditoire pour un musicien de jazz ou de rock. En français, cette onomatopée a été reprise sous la forme yé-yé par les paroliers, qui, adaptant les chansons américaines, l'ont préférée plutôt que de la détruire par "ouais ouais". » À l'époque, la presse « jeune » est soit confessionnelle, avec des titres d'origine catholique ou protestante (*Rallye-Jeunesse*), soit militante relayant la plupart du temps le discours stalinien du Parti communiste français (*Avant-Garde*). Il y a bien *Disco Revue* mais son côté trop spécialisé, ses origines provinciales et son manque de moyens l'enferment dans une chapelle...

SLC devient tout de suite le média privilégié de l'émergence d'une nouvelle culture. De cent mille exemplaires, son tirage passe en quelques mois à un million... À raison d'une moyenne de trois lecteurs par numéro, ce sont donc trois millions de jeunes, les deux tiers des 14-20 ans, qui lisent *SLC*.

Les deux tiers de la partie rédactionnelle sont consacrés aux « idoles ». En dehors du hit-parade mensuel, le lecteur a droit à des textes de chanson in extenso, à la liste des « chouchous du mois », à des articles de deux pages sur un chanteur qui alternent avec des papiers plus conséquents d'une dizaine de pages style : « Le week-end campagnard de Françoise et Sylvie » ou « Le grand tournoi Christophe et Hugues ». Certains mois, le journal est en majeure partie consacré à une seule vedette, par exemple « Tout sur Johnny », où l'on relève des articles aux intitulés évocateurs : « Les signes de Johnny », « Mon âge tendre », « Johnny relax », « Johnny à l'heure du show », « Le style Johnny », « L'album photo », « Johnny le magnifique »... Les pages consacrées au cinéma et aux acteurs sont rares. Et très rapidement, la rédaction abandonnera la rubrique « Autour d'un magnétophone » consacrée aux débats de société... Les photos pleine page, ce qui est encore rarissime dans la presse magazine française, sont la principale marque de fabrique du journal. Elles sont, pour l'essentiel, l'œuvre de l'ancien assistant de Filipacchi, Jean-Marie Périer. Avant de l'engager, « oncle Dan », ainsi que l'appellent « les copains », lui a lancé dans un demi-sourire : « Ce n'est pas compliqué, les photos que tu feras doivent avant tout déplaire aux parents ! » Toujours est-il que, dès octobre 1962, Françoise devient une des figures essentielles de cette geste qui, de mois en mois, va nourrir les phantasmes d'une génération.

*

L'année suivante, à l'occasion de l'immense concert qui réunira plus de cent cinquante mille jeunes place de la Nation pour fêter le premier anniversaire de *SLC*, le sociologue Edgar Morin se penchera dans *Le Monde* sur ceux qu'il appelle « les décagénaires » (comment traduire *teenagers* ?) : « En fait, à travers le rythme, cette musique scandée, syncopée, ces cris de yé-yé, il y a une participation à quelque chose d'élémentaire, de biologique, écrit-il. Cela n'est-il pas l'expression un peu plus forte seulement chez les adolescents, du retour de toute une civilisation vers un rapport plus primitif, plus essentiel avec la vie, afin de compenser l'accroissement continu du secteur abstrait et artificiel ?... Il peut y avoir dans le "yé-yé" les ferments d'une non-adhésion à ce monde adulte d'où suintent l'ennui bureaucratique, la répétition, le mensonge, la mort ; monde profondément démoralisant au regard de toutes les profondes aspirations d'un être jeune ; monde où la jeune lucidité (non partagée par tous les jeunes) ne voit de la vie des adultes que l'échec. »

Et il poursuit en affirmant sa profonde sympathie pour cette nouvelle attitude : « Prenons par exemple ces délires frénétiques que suscite un tour de chant. C'est ce qui semble incontestablement lamentable à la plupart des adultes. Je trouve, pour ma part, émouvante l'extase pour un chant, la transe provoquée par une voix musicale, ce rapport si violemment émotionnel avec le rythme et la musique, même accompagné d'adoration futile, quand cette adoration n'est autre que le remerciement pour l'extase éprouvée. Il y a un message d'extase sans religion, sans idéologie, qui nous est venu par une prodigieuse injonction de sève noire, de négritude déracinée, dans la civilisation américaine, et qui s'est incorporé dans l'humanité du XXe siècle. Le yé-yé en témoigne de façon virulente. Certes, je suis de ceux qui voudraient que les extases aient un sens, qu'elles s'inscrivent dans un mouvement de réalisation de la fraternité humaine, du progrès de l'espèce. Mais je suis aussi de ceux qui préfèrent aux ferveurs trompées et corrompues des décennies 30 à 50, une ferveur pour ainsi dire à vide, et inoffensive. Ainsi me semble bon désormais ce qui tourmente ou désole bien des adultes. »

La conclusion de son analyse va devenir le manifeste de tous ces adolescents : « La musique et le rythme sont nécessaires à la jeunesse comme le pain et le soleil. »

*

Françoise, avec ses airs d'étudiante sage, sa beauté limpide et ses paroles romantiques où la quête de l'amour apparaît comme une des motivations premières de l'existence, incarne très vite l'amie, la grande sœur ou même la compagne qui peuplent les émois des lycéens et lycéennes de l'Hexagone... lesquels, chaque mois, suivent ces aventures dans *SLC*. Ce qui va de soi, puisque, depuis novembre 1962, elle vit une grande histoire avec Jean-Marie Périer, le photographe de *SLC*...

« Moi, je suis né du côté de la chance », explique Jean-Marie Périer. Enfant, il voit chez lui Guitry, Jouvet, Bogart, Montand et Sartre. Le succès des autres est donc une vieille compagne. Sa mère papillonne, son père, François, joue au théâtre et sa grand-mère s'occupe de lui. Il ne fait rien à l'école mais on le laisse tranquille parce qu'il donne des places aux professeurs pour aller admirer papa au théâtre. À 16 ans, il apprend que son véritable père est Henri Salvador. Par amour et par respect envers celui qui l'a adopté à sa naissance, il se détourne de la musique et décide de ressembler à François Périer. « Après cette abrupte décision qui me fit prendre la tangente, ma vie ne fut qu'une suite de visites plus ou moins propices... Je ne serai pas musicien, je pouvais donc être tout ou rien, c'était sans importance [1]. » Il abandonne les cours sans même avoir passé le certificat d'études et, en 1956, devient l'assistant de Daniel Filipacchi, qui est alors photographe à *Marie Claire*. Celui-ci lui donne aussitôt une leçon, qui va devenir sa règle de vie : « Dans la vie, il y a deux sortes de gens : les “y-a-qu'à, y-a-qu'à” et les “oui mais, oui mais”. Si tu choisis de faire partie de la première catégorie, n'oublie pas que la seconde n'aura qu'une seule idée : te faire chier... Moralité, n'écoute jamais personne. » Après deux ans de service militaire à Oran, en pleine guerre d'Algérie, dont il revient écœuré par la trahison du général de Gaulle envers les pieds-noirs, Filipacchi le relance : « En mai 1962, alors que je traînais à La Belle Ferronnière, un bar de la rue Pierre-Charron, Daniel me proposa de collaborer à un “petit journal de musique”. Je travaillais comme photographe à *Télé 7 Jours*, ce qui, pour un jeune homme de vingt-deux ans, était

1. *Le Temps d'apprendre à vivre* de Jean-Marie Périer, XO éditions, 2004.

considéré comme une situation. Lassé d'immortaliser Catherine Langeais[1] sur fond de velours bordeaux, je sautai sur la proposition. Je ne pouvais pas savoir qu'il me faisait là le cadeau des douze plus belles années de ma vie. »

En novembre 1962, « oncle Dan » lui commande un reportage sur les nouvelles chanteuses qui commencent à poindre dans le paysage musical. L'interprète de *Tous les garçons et les filles* figure bien évidemment en tête de liste... Le rendez-vous est fixé en fin de matinée au 24 de la rue d'Aumale. « Au bout d'un long bras, il y a une grande chose mystérieuse avec en pull en V, des cheveux approximativement coupés, de grands yeux bleus maquillés genre sphinx, déjà remplis de l'ennui que suscitera toujours chez elle tout acte promotionnel. Elle sourit à peine et laisse à sa mère le soin de parler. Au fond dans la cuisine, j'aperçois sa sœur près d'un four ouvert dont je comprendrai plus tard qu'il sert à chauffer l'appartement », se souvient le photographe. Mme Hardy lui fait visiter les lieux et l'emmène jusque dans la chambre de sa fille. Et là, au-dessus du lit, Jean-Marie tombe en arrêt devant ce qui cristallisera à jamais cette première rencontre : « Je vois un cosy-corner, une sorte d'étagère sur laquelle sont disposés quelques livres. Je me souviens d'être resté un instant devant cette chose, ressentant bien qu'il s'agissait là d'un petit coin privé, d'un domaine réservé, émouvant, un peu dérisoire, et qui ne me regardait pas. » Ils ont presque le même âge. Mais Jean-Marie perçoit d'emblée la différence entre leurs vies. Il a grandi dans un hôtel particulier à Neuilly dont les jardins donnent sur la Seine. Il a, grâce à ses parents, côtoyé la terre entière. Il a eu tous les choix et reçu toutes chances. Et là, en une seule seconde, il fait le tour de ce qui est l'espace de liberté d'une jeune fille belle comme le jour et si secrète... L'émotion l'étreint. « Si on me demandait de résumer la pre-

1. Catherine Langeais était alors speakerine. Après avoir été un des grands amours de François Mitterrand, qui faillit l'épouser pendant la guerre, elle se maria avec Pierre Sabbagh, un des grands hommes de la télévision française.

mière impression que je garde d'elle, elle qui est aujourd'hui la femme de celui que je préfère parmi toutes les stars, elle que ma tendresse n'a jamais quittée et que je considérerai toujours comme ma meilleure amie, curieusement, je répondrais : un cosy-corner[1]. »

Il l'entraîne dehors. Direction la Seine. Rive Gauche. Pont Saint-Michel. Il fait froid. La lumière est laiteuse. De la neige recouvre les trottoirs. Françoise s'appuie à la balustrade en pierre. Derrière, le Pont-Neuf se reflète dans l'eau. Elle frissonne dans son manteau noir et son pull bleu clair. Penche légèrement la tête. Sourit subrepticement. Et puis ce regard si doux, si confiant, si aimant... au moment où il les photographie. Comment a-t-il fait pour capter ce moment-là ? Il ne sait pas, il ne sait plus. Ensuite, il lui offre une rose et l'amène au Champ-de-Mars. Elle s'assoit sur une chaise en fer, avec, en toile de fond, la tour Eiffel dans le brouillard. Croise les jambes. Jolies les jambes. Interminables. Fines. Envoûtantes.

Il donnerait cher pour revoir ces premiers moments. « Je l'ai aimée tout de suite et pour toujours. Elle était la plus belle fille que j'aie jamais vu. Aussi loin que je me souvienne, Françoise s'est toujours tenue droite, traversant les foules de son regard faussement candide, perdue dans des pensées plus ou moins tristes, drôles parfois, mais qui surtout ne ressemblaient qu'à elle. Aimant à s'oublier d'une passion à l'autre, à l'affût du moindre emballement, l'esprit gentiment accoudé à un zeste de perversité dont son imprudente franchise nous faisait parfois cadeau », commente aujourd'hui Périer.

En fin d'après-midi, il la raccompagne chez elle en voiture. À la radio passe *Hurt*, une ballade sentimentale de Timi Yuro[2], une fille de Chicago qui ne connaîtra pas d'autres

---

1. *Mes années soixante*, Jean-Marie Périer, Éditions Filipacchi, 2002.

2. Elle chantera en 1962, *What's A Matter Baby* (*Is It Hurting You*), et en 1963, *Make The World Go Away*, avant de disparaître. Elvis Presley reprendra *Hurt* en 1976. Rosemary Timotea Aurro, dite Timi Yuro, tentera en vain un come-back en 1990. Elle nous a quittés le 30 mars 2004.

succès. Il lui effleure la main. Leurs regards se croisent. Mais il ne se passe rien.

*

Françoise raconte une autre version. « Il ne m'avait pas plu du tout. Et je ne lui avais pas plu du tout non plus ! C'est par la suite que les gens de la maison de disques ont commencé à me dire que Jean-Marie m'aimait bien et que je lui plaisais même beaucoup. Au départ, j'étais absolument suffoquée qu'il puisse éprouver quelque chose pour moi tant j'étais convaincue, à cause de ma grand-mère, que je ne pourrais jamais plaire à personne... Ensuite, je l'ai trouvé extrêmement séduisant. Et pas seulement ça, très brillant. Son univers était aux antipodes du mien [1]. »

Et puis, le mois suivant, elle chante à Marseille. Le photographe débarque dans sa loge et l'invite dans un restaurant. Chinois. Elle est désemparée. Il doit lui apprendre à manger avec des baguettes. Tant de maladresse le bouleverse. La soirée s'achevant, il l'accompagne dans le grand hall de l'hôtel de Noailles jusqu'à la porte de l'ascenseur. « Nous nous sommes dit bonsoir et j'ai ouvert la porte. Elle est entrée sans dire un mot et moi, je l'ai suivie comme un somnambule. L'ascenseur est monté et sans rien décider, sans geste ni formule, c'était fait, nous étions "ensemble" [2]. »

Elle a dix-huit ans. Il en vingt-deux... Leur histoire va durer quatre ans.

---

1. *Notes secrètes*, Eric Dumont, Albin Michel, 1991.

2. *Le Temps d'apprendre à vivre*, Jean-Marie Périer, XO Éditions, 2004.

Chapitre 8
Jacques Dutronc
LE DÉCLIC

Léon Cabat est furieux. Le P-DG de Vogue, un petit homme pète-sec à la moustache poivre et sel, n'a pas l'habitude de mâcher ses mots. Dans la salle de réunion de la rue d'Hauteville, on entendrait une mouche voler... Pour une fois, Jacques Wolfsohn ne pipe mot. Et laisse passer l'orage en fumant le plus tranquillement possible son cigare.

En ce tout début janvier 1966, l'ambiance est morose chez Vogue. L'incertitude règne. La vague yé-yé est en train de s'essouffler. Et le rock de la genèse, celui d'Elvis Presley, de Chuck Berry ou de Gene Vincent commence à marquer le pas. Leurs clones français ont du mal à rebondir. Aux États-Unis, l'heure est au rhythm'n blues de James Brown et au folk-rock des beatniks dont Bob Dylan est le principal porte-parole. En Angleterre, les Beatles, les Stones, les Animals ou les Kinks inventent jour après jour une nouvelle musique, où le blues des origines se mâtine de mélodies pop. En France, personne ne semble être au rendez-vous. Johnny, Eddy, Dick, Sheila, Claude ou Sylvie se contentent d'adapter en français les succès anglo-saxons...

Léon Cabat a convoqué ses troupes pour passer un savon énergique aux directeurs artistiques. Il faut redresser la barre. Trouver de nouveaux talents. Et signer les futurs Hallyday, Hardy ou Clark. Certes, on place des espoirs dans de nouvelles voix, mais vont-elles exploser ? Zouzou la twisteuse a un minois sympathique, mais ses chansons, prévues pour le premier semestre, susciteront-elles un raz de marée ou simplement une vague attention polie au Bus Palladium et chez Castel ? Anne-Marie Nebot, elle aussi en phase de lancement, parviendra-t-elle à percer ? Et l'audience de Cléo sera-t-elle au top ou proche de l'encéphalogramme plat ?

Cabat, que les excentricités de Wolfsohn commencent à agacer, même s'il a d'importants contrats en main [1], a, pour stimuler ses troupes, récemment engagé un autre directeur artistique, Christian Fechner [2], jeune homme ambitieux de vingt-deux ans qui, enfant, a débuté dans des galas de province en réalisant des tours de magie. Il a séduit le patron de Vogue en jugeant, d'un ton péremptoire, que les goûts des autres directeurs étaient dépassés et en affirmant, au bluff, qu'il allait découvrir les futures têtes d'affiche. Dans ses bagages, il amène les Jingle Jumpers, Éric Le Gall, Gérard Layani, les Brummels, les Problèmes, ainsi qu'un type aux cheveux longs propice aux élucubrations et prénommé... Antoine.

Si la légende – aujourd'hui on parlerait d'habile communication marketing – prétend que Christian Fechner l'a pris en stop l'été précédent sur la Côte d'Azur, la vérité sur cette rencontre appelée au succès est en fait bien plus prosaïque. Antoine Muraccioli, âgé de vingt et un ans, élève à l'École Centrale de Paris, la plus prestigieuse des écoles d'ingénieurs, est venu auditionner quelque temps plus tôt dans les bureaux de Vogue après avoir croisé l'un des membres des Tom & Jerry dans un magasin de partitions du quartier de la Bastille. Christian Fechner n'est pas présent, mais il a tant claironné sa volonté de mettre la main sur un Bob Dylan à la française

1. Johnny Hallyday, Françoise Hardy, l'accordéoniste Aimable...

2. Il s'occupera ensuite des Problèmes, le groupe qui accompagne Antoine. Le succès d'un disque « gag » (*Je dis n'importe quoi, je fais tout ce qu'on me dit*) où ils parodient leur patron les contraint à changer d'orientation musicale. Ils deviennent les Charlots... Et se mettent à tourner des films comiques permettant à Christian Fechner de devenir un des principaux producteurs du cinéma français actuel.

qu'on retient l'étudiant jusqu'à son retour. Et, dès que le directeur artistique arrive, il flaire le bon coup : Antoine a le look qu'il faut pour sonner comme un disciple de Dylan ou de Donovan. En décembre 1965, son premier 45 tours, *La Guerre*, une violente charge antimilitariste programmée le soir de Noël, est un beau coup de pub. Trois semaines plus tard, son deuxième disque est prêt. Et Fechner jure ses grands dieux à Léon Cabat que ce sera l'événement de 66. Il n'a pas tout à fait tort puis que *Les Élucubrations d'Antoine* auront le retentissement que l'on sait : plus d'un million de copies.

*

Wolfsohn, lui, voit rouge. Fechner l'agace. Ce freluquet sorti de nulle part, tout juste bon à faire des tours de cartes pour les rombières du casino de Forges-les-Eaux, ne va quand même pas leur imposer ses beatniks grattouilleurs de guitare qui beuglent « Paix au Vietnam » dans des treillis informes... Deux générations, deux sensibilités s'affrontent. C'est la guerre entre Fechner et Wolfsohn. Lorsque, au détour d'un couloir, Antoine omet de saluer Wolfsohn et Dutronc, les hostilités sont déclenchées... « Puisque c'est comme ça, on va le faire chier ! » aurait, dans son bureau, hurlé le premier Jacques au second...

Il engage séance tenante, simplement parce qu'il a une tête de beatnik, un certain Louis Benjamin, surnommé « Loulou » par ses copains et recommandé par la twisteuse Zouzou parce qu'il connaît tout le monde et traîne dans les endroits à la mode. Puis s'invite chez son vieux complice, Daniel Filipacchi, pour qu'il lui trouve un type capable d'écrire une chanson façon *protest song*. Le patron de *SLC* lui indique, à l'étage au-dessus, le bureau du rédacteur en chef de *Lui*, un nouveau magazine pour homme moderne, avec plein de jolies filles à peine habillées, qu'il vient de lancer.

*

Ce jour-là, Jacques Lanzmann, puisque c'est lui le rédacteur en chef de *Lui*, a la moustache en bataille et l'œil chagrin.

La veille, il a dîné avec une pigiste, Anne Segalen, qui, collaboratrice à *Adam*, le journal rival, était venue quelque temps auparavant lui proposer ses services. Il était tout de suite tombé amoureux de la petite-fille de l'écrivain Victor Segalen, dont *Stèles* et *Les Immémoriaux* appartenaient à son panthéon personnel. Hier soir, il a réussi à la séduire...

Mais à son retour dans sa chaumière au fond des bois, près de Chateaufort, il a trouvé devant la porte la tête d'Oscar. On avait décapité son chien, un Briard à long poil ! D'un seul coup, la vie lui semblait bien lourde à porter.

Au moment précis où il se dit qu'il serait doux d'être dans les bras d'Anne, un petit bonhomme à cigare débarque dans son bureau... C'est Wolfsohn !

« Il avait une tête à la Beethoven. Il s'occupait de musique, mais pas du genre symphonique. La neuvième, il me la jouera plus tard. Il s'avança vers moi, me jugea du regard et lança :

– Dites donc, ça vous intéresserait d'écrire des chansons ?

J'étais pris au dépourvu. Je dis :

– Mais je n'y connais rien moi à la chanson ! Je suis nul. Complètement nul !

– C'est justement pour ça que je vous le demande. Les professionnels, eux, manquent de fraîcheur.

Comme je paraissais réticent, il insista :

— Merde ! Quand on sait écrire des romans, on sait forcément écrire des chansons !

Sa remarque me plut. Le bonhomme, aussi [1] », se souvient Jacques Lanzmann.

*

1. *Le Voleur de hasards*, éditions Jean-Claude Lattès, 1992.

Il écrit aussitôt un premier texte, *Cheveux longs* :
« *Moi j'ai les cheveux longs, longs,*
Longs comme le jour le plus long.
Moi j'ai les cheveux longs, longs,
Longs, comme le sanglot des violons.
Si j'ai les cheveux longs, longs, longs,
C'est pour la tradition,
Avant moi il y a eu Samson, et le jeune Napoléon.
Moi j'ai les cheveux longs, longs,
Longs, comme un jour sans pain.
Moi j'ai les cheveux longs, longs,
Longs, les gens me parlent au féminin.
La fille que l'on n'épouse pas,
La morne, le saule pleureur,
Le gars qui ressemble à ma sœur,
Mais je ne les écoute pas... »

Dutronc compose une musique dans le même esprit. Et Benjamin, hippie sans véritable épaisseur et chanteur plus que moyen, l'interprète d'un air tragique... Cela frise le ridicule. Le plagiat d'Antoine est tellement évident qu'aucun programmateur ne daigne diffuser à l'antenne ce 45 tours au bord de la ringardise.

*

Wolfsohn n'a pas dit son dernier mot. Il persiste à vouloir battre Fechner sur son propre terrain. La cruauté n'est pas son moindre défaut... Il sollicite donc à nouveau Lanzmann, qui a écrit d'autres textes dans la foulée du premier.

L'écrivain, que son journal accapare et qui ne veut pas trop s'investir dans cette histoire, se souvient d'un texte qu'il a écrit le 17 juin 1955, sur une table du Old Navy, un bar du Quartier Latin, qui sert de QG aux Latino-Américains exilés à Paris. Franca, une jolie Bolivienne, venait de le quitter, parce qu'il n'avait pas voulu de l'enfant qu'elle attendait...

Pour exorciser son chagrin et se moquer de son propre égoïsme, ce soir-là, il avait griffonné :

« *Sept cents millions de petits Chinois, et moi et moi et moi.*
Huit cents millions de crève-la-faim, et moi et moi et moi.
Avec mon chien, mon p'tit chez-moi.
Avec les miens, mon point au foie.
Deux cents millions de Soviétiques, et moi et moi et moi.
Cinq cents millions de rachitiques, et moi et moi et moi
Avec mon cœur, mes p'tits émois.
Avec ma peur de faire un choix.
J'y pense et puis j'oublie.
C'est la vie c'est la vie. »

En un après-midi, il remanie ses vers. « Je n'étais pas sûr du chiffre pour les sept cents millions de Chinois. Pour les Vietnamiens, par exemple, je me suis trompé, cinquante millions c'était trop... » Le résultat définitif, plus acerbe, laisse percer les préoccupations d'un homme moderne qu'on imagine lecteur de *Lui* :

« *700 millions de Chinois, et moi, et moi, et moi,*
Avec ma vie, mon petit chez moi, mon mal de tête, mon goitre au foie,
J'y pense et puis j'oublie, c'est la vie, c'est la vie,
80 millions d'Indonésiens, et moi, et moi, et moi,
Avec ma voiture et mon chien, son Canigou quand il aboie,
J'y pense et puis j'oublie, c'est la vie, c'est la vie
3 ou 4 cents millions de Noirs, et moi, et moi, et moi,
Qui vais au brunissoir, au sauna pour perdre du poids,
J'y pense et puis j'oublie, c'est la vie, c'est la vie,
300 millions de Soviétiques, et moi, et moi, et moi,
Avec mes manies et mes tics, dans m'on p'tit lit en plume d'oie,
J'y pense et puis j'oublie, c'est la vie, c'est la vie,
50 millions de gens imparfaits, et moi, et moi, et moi,

Qui regarde Catherine Langeais, à la télévision, chez moi,
J'y pense et puis j'oublie, c'est la vie, c'est la vie... »

Dutronc y superpose une musique simple et linéaire qui paraît tout droit échappée d'un récent titre des Kinks, *A Well Respected Man*, satire cynique de la vie morne des personnes respectables.

Face à des Beatles propres sur eux ou à des Stones aux allures de petites frappes viriles, les Kinks proposent une image de précieuse décadence : chemises à jabots et coiffures féminines (le mot « *kinky* » signifie d'ailleurs « tordu, pervers, vicelard »). Chroniqueur social, observateur cynique, crooner désabusé, rêveur mélancolique, Ray Davies, le leader du groupe, est sans doute le meilleur sociologue anglais des années 60... Jacques Dutronc lui ressemble étrangement. Il ne niera jamais cette influence prépondérante...

« Tout ce qu'on avait emmagasiné comme styles musicaux était là-dedans... Les Rolling Stones, les Kinks, le jazz qu'aimait Jacques, les quartet qu'il affectionnait particulièrement et le trio infernal de Barney Kessel, Ray Brown et Shelly Manne, Django Reinhardt et Grapelli... *Et moi et moi et moi* ce n'est autre que du rock anglais, ingurgité, assimilé par Jacques... et recraché [1] ! », explique Hadi Kalafate.

Les Anglais d'ailleurs ne s'y trompèrent pas puisque Radio Caroline diffusa *Et moi et moi et moi* dès sa sortie. Et qu'en 1973, Mungo Jerry, l'auteur de *In the Summertime*, en fit un tube sous le titre, *Alright, Alright, Alright.*

*

Wolfsohn est enchanté du résultat. Mais qui va chanter ?

Exaspéré par la mollesse triste de Benjamin, il le vire... Le pauvre garçon sombrera définitivement et se retrouvera clochard vers Saint-André-des-Arts avant de tirer définitivement sa révérence une nuit d'hiver au milieu des années 90.

1. Entretien avec l'auteur.

Pourquoi pas Dutronc lui-même ? La maquette qu'il a réalisée lorsqu'il a arrangé le morceau autour d'une guitare, d'une basse et d'une batterie, ne manque pas d'efficacité...

« On la fait essayer à Kalafate [1], le bassiste des Cyclones. J'écoute et puis finalement, je dis à Dutronc : "Le mieux c'est encore ta version. T'as qu'à le faire toi-même" », se souvient Wolsohn. « Pour moi, c'était comme aller chercher un sandwich... À l'époque les séances duraient trois heures, pratiquement la gravure en même temps, la photo, la pochette. Trois pistes uniquement. Tout en direct, donc, tout à fond. À la fin, le batteur est en sueur, les baguettes cassent et dans la cabine : regard stoïque [2]... », raconte Dutronc. Bref, personne n'y croit vraiment.

Trois autres titres viennent compléter le disque. *Mini mini mini*, *J'ai mis un tigre dans ma guitare* et *Les Gens sont fous, les temps sont flous,* également écrits par Jacques Lanzmann et composés par Jacques Dutronc, appartiennent à la même veine. La musique est rock, avec guitares saturées et tambourins omniprésents. Les textes, pétris de jeux de mots et d'allusions à l'actualité, ont un esprit typiquement français. C'est cette alliance inédite entre musique anglo-saxonne et humour typique du titi parisien qui va frapper les esprits. Afin d'accentuer la charge contre Antoine et Fechner, Wolfsohn a demandé à Dutronc de prendre une voix pointue et gouailleuse, qu'on ne lui retrouvera d'ailleurs pas ensuite puisque Jacques refusera de chanter comme un canard... « On a fait ça pour faire un disque. Pour faire chier l'autre, faire chier un peu tout le monde, rigoler et passer à autre chose », précise aujourd'hui Wolfsohn.

La bande sous le bras, il se précipite dans le bureau de Léon Cabat.

– Je vais sortir ça !

Le patron de Vogue écoute. Et pique une rogne :

– Tu te fous de ma gueule ?

---

1. Entretien avec l'auteur.
2. *Salut sex*, film de Jean-Marie Périer, 2000.

Wolfsohn part en vrille :

– Ah, je me fous de ta gueule ? Eh bien salut ! T'as le bonjour d'Alfred !

Il tourne les talons, prêt à démissionner. Cabat le rattrape dans le couloir...

– C'est bon. Ton disque, tu peux le sortir.

On ne met pas à la porte l'homme qui vous a amené Johnny Hallyday et Françoise Hardy !

*

Le soir même, Wolfsohn invite chez lui Jean Peigné le directeur de la programmation musicale d'Europe n° 1. Ils sont quatre. Peigné et sa femme, Wolfsohn et Jacques qu'il présente encore comme son assistant... Au menu, caviar. Un saladier entier de caviar ! Les convives papotent métier. Jacques, visiblement intimidé, ne parle guère. Au café, le maître de maison place sur un Teppaz au son crachouillant un disque souple. Peigné écoute deux titres. Direct comme toujours, Wolfsohn demande au programmateur le plus influent de France à ce moment-là :

« Ça te plaît ?

— Oui.

— Tu le passerais sur Europe ?

— Oui.

— Un peu ou beaucoup ?

— Beaucoup.

— Tu dis ça à cause du caviar ?

— Ce n'est pas mon genre. Je trouve ce disque très original, avec un swing d'enfer, des textes bien écrits, et un chanteur qui ne ressemble à personne. »

Wolfsohn désigne son assistant :

« Je te présente l'interprète. Il s'appelle Jacques Dutronc. »

*

Le disque sort en juin 1966. À ce moment-là, les Beatles chantent *Michelle*, les Rolling Stones, *Paint It Black*, les Kinks, *Sunny Afternoon*, les Troggs, *Wild Thing*, les Them, *Gloria*, Simon & Garfunkel, *The Sounds Of Silence*, les Herman's Hermits, *No Milk Today...* et Sheila, *L'Heure de la sortie*. Dès le mois de juillet, un véritable raz de marée transforme *Et moi et moi et moi* en hymne...

Chapitre 9
Françoise Hardy
L'EXCELLENTE

Au début de l'année 1963, Françoise Hardy a tout pour être une jeune fille heureuse. Elle vit sa première grande histoire d'amour avec Jean-Marie Périer, le photographe de *Salut les copains*. La veille de son dix-neuvième anniversaire, elle a quitté l'appartement familial de la rue d'Aumale pour habiter seule dans un studio, rue du Rocher, une artère calme du quartier de l'Europe, dans le VIIIe arrondissement. Et elle compose des chansons à longueur de journées, de préférence dans les salles de bains des chambres d'hôtels des villes où elle tourne, car l'acoustique y est meilleure...

« Je manquais de recul lorsque j'écrivais mes premières chansons. Je n'en avais même aucun. Je me calquais trop sur ce que j'entendais. Mais dès que j'en avais écrite une, j'étais dans un grand état d'excitation ! Si j'étais mal, souvent je prenais ma guitare, je grattouillais, j'attendais que cela vienne. Quelquefois, un petit bout de mélodie surgissait. Immédiatement, je pensais à un mot. C'était parti. La mélodie, les paroles naissaient quasiment ensemble [1] », se souvient-elle.

Son premier 33 tours vient de sortir. Il remporte le Grand Prix de l'Académie Charles Cros, l'équivalent du Prix Goncourt pour la chanson...

---

1. *Ma vie intérieure*, Gilles Verlant et Françoise Hardy, Albin Michel, 2002.

*

En dehors des quatre morceaux qui figuraient sur le premier 45 tours, on peut y entendre des tubes comme le charmant *Ton meilleur ami* et *Le Temps de l'amour*, dont la musique a été composée par Jacques Dutronc.

Mais il y a surtout le très révélateur *C'est à l'amour auquel je pense*, dont elle écrit le texte en même temps que la mélodie, une étrange chanson que Françoise souhaiterait aujourd'hui ne plus voir apparaître dans sa discographie...

Dans cette chanson, Françoise se déclare amoureuse de l'amour, une sorte de dieu constant et unique, qui pourrait être aussi nommé Éros ou Cupidon.

À l'adolescence, âge de l'égocentrisme absolu qui ne va pas sans une détestation de soi-même, le narcissisme est fréquent. Certes, Moi est un autre, mais Narcisse entretient une histoire d'amour avec lui-même. La psychanalyse nous apprend que, si le sujet ne dépasse pas le stade de l'amour pour l'amour, il risque de se complaire infiniment dans une contemplation en miroir et dans un univers de fantasmes – Françoise parle de songes – où il est difficile de se construire individuellement et de se différencier de l'autre. Elle se sent en tout cas en difficulté avec son être (ce qu'elle est) et avec son paraître (ce qu'elle veut montrer d'elle)... Depuis son enfance et les réflexions malveillantes de sa grand-mère, elle se croit laide parce qu'elle n'arrive pas à s'approcher de l'image idéale qu'elle a d'elle-même. Du coup, elle cherche à se plaire dans le regard de l'autre.

Lorsque l'autre, de plus, est photographe (comme Jean-Marie Périer) et qu'il met son regard au service de l'image, on en tire certes beaucoup de satisfaction mais surtout une sensation d'isolement encore plus grande... En transformant peu à peu Françoise en une icône, Jean-Marie non seulement va la perdre mais surtout l'enfermer dans sa solitude.

À cette crainte s'ajoute une forte tendance au négativisme que nous avons déjà soulignée dans ses rapports avec son père. « Le désir de faire souffrir l'objet sexuel – ou le sentiment opposé, le désir de se faire souffrir soi-même – est la forme de perversion la plus fréquente et la plus importante de toutes », souligne Freud en 1905 dans un de ses premiers écrits fondateurs de la psychanalyse. Et il invite à s'interroger sur la « faute » qu'a pu commettre le masochiste pour qu'elle induise en lui un sentiment de culpabilité le poussant à solliciter ainsi une punition ?

De quelle « faute », Françoise pourrait-elle se sentir coupable ? Pourquoi les hommes de sa vie seront-ils, comme son père, des gens souvent absents, qui la placeront sans cesse en position d'attente ?

Françoise Dolto nomme cela le complexe du Crocus Croqué : « Le crocus sort au printemps, éclatant de couleur, plein de sève et de force, mais il est tout honteux de sortir, comme si c'était mal de se faire remarquer par tant de beauté et de désir. C'est terriblement dangereux de s'exposer ainsi parce qu'on peut se faire croquer ! »...

C'est à l'amour auquel je pense a l'immense mérite de révéler la nature de Françoise. On y lit à livre ouvert les secrets d'une jeune fille dont le romantisme égotique cache mal la honte d'être ce qu'elle est...

Il est par ailleurs intéressant de noter qu'elle confie avoir été profondément remuée par deux films dans sa vie, *Histoire d'O* et *Neuf Semaines et demie*. Dans *Histoire d'O*, adaptation à l'écran du roman de Pauline Réage (pseudonyme de Dominique Aury, la femme de l'écrivain Jean Paulhan) publié en 1954, une jeune fille se soumet aux désirs de son amant, en étant fessée, fouettée, cravachée et attachée. Il s'agit pour O de souligner le bonheur des chaînes qui l'attachent à son amant... Dans *Neuf semaines et demie* d'Adrian Lyne, Kim Basinger découvre le plaisir en se déshabillant devant Mickey Rourke qui incarne un pervers voyeur...

*

Françoise a donc peur d'être croquée... Ce que l'on perçoit d'elle n'a rien à voir avec la réalité. Son allure sophistiquée et lointaine sert de paravent à un esprit direct et sans artifice, à la franchise dévastatrice.

Jean-Marie, qui la surnomme « l'excellente », lui, la photographie. À Venise. À Londres. Dans sa loge. Dans son lit. En motarde. En paysanne. En péripatéticienne... Chaque édition de *SLC* est l'occasion de portraits ou de reportages. Dans un numéro, il va jusqu'à lui consacrer 64 pages... Au même moment, Daniel Filipacchi est amoureux de Sylvie Vartan. Les deux hommes se lancent dans une compétition d'ingéniosité pour mettre en scène leurs égéries respectives ! Un point culminant est atteint le jour où elles figurent toutes deux en couverture bras dessus bras dessous...

Rétrospectivement, Périer n'est pas sûr d'avoir été l'homme de la situation. Il s'est avant tout occupé de l'image de Françoise. Très vite la chanteuse a eu une aura de sphinx mystérieux qui impressionna le public. Et il s'est beaucoup amusé à pousser au maximum son côté éthéré et intouchable, tout en sachant qu'elle est à l'exact opposé.

« Françoise n'était pas qu'une femme, elle était aussi une image appartenant à l'univers des gens, un piège infernal pour un rêveur dans mon genre. Une fois encore, j'étais en visite, je me regardais vivre comme s'il s'agissait d'un autre, et c'est presque sans surprise que je laissai dériver cette merveilleuse aventure comme un voilier sans boussole [1] », confesse-t-il avec élégance. À trop vouloir être un Pygmalion, on laisse parfois échapper le fruit de sa création...

Elle, elle a peur qu'il s'ennuie avec elle. Et se demande si elle est tout à fait son type de femme. Ne s'intéresse-t-il pas à elle, en fait, parce qu'elle est l'antithèse de sa mère séductrice et volage ?

« Je me sentais très inférieure à lui et tellement moins excitante que les belles plantes qu'il photographiait dans leur plus

1. *Le Temps d'apprendre à vivre*, XO éditions, 2004.

simple appareil pour le magazine *Lui*. Trop souvent d'ailleurs, il me donnait l'impression d'être moins attiré par moi que je ne l'étais par lui et cette impression me faisait souffrir. Je lui étais totalement acquise mais, paradoxalement, j'aurais eu besoin qu'il me traite comme si je ne l'étais pas tant que ça, comme s'il risquait de me perdre à tout moment. Je n'ai jamais su jouer la distance, l'indifférence pour tenter de faire peur à l'autre, d'abord parce que j'en suis incapable, mais aussi parce que je trouve qu'on n'a pas besoin de ça pour savoir que personne n'est à personne et que l'on peut brûler le lendemain ce que l'on adorait la veille. Quand j'aime quelqu'un, je ne peux absolument pas imaginer que je ne l'aimerai plus ou que je l'aimerai autrement un jour, mais à l'inverse, je ne cesse d'imaginer qu'un de ces quatre matins ce quelqu'un rencontrera fatalement une femme mieux pour lui que moi. Je m'attends en permanence à cette catastrophe. De toute façon, même si l'on n'est pas taraudé par le sentiment de son indignité à être aimé, comment être plus fort que tout ce qui peut séparer deux personnes qui s'aiment ? Pour moi, la peur est inhérente à l'état amoureux. Jean-Marie me donnait l'impression de m'aimer beaucoup sans être assez amoureux. Je me sentais une sorte de source de sécurité pour lui, alors que j'aurais voulu être une source de danger [1] », déclare-t-elle en 1991.

*

Il faut bien prêter attention à ces propos. On y entend toute l'ambivalence d'une femme qui se donne entièrement mais en même temps se reproche ce don qui semble ne susciter aucun retour de l'autre... D'où, chez Françoise, cette omniprésence de la frustration.

Le moteur de sa création, c'est d'ailleurs l'amour. Ses chansons sont autant de messages personnels, qui naissent de ses

1. *Notes secrètes*, Françoise Hardy, entretiens avec Éric Dumont, Albin Michel, 1991.

émotions, de ses sentiments, de sa vie intime. Ce sont les carnets de bord de son voyage au bout du désir... Elles ne sont que le reflet de sa météorologie amoureuse.

À l'époque ses textes sont l'expression d'une sentimentalité excessive et naïve. Ce qui lui vaut d'être étiquetée comme une rêveuse intellectuelle...

*

Entrée dans la famille *SLC*, Françoise devient vite, au fil des mois, l'amie de Sylvie Vartan, qui l'impressionne par son aisance sur scène, de Sheila, de Claude François, qui l'initie au bordeaux, de Richard Anthony, dont elle apprécie beaucoup *J'entends siffler le train*. Elle se lie d'amitié avec Brigitte Bardot, qui lui recommande de ne jamais se marier. Elle rencontre Barbara, qui, malade, la reçoit chez elle et lui offre une rose. Claude Nougaro, avec qui elle a partagé l'affiche à Monaco, l'invite à la fête organisée pour la naissance de sa fille Cécile.

Elle tourne aussi dans cette longue période, notamment en 1965, dans le sud de la France avec Hugues Aufray et Ronnie Bird mais, les concerts achevés, notre amie introvertie se précipite dans sa chambre pour retrouver ses livres, sans chercher à communiquer avec ses « collègues ». Elle s'y morfond en attendant un hypothétique coup de téléphone de Jean-Marie, parti en reportage à l'autre bout du monde... Une attente anxieuse qui la pousse à composer des chansons, seul moyen pour elle de se rapprocher de celui dont elle a besoin. Le très beau, *Dans le monde entier* surgira ainsi à São Paulo, au Brésil !

*

Cédant aux pressions insistantes de son compagnon, elle commence en outre à se préoccuper de son apparence. Et se construit vite un look qui va symboliser les années 60.

André Courrèges, qui a été formé chez Balenciaga et dont l'atelier, au 40, rue François-1er, est à deux pas d'Europe n° 1, la séduit d'emblée par ses tenues très architecturales, où l'on reconnaît l'influence du Bauhaus selon laquelle la fonction détermine l'objet. Chez lui, la minijupe et le pantalon sont admis à toute heure de la journée. Sa couleur préférée est le blanc qu'il accompagne de tons pastels très doux. Il invente des vêtements pour des femmes libérées : ses robes laissent deviner les formes du corps...

« En plus de l'admiration, j'ai instantanément éprouvé pour ce créateur une très vive sympathie, raconte-t-elle. Il m'a confectionné une tenue sublime, d'avant-garde comme tout ce qu'il faisait, qui correspondait bien à ma morphologie particulière [1]. »

Françoise est donc une des premières en France à porter des minijupes ! L'étudiante sage s'émancipe ! Et montre à tout va des jambes longues, longues, longues... La grande bringue grandie trop vite qui s'imagine moche fait la couverture de *Elle* !

*

Le 23 mars 1963, à Londres, elle représente Monaco au Grand Concours de l'Eurovision. Sa chanson, *L'Amour s'en va* n'est pas vraiment parmi ses meilleures. Pétrifiée de trac, elle couine plus qu'elle ne chante. Un vrai cauchemar...

Ses nouveaux morceaux, *Qui aime-t-il vraiment ?*, une sorte de twist lent avec envolées de violon, *Le Premier Bonheur du jour*, une ballade stylée et *Le sais-tu ?*, jolie déclaration sans véritable mélodie, n'atteignent pas non plus les sommets de vente de son premier disque. Pourtant on y sent une nette évolution, avec des arrangements plus sophistiqués, des textes plus aboutis.

Quant à *Avant de t'en aller*, reprise de *Think About It* de Paul Anka, et *L'Amour d'un garçon*, adaptation de *The Love*

1. *Elle*, 1995.

Of A Boy de Timi Yuro écrit par Burt Bacharach et Hal David Warwick, ils témoignent d'un goût artistique très sûr...

*

Parallèlement, mademoiselle Hardy entame ses premiers pas au cinéma. Roger Vadim fait appel à elle pour interpréter le rôle d'Ophélie dans *Château en Suède*, un film tiré d'une pièce de Françoise Sagan. Elle partage l'affiche avec Curd Jurgens, Monica Vitti, Suzanne Flon, Jean-Louis Trintignant et Jean-Claude Brialy. Le scénario a le mérite de la simplicité : dans un château isolé au milieu d'un lac de Suède, des jeunes gens disparaissent à tour de rôle...

Sur le tournage, Monica Vitti qui vit à ce moment-là avec le réalisateur Michelangelo Antonioni, cherche à décourager Vadim de lui faire la cour. Curd Jurgens, élégant et ironique, se tient raide, l'œil bleu acier, en buvant des cocktails de bière et de vodka. Homme du monde qui parle un français admirable, il donne l'impression d'être en visite sur le plateau...

Jean-Claude Brialy, de son côté, se souvient avec émotion des effarouchements de Françoise : « Au milieu de nous, Françoise Hardy détonnait un peu : un petit oiseau tombé par hasard dans un poulailler d'acteurs ! Elle avait vingt ans, un visage très fin, un corps long et fin tel un lys. Elle était adorable, mais, détestant les familiarités, elle ne se laissait pas apprivoiser facilement. Une petite radio portative collée à l'oreille, elle écoutait « Salut les copains ». Je la revois déambuler sur le plateau, plongée dans cette musique avec ravissement, complètement étrangère au monde. Ce qui ne l'empêcha pas d'être très juste dans le rôle d'Ophélie [1]. »

À sa sortie, le film, où Vadim n'arrive pas à renouer avec la fulgurance de *Et Dieu créa la femme* avec Brigitte Bardot, est reçu fraîchement. En le revoyant aujourd'hui, on est obligé de constater que la mise en scène classique, pleine d'apparat

1. *Le Ruisseau des singes*, Robert Laffont, 2000.

et de froideur, étouffe la spontanéité des phrases de Sagan... Bref, pour Françoise, c'est un coup d'épée dans l'eau.

Ce relatif échec ne la perturbe pas outre mesure. Depuis le début de l'année, elle a découvert la deuxième grande passion de sa vie : l'astrologie...

*

S'interrogeant sur les accès mélancoliques de sa patiente, son médecin lui recommande un jour de consulter un psychanalyste de ses amis, André Barbault. À l'époque, celui-ci a quarante-deux ans. C'est un personnage surprenant. Ami d'André Breton, disciple de Carl Gustav Jung, le rival de Freud, il cherche à concilier quête du Graal, traités d'alchimie, bref cet ésotérisme qu'il considère comme la première science humaine des Anciens, avec les connaissances modernes... Il est également un astrologue qui dirige le Centre international d'Astrologie et s'occupe de la collection « Zodiaque » au Seuil, où il publie par exemple des ouvrages sur les rapports entre astrologie et psychanalyse.

L'homme, brillant et disert, impressionne Françoise. Après avoir dressé son thème astral, il met aussitôt le doigt sur son masochisme. Puis lui annonce que sa carrière de chanteuse va être longue car elle saura évoluer. Mais, plus embêtant, il prévoit une rupture avec Jean-Marie dans trois ans...

« J'ai été immédiatement édifiée par ce qu'il m'a dit sur le plan intime, intérieur, confie-t-elle. Son analyse était tout à fait juste, au point qu'il m'a semblé extraordinaire qu'avec une simple date de naissance, on puisse en savoir aussi long sur quelqu'un [1]. » Elle sort désespérée de ce rendez-vous mais avec la ferme intention de comprendre ses difficultés avec l'amour. L'astrologie va lui permettre d'interpréter un monde qui la désarçonne. « J'en suis venue à l'astrologie pour mieux comprendre les aléas de mes relations sentimentales et par inquiétude fondamentale quant à leur avenir. Je voulais savoir

---

1. *Notes secrètes*, Éric Dumont, Albin Michel, 1991.

comment ça fonctionnait. Comment André Barbault pouvait me dire en 1963 que trois années plus tard, il y avait neuf chances sur dix pour que j'aie une rupture ! J'avais envie de m'y connaître suffisamment pour repérer dans le temps les échéances, bonnes ou mauvaises, qui m'attendaient », explique-t-elle.

Elle va très rapidement suivre des cours et devient l'élève de madame Godefroy, qui a écrit de nombreux ouvrages sur le sujet et possède une maison d'édition spécialisée en astrologie. Son fils Frédéric, qui poursuit aujourd'hui son œuvre, refuse de considérer l'astrologie comme un art divinatoire mais le définit comme « un art thérapeutique et initiatique ». Le thérapeuthe-astrologue dispose d'outils précis pour venir en aide aux gens qui en éprouvent le besoin, pas tant sur le plan du futur que sur une compréhension profonde du présent, présent constitué par une infinité d'éléments du passé. Le présent actuel n'est que le résultat du passé et l'avenir sera le résultat de notre présent et de notre passé. « Les techniques astrologiques révèlent les liens invisibles qui relient des événements, des choix, des décisions que l'on perçoit généralement comme séparés et autonomes alors qu'ils ne sont que les effets d'énergie sous-jacentes et imperceptibles au regard humain. Cet art met en perspective la globalité d'une vie et non des détails séparés les uns des autres par le temps ou l'espace [1] », résume-t-il. L'astrologie n'a donc rien à voir avec la voyance...

*

On peut néanmoins s'interroger sur les raisons de l'engouement de Françoise pour l'astrologie, où elle est devenue une voix respectée.

L'interrogation sur soi est on ne peut plus classique et pertinente, mais pourquoi, alors, ne pas avoir entamé une analyse pour saisir les processus inconscients qui vous amènent à

1. Entretien avec l'auteur.

revivre les mêmes situations, les mêmes frustrations ? Pourquoi préférer se pencher sur les dates des crises plutôt que sur leurs raisons ? Françoise cherche-t-elle vraiment à dépasser son complexe du crocus croqué ? Ne tient-elle pas à revivre sans fin cette adolescence où elle puise l'essentiel de son œuvre ?

Sa réponse lorsqu'on lui demande si, à son avis, elle a créé un univers « Hardyien », est à cet égard révélateur : « Je ne pense pas avoir créé un univers, mais être représentative du stade adolescent ainsi que du type sentimental introverti qui n'est pas le plus répandu qui soit puisqu'il a tendance à se cacher, dont j'ai tenté d'exprimer une partie des tourments dans mes textes. Ceux qui sont restés plus ou moins fixés au stade adolescent, ceux chez qui le sentiment introverti est prépondérant, peuvent s'y retrouver plus ou moins, quelle que soit la génération [1]... »

Aujourd'hui, Françoise Hardy se réfère à Omnia Pastor, nom derrière lequel se cache une jeune femme qui, pendant quelques années, a transmis les réponses d'un guide spirituel non incarné (sic) aux questions de fond posées par un auditoire. Ces étonnantes conférences sont diffusées par cassettes. Si elle a cessé de transmettre en 1994 et a, depuis, une vie solitaire et ascétique, Françoise l'a rencontrée deux fois et la présente comme son guide spirituel. Que dit Omnia Pastor ? Que « la vie est une école »... Et d'ajouter : « Il est plus important de travailler sur le discernement que sur l'amour, parce que, tant que l'amour n'est pas guidé par le discernement, il n'est pas un amour vrai. » On en revient donc encore au besoin d'analyse...

*

En février 1964, Françoise enregistre à Londres *Find Me A Boy*, la version anglaise de *Tous les garçons et les filles*. Les nouveaux arrangements de Charles Blackwell lui conviennent

1. Entretien avec l'auteur.

tellement qu'il travaillera désormais sur presque tous ses disques...

Grâce à une série de concerts au Savoy, un théâtre réputé de Londres, elle devient l'idole d'une bonne partie de la jeunesse anglaise. Brian Jones et Mick Jagger des Rolling Stones, John Lennon et Paul McCartney des Beatles hantent les loges et cherchent à la séduire. Dans la salle, le futur David Bowie tombe amoureux d'elle et Eric Clapton se dit qu'il jouerait bien de la guitare pour elle. Et puis il y a Bob Dylan...

En mai 1964, alors qu'il séjourne à Paris à l'hôtel Cujas, au Quartier Latin, près de chez son ami Hugues Aufray, il aperçoit une photo de Françoise dans un journal. Cette jeune femme ravissante au visage d'enfant, aux longs cheveux dorés, devient pour lui l'emblème du charme français. Elle l'obsède. Il la cherche aux terrasses du boulevard Saint-Michel et l'attend dans la cour de la Sorbonne. Il lui griffonne des poèmes sur des feuilles qu'il enfouit ensuite en boule dans son blouson. Il veut la rencontrer. L'aimer. La prendre dans ses bras... Quelques mois plus tard, au dos de son album, *Another Side Of Bob Dylan*, où il rompt avec l'engagement de ses premiers disques et privilégie l'introspection mystique et sentimentale, figure une bouleversante dédicace : « *For Françoise Hardy/at the Seine's edge/A giant shadow/Of Notre-dame/Seeks t'grab my foot/Sorbonne students/Whirl on thin bicycles...* » (Pour Françoise Hardy/sur le bord de la Seine/L'ombre géante de Notre-Dame/Cherche à attraper mon pied/Les étudiants de la Sorbonne/Tournoient sur de minces bicyclettes).

Françoise Hardy fait tourner la tête au monde entier, est désormais l'égérie de toute une génération, qui la surnomme « The Yeh Yeh Girl of Paris » – du nom de ce premier album version anglaise – mais... elle s'en moque. L'homme qu'elle aime n'est jamais à ses côtés. Pendant qu'elle chante à Londres ou ailleurs, Jean-Marie est en reportage pour *Salut les copains*, *Mademoiselle Âge Tendre* ou *Lui* et photographie les plus belles filles du monde. Et parfois ne résiste pas à la tentation ? *Et même*, sur le troisième album de Françoise[1], s'écoute d'ailleurs comme la chronique terrible d'une infidélité révélée.

*

En 1965, elle tourne en Grèce et en Sicile dans son deuxième film, *Une balle au cœur*, au côté de Sami Frey. Jean-Daniel Pollet bénéficie à ce moment-là d'une jolie réputation de réalisateur prometteur, *La Ligne de mire* ayant été perçu, en 1959, comme le manifeste d'un nouveau cinéma. Les longs plans fixes de *Méditerranée*, en 1963, sur un commentaire de Philippe Sollers lui assurèrent même une aura de cinéaste ambitieux. Malheureusement, *Une balle au cœur* ne tient pas ses promesses.

Françoise en garde un souvenir exécrable où elle affirme avoir joué par hasard, n'ayant jamais été une actrice et n'ayant jamais eu envie d'en être une. D'ailleurs, elle qualifie le film « d'inimaginable navet ». Elle se rappelle que l'un des acteurs, qui était avec une comédienne à l'époque et qui l'a perdue durant la longue absence nécessitée par le tournage, a pleuré à la première projection du film... Le résultat est effectivement pitoyable ! Et aujourd'hui tous les protagonistes cherchent à oublier ce mauvais film.

Dans la foulée, Françoise effectue une brève apparition dans *What's New Pussycat* de Clive Donner, une comédie à sketches où jouent également Peter O'Toole, Romy Schneider, Woody Allen, Ursula Andress et Peter Sellers.

Dans un registre totalement opposé, Jean-Luc Godard lui demande de participer à *Masculin-Féminin*, chronique sarcastique et analytique de la jeunesse des années soixante, avec Jean-Pierre Léaud, Marlène Jobert et... Chantal Goya ! On la voit simplement dans un plan, traversant une rue...

---

1. Elle y chante également *Mon amie la rose*, une chanson écrite par Cécile Caulier, une jeune femme qu'elle a connue au Petit Conservatoire de Mireille.

*

Son quatrième album apparaît à la charnière de deux époques. Suivant un deuxième opus sorti en 1963 – qui rassemble quelques-uns des 45 tours qu'elle a sortis entre-temps – et un troisième, marqué par des sonorités anglaises et une tonalité plus rock n'roll, arrivé dans les bacs l'année suivante, comprenant notamment la magnifique, *Mon Amie la rose*, il traduit une forte évolution.

Si le slow, *Dis-lui non*, avec force roulements de batterie et écho dans la voix, s'inscrit dans la continuité ingénue et légère des premiers titres, en revanche, *L'Amitié*, avec ses arpèges délicats, son texte ciselé, d'une poésie diaphane, est une grande chanson qui va très vite appartenir à l'inconscient collectif au même titre que certains morceaux de Barbara ou de Brassens.

« Beaucoup de mes amis sont venus des nuages/Avec soleil et pluie comme simples bagages » est le genre de phrase qui vous prend tout de suite par la main et vous emmène en voyage... Le texte est de Jean-Max Rivière, un jeune homme de vingt-huit ans, auteur de plusieurs titres de Brigitte Bardot (*La Madrague*, *Les Amis de la musique*, *Ne me laisse pas l'aimer*, *C'est rigolo*). Il travaille en tandem avec Gérard Bourgeois, un musicien de grande sensibilité, qui composera ensuite pour Barbara et Jean Guidoni, avant de mettre son talent au service de la publicité. Pendant les douze années de leur collaboration, Bourgeois et Rivière offriront quelques pépites à Juliette Gréco (*Un petit poisson*), Serge Reggiani (*Il suffirait de presque rien*) ou Dalida (*Manuel Benitez El Cordobés*). Françoise se déclare encore très fière d'avoir interprété *L'amitié*, qui, effectivement, au milieu de sa production de l'époque, apparaît comme un diamant de la meilleure eau.

*

Elle entame ensuite pendant cinq mois le tournage d'une superproduction américaine, *Grand Prix*, qui raconte la vie et les drames de pilotes de courses automobiles s'affrontant de circuit en circuit.

Le réalisateur, John Frankenheimer, appartient à la génération de Sidney Lumet, Sam Peckinpah et Martin Ritt. Très marqué par Orson Welles, il utilise des plans très larges et au grand angle. Ses montages rapides trahissent ses débuts à la télévision. *L'Ange de la violence*, *Le Temps du châtiment* et *Le Prisonnier d'Alcatraz* avec Burt Lancaster ont assis sa réputation de metteur en scène prometteur.

Malheureusement, sa carrière européenne ne va pas être à la hauteur des attentes... Le casting de *Grand Prix* est international et prestigieux : James Garner, Eva Marie Saint, Brian Bedford, Yves Montand, Claude Dauphin et Geneviève Page. Maurice Jarre en compose la musique. Mais, en dépit d'un budget colossal de neuf millions de dollars, le film ne convaincra pas grand monde lors de sa sortie. « L'excellente », qui n'a accepté ce rôle que sur l'injonction de Jean-Marie, y incarne Lisa, la compagne d'un des quatre pilotes qui, de circuit en circuit, se défient pour décrocher le titre de champion du monde. Ce sera la dernière fois qu'on la verra sur un grand écran [1]...

*

Le 24 mai 1966, Bob Dylan fête ses 25 ans. Il a depuis une semaine entre les mains le test-pressing de son album, *Blonde On Blonde*, qui sortira le 29 juin aux États-Unis. Et il chante à l'Olympia.

Françoise a eu le déclic en écoutant les morceaux de *Bringing It All Back Home*. Elle aime particulièrement, *She Belongs to Me*, à cause de sa première phrase : « *She's got everything she needs, she's an artist, she don't look back* »

1. Elle apparaîtra juste, en 1976, dans le film de Claude Lelouch *Si c'était à refaire*.

(Elle a tout ce dont elle a besoin, elle est une artiste, elle ne se retourne pas). Elle écoute à longueur de temps, *Highway 61 Revisited*, entre les prises des scènes de *Grand Prix*. Bref, elle ne peut pour rien au monde manquer ce concert. Frankenheimer lui donne l'autorisation de s'absenter du tournage...

Dylan, qui a conçu le concert en deux parties, l'une acoustique l'autre électrique, commence par s'accorder durant huit longues minutes devant un immense drapeau américain. Il a bu trop de vin, fumé trop d'herbe. Le public, destabilité, le siffle. Entre deux chansons, il marmonne : « J'ai autant envie que vous de rentrer chez moi. Vous n'avez pas un journal à lire pour vous occuper ? ». Puis s'éclipse pour un entracte... Il convoque alors dans les coulisses l'organisateur du concert et lui aurait dit : « Je ne rejouerai qu'après avoir vu Françoise Hardy, en chair et en os, à l'entrée de ma loge. »

Le public trépigne. Une immense bronca ébranle les murs du vénérable music-hall, quand un jeune homme se penche à l'oreille de Françoise pour lui annoncer que Dylan souhaite sa venue dans sa loge sinon il ne remontera pas sur scène. Parce qu'il se souvient de ces après-midi, où il était encore inconnu à Paris, à la chercher dans les rues du Quartier Latin, de ces photos de William Klein qu'il avait tant aimées, parce qu'il a toujours désiré la voir, se perdre dans ses yeux, caresser ses cheveux d'or, aujourd'hui, il peut obtenir cette faveur... Elle accepte.

D'un seul coup, elle est là. Immobile. Muette. À peu près aussi surprise que lui. Elle porte un pantalon noir et une longue veste claire. Sa beauté le laisse sans voix. Il n'ose pas enlever ses lunettes de soleil et lui prend la main pour l'asseoir à ses côtés sur une caisse en bois. On entend les hurlements du public. Autour d'eux, on s'affaire comme si de rien n'était. Ces deux-là sont seuls au monde à se regarder dans les yeux comme s'ils se connaissaient depuis l'invention du monde. À cause de son mauvais anglais et des trépignements de la salle, Françoise ne se souvient pas de leur échange : « J'ai eu l'affreux pressentiment que sa vie ne tenait qu'à un fil. Il m'a semblé avoir devant moi un mort vivant, tout au moins quelqu'un de très malade. J'ignorais absolument tout de la drogue à cette époque. Son aspect était très éloigné de l'irrésistible jeune homme qui figurait sur ses pochettes de disques[1]. » Au bout d'une dizaine de minutes, il accepte de revenir sur scène contre la promesse de la retrouver après le concert dans sa suite de l'hôtel George-V...

La seconde partie du concert n'est pas plus du goût des spectateurs que la première. Françoise sort, comme l'ensemble du public, plutôt déçue de ce concert dont elle attendait tant. Elle se rend néanmoins avec d'autres chanteurs, dont Johnny Hallyday et Hugues Aufray, ainsi que quelques journalistes, à l'hôtel George-V. L'assemblée devise en invitant Johnny Walker dans ses verres ou en se grisant de bulles de champagne. Le maître s'est, de son côté, enfermé dans sa chambre. Une heure se passe. Puis deux. La porte s'entrouvre enfin. Bob ignore les invités, se dirige vers Françoise, lui prend la main et l'invite à le suivre.

« Je me suis retrouvée seule avec lui dans une grande pièce austère et sombre. Là, il a mis sur une platine un disque en vinyle, et j'ai eu la primeur de *I Want You* et surtout de *Just Like A Woman.* » Lorsqu'elle entend la phrase, « *She breaks just like a little girl* » (« *elle rompt juste comme une petite fille* »), elle s'identifie totalement à la chanson et sanglote éperdument... Dylan la regarde avec une admiration sans borne. Mais il ne la touche pas. Il n'essaie même pas. Il lui a simplement murmuré, à travers sa chanson : *I want You*[2].

1. Stéphane Koechlin, *Bob Dylan, Epitaphes 11*, Flammarion, 2004.

2. Selon une autre version de cette histoire, Bob Dylan aurait aussi discuté avec Zouzou la twisteuse, et ne serait pas resté avec Françoise. D'après certains journalistes présents, très amoureux de sa femme Sara, il aurait surtout été fasciné par la grâce de la chanteuse française. En tout cas, à chacun de ses passages à Paris, Dylan demandera des nouvelles de Françoise... Et elle a toujours refusé de retourner à un de ses concerts : « Il me faudrait le congratuler ensuite, me montrer telle que je suis aujourd'hui. Mieux vaut qu'il garde en tête la photo de ce que j'étais autrefois. Il ne faut pas briser les rêves de qui que ce soit, encore moins des personnes qui vous ont fait rêver, elles aussi » dit-elle.

*

De retour sur le tournage de *Grand Prix*, un soir à Londres, l'accident annoncé par André Barbault va se réaliser... Elle doit dîner avec Yves Montand, dont elle a appris à apprécier la chaleur et l'humour. La chanteuse, qui a du mal à s'intégrer au monde du cinéma, se sent particulièrement à l'aise en sa compagnie. Elle se réjouit de cette soirée en tête à tête. Malheureusement, trois heures avant le rendez-vous, Montand, navré, est obligé de se décommander... Françoise, qui n'a pas envie d'être seule, téléphone à un ami londonien d'origine chinoise qui l'invite dans un petit restaurant à la mode de Chelsea. Au milieu de la salle, la jolie prestance d'un jeune homme brun attire son regard. Elle le reconnaît tout de suite. C'est un acteur. Elle l'a vu à Paris la semaine précédente, aux côtés de Jane Fonda et Michel Piccoli, dans *La Curée*, un film que Roger Vadim a tiré du roman d'Émile Zola. Il y incarne Maxime Saccard, le fils d'un puissant industriel (Piccoli) dont la seconde épouse (Fonda) tombe amoureuse. Elle a été subjuguée par sa prestation... Sans trop réfléchir, elle se dirige vers sa table, se présente et le félicite pour son rôle, l'informant des échos favorables que le film recueille à Paris.

Peter McEnery a 24 ans. C'est déjà un acteur chevronné qui a débuté au théâtre avec la Royal Shakespeare Company. Il décroche son premier rôle au cinéma en 1961 dans *La Victime* de Basil Dearden, avec Dirk Bogarde et Dennis Price. Et joue ensuite dans plusieurs comédies des studios Disney (*The Moon-Spinners*, 1964, *The Fighting Prince of Donegal*, 1965). Après *La Curée*, il tourne en France sous la direction de Robert Hossein, *J'ai tué Raspoutine* (1967). En 1970, dans *Le Mur de l'Atlantique* de Marcel Camus, il est le jeune et séduisant pilote de la RAF que Bourvil et Sophie Desmarets cachent dans leur café de Normandie... Roger Vadim fera de nouveau appel à lui en 1991 pour *Safari*, avec Stéphane Ferrara et Mimsy Farmer.

Troublé par les propos de la chanteuse, le repas achevé, le

bel acteur vient prendre congé et en profite pour lui proposer un autre rendez-vous. Françoise n'hésite pas. « Comment résister ? J'étais conquise avant même qu'il lève le petit doigt. »

*

Quelques jours plus tard, Jean-Marie Périer la retrouve en Espagne à Cadaquès. La terrasse est inondée de soleil. Françoise n'a jamais été aussi belle sous ses longs cheveux blonds. Elle est au chevet d'un enfant de quinze ans atteint d'une maladie incurable, qui a sollicité sa visite avant de mourir... Le photographe se sent de trop. Il lit dans les yeux de l'enfant qu'il ne mérite pas cette jeune femme. Rien n'est dit. Rien n'est prononcé. Rien n'est asséné. Il comprend. Françoise a le cœur ailleurs. Il repart. Seul.

Ils ne se sont pas séparés. Ils se sont éloignés l'un de l'autre. Sans scène. Sans colère. Sans éclats. À Paris, les vêtements de Françoise trônent toujours dans la penderie de l'appartement de Jean-Marie, rue du Faubourg Saint-Honoré. Aux murs, il y a ses photos. Et dans la salle de bains, son parfum...

« Je n'avais plus la femme, mais je gardais l'image. On ne s'est pas quittés, on s'est lâché la main... Une tendresse impalpable s'installa pour ne plus en bouger. Quarante ans plus tard, elle est intacte [1] », reconnaît avec un panache fou Jean-Marie.

*

Nous sommes en juillet 1966. Françoise rejoint Peter. C'est un amour impossible qui va durer un an. Françoise, de nouveau, aura le cœur vrillé... Elle en tire des chansons à la mélancolie noire, *J'ai fait de lui un rêve*, *Si c'est ça* ou *Au fond d'un rêve doré*, aux accents presque dylaniens, grâce à un harmonica plaintif :

1. *Le Temps d'apprendre à vivre*, XO éditions, 2004.

« *J'ai envie de me noyer*
Au fond d'un rêve doré.
Toute mélangée à toi,
J'ai envie d'être avec toi.
Car dans mon rêve doré
Tu ne ferais que m'aimer
Tu dormirais contre moi
Et tu ne t'en irais pas.

Toute mélangée à toi
Mon temps toujours près de toi
J'ai envie d'être avec toi.
J'ai envie de te toucher
Te garder,
Te regarder,
Au fond du rêve doré
Où tu n'es jamais entré... »

Chapitre 10
Jacques Dutronc
L'IDOLE

En ce mois d'octobre 1966, Jacques n'en mène pas large. *Et moi, et moi, et moi* passe à la radio depuis trois mois et ce qui, au départ, était une blague pour amuser la galerie et surtout les copains, prend une drôle d'ampleur. « On ne trouvait que des tocards pour l'enregistrer. Alors, finalement, on m'a dit à moi : "Vas-y toi, fais-le, tu as des fringues de comptable, ça colle parfaitement à la chanson." Alors je l'ai chantée complètement décontracté. J'ai fait ça comme si on m'avait demandé d'aller poncer une table[1]. »

Du coup, Jacques Lanzmann, qui n'a pas perçu le second degré de son propre texte, s'étonne de voir Dutronc rigoler en l'interprétant... Il y a un malentendu. « L'idée de génie, pour tout un tas de gens, c'était d'avoir trouvé Jacques Dutronc comme nom de scène. Ils trouvaient ça fort. Après Johnny Hallyday, Eddy Mitchell, Dany Logan, Dick Rivers, c'était génial de sortir un nom canadien ! ».

Donc, cet après-midi d'octobre, Jacques s'installe dans le fauteuil en face du bureau de Wolfsohn. Souffle vaguement dans le clairon qui traîne là. Wolfsohn sort un cor de chasse d'une armoire derrière lui. Et ils entament un duo sur l'air du *Beau Danube bleu*. Tous deux aiment ces moments louf-

1. *Libération*, février 2000.

dingues, à mi-chemin entre surréalisme et pétarade de potaches.

— Allez, Jacquot, allez mon grand, arrête de jouer au con, dis-moi ce qui te turlupine et te met le moral dans les chaussettes ?

Et Jacques de marmonner :

— M'sieur Wolfsohn, si ça marche plus, je resterai quand même ton assistant, hein ? C'est juré ?

— T'en fais pas [1] !, rigole l'autre Jacques.

*

Le 9 juillet, Dutronc a enregistré à Deauville sa première émission de télévision, « À tous vents », présentée par Michel Drucker. Régine, Michel Polnareff et les Moody Blues partagent l'affiche.

Dans les loges, Jacques et les musiciens sont tombés sur un étonnant jeune homme qui se promène en tirant derrière lui une ficelle. Lorsque Kalafate lui a ironiquement demandé ce qu'il fabriquait, Richard Bohringer, puisque c'est de l'acteur dont il s'agit, lui a répondu : « Je vous présente mon chien. » Ce type est encore plus fou qu'eux ! Et il va devenir un des plus indéfectibles copains de Jacques. « Il chantouillait et zonait bien. Il écrivait un scénario de film, un truc sur la défonce. Il passait son temps dans les boîtes, debout sur les tables, à faire des discours très drôles, avec beaucoup d'esprit, mais très virulents [2] », se souvient Kalafate. Mais Bohringer est un des rares à avoir perçu le côté « Pied Nickelé » de Dutronc.

Lorsque Drucker le présente à Deauville, les Français découvrent un beau garçon au regard clair, le cheveu soigneu-

---

1. « Après quand ça a marché encore plus fort, je ne lui ai jamais dit que je ne voulais plus de lui comme assistant, mais j'ai commencé à trouver que ce n'était pas commode d'avoir le mec qui chantait qu'était jamais là ! Non pas qu'il en foute lourd quand il était là, m'enfin bon. Bref, j'ai dû le remplacer sans lui dire », raconte Jacques Wolfsohn.

2. Entretien avec l'auteur.

sement peigné, une cravate autour du cou, des boutons de manchette aux poignets... Qui, en plus, chante des trucs amusants sans avoir l'air de se prendre au sérieux ! On est loin de ces blousons noirs qui se roulent par terre en hurlant ! Pas de doute, mesdames, messieurs, ce garçon peut entrer dans votre salle à manger ou votre salon sans casser la vaisselle et salir le tapis persan ! Un garçon bien élevé, on vous dit !

*

Le malentendu est donc total puisque le beau gosse n'a rien d'un bon garçon. C'est même un provocateur de la pire espèce... Ce look *straight* n'est pas une invention. Il s'habille comme ça dans la vie. Il ne triche pas. Wolfsohn lui a seulement dit : « Sois toi-même... »

« J'ai toujours préféré porter mes petits costumes de dessinateur industriel plutôt que de ressembler à ces types qui chantaient *Paix au Vietnam* en treillis militaire », assène Dutronc. Avant d'ajouter : « J'étais habillé très classique, parce qu'il était plus facile de changer de cravate que de dénouer des poignets de force ou des bottines à lacets. En vérité, ce que j'aimais dans le classicisme, c'est que ça faisait endimanché. Je ne prenais mes blousons à franges, mes plumes et mes grelots que pour aller à la messe. Parce que mon grand plaisir dans la vie, c'est de faire jaser les bedeaux [1]. »

*

Jacques Wolfsohn rassure Dutronc, qui est, en fait, d'une timidité maladive. Et que cette soudaine surexposition met mal à l'aise... Il ne rêve que de bidouiller des chansons pour les autres dans le studio de la rue d'Hauteville, en allant de temps en temps jouer au flipper dans le café d'en face.

Wolfsohn joue au fier-à-bras mais lui aussi se pose des

1. *Pensées et répliques*, Jacques Dutronc, Le Cherche midi, 2000.

questions. Cette histoire a démarré pour tailler des croupières dans les ambitions forcenées de Christian Fechner et ça a marché. *Et moi et moi et moi* est une satire des morceaux d'Antoine, mais maintenant chacun attend la suite. Les radios réclament du Dutronc, le public aussi. Qu'est-ce qu'on fait ?

Wolfsohn n'en sait rien... Il se contente d'indiquer à Jacques la direction du studio. Il faut sortir au plus vite un nouveau 45 tours ! Lanzmann, le troisième Jacques, doit bien avoir quelques textes sous le coude...

*

Moustache fournie, démarche puissante, regard amusé, Lanzmann est un personnage haut en couleur. En dépit d'un léger zézaiement, il manie le verbe avec faconde et générosité, alternant rouerie et tendresse.

Il est né le 4 mai 1927 à Bois-Colombes. D'emblée sa tignasse rousse lui cause quelques désagréments auprès de ses congénères et, à l'âge de douze ans, il abandonne ses études et devient valet de ferme. « J'étais incapable d'additionner et de soustraire. En revanche, je n'avais pas mon pareil pour labourer et semer, faucher, faner et moissonner. Je savais traire, tourner la baratte et coucher le fromage sous la cendre, après l'avoir arrosé de pipi de veuve. Je reconnaissais mes vaches à leur allure, mes moutons à leur regard[1]. »

Il s'initie aussi très vite aux choses de l'amour, qui vont occuper une bonne partie de sa vie. L'obsession du désir deviendra même l'une des principales caractéristiques de cet homme picaresque et hédoniste...

Pendant la guerre, en dépit de son jeune âge il rejoint la Résistance avec son frère Claude, qui, ami de Sartre et compagnon de Beauvoir, dirigera ensuite la revue *Les Temps modernes*, avant de tourner *Shoah* (1985). Dans l'euphorie de la Libération, il retrouve à Paris sa mère qui côtoie Eluard, Aragon, Breton... Après avoir assisté à une exposition de

1. *Le Voleur de hasards*, Jean-Claude Lattès, 1992.

Picasso, il lui affirme qu'il peut en faire autant. Et, par défi, se lance dans « l'enfer de la peinture », hésitant entre le renoncement et le suicide. Il participe alors à l'École de Paris et crée, avec Dmitrienko et Rezvani, le groupe « Jouir ».

Un jour, pris par l'appel du large et un désir d'aventure, il quitte Paris et se lance dans un tour du monde. Pour gagner sa vie, il se fait tour à tour ouvrier dans une mine de cuivre au Chili, joueur professionnel, contrebandier et camionneur...

De retour sur les bords de la Seine en 1952, tout en étant peintre en bâtiment et homme de ménage d'une criminologue près de l'Odéon, Jacques Lanzmann se lance, sur les conseils de son frère et du « Castor[1] », dans l'écriture. En 1956, son deuxième roman, *Le Rat d'Amérique*[2] où il raconte une partie de ses bourlinguages, attire l'attention. Ce qui lui vaut d'être, désormais, l'une des figures de la folle époque de Saint-Germain-des-Prés. Il devient l'ami de Jean Genet, l'auteur des *Paravents,* et de Jean Cau qui est, à l'époque, secrétaire de Sartre, avant de se transformer en éditorialiste farouchement à droite de *Paris Match.*

Comme la plupart des intellectuels de sa génération, Lanzmann adhère au PC et s'engage contre la guerre en Algérie. Aragon, le grand écrivain communiste, le prend sous son aile et l'engage aux *Lettres françaises*, un hebdomadaire culturel jouissant d'un immense prestige. Il y sera, de 1955 à 1958, un critique dramatique qui, victime de claustrophobie, ne peut assister à une pièce de théâtre jusqu'au bout. Après un voyage en URSS, il publie *Cuir de Russie*, un livre à l'humour féroce et décapant, où il décrit la face cachée de la vie soviétique, ce qui lui vaut d'être exclu du Parti et viré des *Lettres françaises*.

1. Surnom donné à Simone de Beauvoir.

2. En 1962, le réalisateur Jean-Gabriel Albicocco en tirera un film, dont Lanzmann a accepté d'écrire le scénario en dénaturant totalement son livre pour toucher un chèque confortable... Il est joué par Marie Laforêt (elle est la compagne du réalisateur depuis *La Fille aux yeux d'or*) et Charles Aznavour. Il sera présenté au Festival de Cannes l'année suivante sous les quolibets. Pendant la projection, un homme se lève et crie même à Aznavour : « Va plutôt chanter si tu veux continuer à bouffer ! »

Françoise Giroud l'engage alors à *L'Express*, mais, dilettante, distrait et peu diplomate, il n'arrive pas à avoir la trempe d'un grand reporter. Il alterne ensuite reportages pour *France-Soir* (la guérilla castriste à Cuba), rédaction de scénarios pour diverses boîtes de production cinématographiques (*Le Travail, c'est la liberté*, *Les Lionceaux*, *Donnez-moi dix hommes désespérés*...) et romans (*Un tyran sur le sable*, *Qui vive !*).

En mai 1963, Daniel Filipacchi qui, après les succès de *Salut les copains* et *Mademoiselle âge tendre* [1], rêve de monter un empire de presse, l'engage pour lancer un journal masculin « dans le genre *Play Boy* mais moins "cul", et avec autant d'alibis intellectuels : sexe et texte ». *Lui*, le magazine de l'homme moderne dont le premier numéro sort en novembre avec Valérie Lagrange en couverture, est vite un formidable succès. Lanzmann réussit le tour de force d'anticiper la libération sexuelle en maniant l'ironie, l'humour et la légèreté. Chaque mois, les plus jolies filles du moment y côtoient les meilleures plumes de la presse ou de l'édition...

*

Jacques Wolfsohn a donc décidé de s'acoquiner avec cet esprit libre et frondeur. Un homme qui a tout bu, tout lu, tout vu. Et en est revenu. Un écrivain de gauche qui a remisé ses illusions. Un journaliste libertin qui aime les femmes. Un râleur patenté qui a l'humanité des capitaines au long cours. Un mercenaire de l'écriture que ses découverts bancaires taraudent... Un tracassé sexuel. Un obsédé textuel.

Chaque mercredi soir, Lanzmann sonne à la porte de l'appartement de Wolfsohn. Ils dînent en tête à tête et discutent d'éventuels thèmes qui traversent l'air du temps. Au café,

1. Daniel Filipacchi a racheté *Âge tendre* à Albert Raisner qui avait nommé ainsi la déclinaison magazine de son émission de télévision, « Âge tendre et tête de bois ». Il a eu l'excellente idée de le transformer en un journal féminin. Anne-Marie Périer, la sœur du photographe Jean-Marie Périer, en est la rédactrice en chef. Elle deviendra ensuite directrice de la rédaction de *Elle*, avant d'épouser Michel Sardou.

l'écrivain griffonne quelques phrases. En sociologue de l'instant, il balance quelques formules pour caricaturer les travers du moment... Le directeur artistique hurle (cas le plus fréquent) : « Ton truc, c'est de la merde ! » ou rigole (plus rarement) : « Bon, ça va. Tu peux remballer ! On présentera ça demain à Jacquot pour qu'il tricote une mélodie dessus ! »...

« Lanzmann n'avait jamais écrit de chansons avant. Donc, l'avantage, c'est qu'il ne "savait pas" en écrire. Parce que si tu prends ses textes, c'est très très bien écrit, mais c'est pas écrit comme des chansons. T'as des trucs comme ça (petit doigt) et juste après t'as des phrases comme ça (le bras entier). Ça va à l'encontre des soi-disant règles », analyse aujourd'hui Wolfsohn.

*

En ce début d'octobre 1966, Lanzmann accouche d'un texte où, à la suggestion de Dutronc, il se moque des nouveaux snobs parisiens...

« *(Tchip tchip tchip tchip, Tchip a doua wah) (2 fois)*
Il y a les play-boys de profession,
Habillés par Cardin et chaussés par Carvil
(Tchip tchip tchip tchip, Tchip a doua wah)
Qui roulent en Ferrari à la plage comme à la ville,
Qui vont chez Cartier, comme ils vont chez Fauchon... »

Et puis, il y a « *les minets qui mangent leur ron ron au drugstore. Ils travaillent tout comme les castors, ni avec leurs mains, ni avec leurs pieds...* »

La bande du Drugstore, qui regroupe les ados du XVIe arrondissement et de Neuilly, a commencé à faire parler d'elle en septembre 1960 à cause du look de ses membres (parapluie, long manteau noir cintré et pantalon charleston serré aux genoux mais large de vingt et un centimètres en bas). *Paris Match* les surnomme « les petits marquis ». Jean-

Pierre Léaud, qui vient de tourner *Les Quatre Cents Coups* de Truffaut, est l'un d'entre eux. Ainsi que Gérard Manset, François Jouffa[1], François Armanet, Ronnie Bird, Jean-Bernard Hebey, Boris Bergman, Serge Kruger... Chaque samedi après-midi, des dizaines de ces dandys petits-bourgeois accros à la frime se rassemblent à l'angle de la rue de Washington et des Champs-Élysées pour s'échanger les adresses de surboums ou des informations sur les nouveaux modèles de chaussures Weston, avant d'aller boire un milk-shake au Drugstore Publicis, près de l'Étoile. Avec son accent de titi parisien à la Arletty, en kilt, pull shetland et Repetto aux pieds, Zouzou, qui enregistrera son premier 45 tours chez Vogue en mars 1966, est l'une des figures de la bande...

Lanzmann se moque également de « ceux qui lisent et ceux qui savent parler aux mannequins de chez Catherine Harlé ». Il en sait quelque chose puisque la plupart des filles sublimes qui occupent, au fil des numéros, les pages centrales de *Lui* – en plus des comédiennes ou chanteuses qui jouent le jeu comme Elsa Martinelli ou Brigitte Bardot – viennent de la prestigieuse agence de mannequin de cette personne, par ailleurs de ses amies. Peu à peu, la censure s'estompant, les jeunes femmes devront poser de plus en plus déshabillées, du coup, la direction artistique du journal sera contrainte de se tourner vers d'autres horizons, disons plus professionnels, et abandonnera Catherine Harlé. Certaines de ses « vedettes » des pages centrales seront même, par la suite, quelques-unes des jeunes femmes employées par madame Claude[2]...

---

1. François Jouffa, qui est le fils d'un célèbre avocat de gauche, président de la Ligue des Droits de l'Homme, fut le premier journaliste à couvrir le rock naissant à Europe n° 1. Il écrivit ensuite de nombreux ouvrages sur la question (*L'Âge d'or du rock'n'roll*, *Le Monde d'Elvis*, *Johnny : 50 ans...*). François Armanet, journaliste à *Libération* puis au *Nouvel Observateur*, est l'auteur d'un roman et d'un film sur *La Bande du Drugstore*.

2. Anecdote relatée par Jacques Lanzmann dans *Le Voleur de hasards*, éditions Jean-Claude Lattès, 1992.

*

Jacques Dutronc apporte à la chanson sa patte en suggérant ce qui va devenir le refrain... Kalafate et lui, adolescents, s'amusaient à mater les dames de petite vertu des rues Joubert ou de Budapest. Lorsque l'une d'entre elles racolait un micheton et l'entraînait vers une chambre d'hôtel, les deux sales gosses hurlaient : *« Crac... Boum... Hue.* » L'expression est entrée dans le langage courant de la bande qui gravite autour de Jacques... Les tchip, tchip, tchip du début sont également de lui.

« *Croyez-vous que je sois jaloux ? Pas du tout, pas du tout !*
Moi j'ai un piège à fille, un piège tabou
Un joujou extra qui fait crac boum hue
Les filles en tombent à mes genoux... »

Le chanteur compose ensuite une sorte de caricature de rock, au tempo medium fortement appuyé, où il ajoute des chœurs ringards et des claquements de main « *cheap* ». La répétition du final de batterie, avec le fameux, « *Encore !* », est une idée prise chez le jazzman Count Basie qui, dans le morceau *April in Paris !,* assène lui aussi : « *One More One !* »...

Selon Kalafate, ce jour-là, l'alchimie fut parfaite : « Michel Pelay, le batteur, avait un tempo très régulier qui donnait une pulsation terrible et on était obligé de suivre. Alain (le futur Chamfort qui s'appelle encore Alain Legovic) sortait du Conservatoire et n'était pas le dernier des crétins au piano. À la guitare, Jean-Pierre Alarcen était une pointure diabolique. Quant à Jacques... Le plus mauvais, c'était sans doute moi. Mais j'avais quand même un son grâce à un ampli destiné à Nino Ferrer et que j'avais réussi à acheter avant lui [1]. »

Jacques interprète les paroles tantôt comme un chanteur de country fatigué, tantôt comme un crooner gouailleur...

1. Entretien avec l'auteur.

*

Le deuxième morceau, *Sur une nappe de restaurant*, d'un cynisme total, « écrit en pensant à tous les gens qui ne mangent que du plancton[1] », n'est pas sans rappeler les Animals[2] et les arrangements agressifs de leur pianiste, Alan Price. Entre deux « *hé hé* », qui vont devenir sa marque de fabrique, Jacques fredonne : « *Non, je ne suis pas un égoïste, je suis un homme comme vous tous, un petit capitaliste qui des autres à la frousse...* » La charge est violente...

Quant à *On nous cache tout on nous dit rien*, c'est une chronique acerbe et drôle du soi-disant monde de l'information, avec une allusion qui fit plus que songer à l'affaire Ben Barka (« *plus on apprend, plus on sait rien... et l'affaire trucmuche dont on ne retrouve pas l'assassin ?* »)[3]. On y reconnaît l'influence de Dylan, dont Jacques emprunte la voix nasillarde. Pour la première fois, apparaît le nom d'Anne Segalen, la jeune journaliste que venait de séduire Lanzmann le jour où Wolfsohn débarqua dans son bureau. Ils se sont

---

1. Faut-il y voir une allusion à Alain Bombard, qui traversa l'Atlantique sur un bateau pneumatique, en se nourrissant exclusivement de plancton ? Médecin, il fut ensuite un éphémère ministre de l'Environnement pendant le premier septennat de François Mitterrand.

2. Fondé en 1963 à Newcastle par le chanteur Eric Burdon et le pianiste Alan Price, ce groupe anglais s'inspire largement des vieux bluesmen noirs et des stars du rhythm'n blues américain tels que Sam Cooke. Leur version de *The House of the Rising Sun*, en dépit de son sujet scabreux (on est loin du pénitencier de Johnny Hallyday puisqu'il s'agit en fait d'un bordel de la Nouvelle Orleans !) est un hymne pour toute une génération... Ils récidiveront avec *Don't Let Me Be Misunderstood* de Nina Simone, avant d'imploser en pleine gloire en 1966.

3. Le principal opposant au roi du Maroc, Mehdi Ben Barka, fut enlevé le 29 octobre 1965, en plein Paris, place Saint-Germain-des-Prés, par des policiers français et un agent du contre-espionnage, qui travaillaient pour le compte du général Oufkir, le tout-puissant chef de la police marocaine. Séquestré à Fontenay-le-Vicomte, puis à Ormoy, Ben Barka fut ensuite assassiné dans des circonstances mystérieuses...

mariés. Elle cosignera désormais la plupart des titres... Et participera, du coup, aux fameux dîners du mercredi chez Wolfsohn.

L'impeccable, *La Fille du Père Noël*, qui ne déparerait pas dans un album des Kinks, va devenir un standard du rock français. Il sera ensuite repris par des groupes comme Bijou ou le chanteur belge Arno.

*

Quatre mois à peine après *Et moi, et moi, et moi* l'équipe autour de Jacques Dutronc réussit un sans faute. Les textes, mordants et habiles, claquent comme des slogans. Les musiques, condensé parfait des influences du moment, sonnent comme une déclaration d'amour au meilleur du rock anglo-saxon... *Les Play-boys* sortent à la mi-octobre 1966. En quatre semaines, il va s'en vendre 600 000 exemplaires...

Pourquoi s'arrêter en aussi bon chemin ? En décembre suivant, le premier 33 tours de Jacques voit le jour. Au menu, les huit chansons des deux premiers 45 tours, plus quatre nouvelles. *L'Opération* est un pastiche assez malin de Dylan. *L'Espace d'une fille*, ballade sentimentale d'où est absent le moindre second degré, rompt avec la virulence habituelle. *La compapade*, gag sonore de 3 minutes et 18 secondes, enchaîne éructations tribales et onomatopées. Ce morceau de pur dadaïsme illustre parfaitement l'ampleur des délires dont le chanteur est capable.

Et puis il y a : « *Dans la vie, il n'y a qu'des cactus/Moi je me pique de le savoir/Aie aie aie, ouille, aie, aie, aie...* » *Les cactus* vont même entrer dans le langage courant et être cités à la tribune de l'Assemblée nationale, le 22 avril 1967, par Georges Pompidou, alors Premier ministre, quelque peu chagrin des manœuvres en coulisse de son rival, Valéry Giscard d'Estaing : « J'ai appris, croyez-le bien, que, dans la vie gouvernementale, comme dit Jacques Dutronc, il y a des cactus... » La citation est inscrite au *Journal officiel*. La France éclate de rire. Le retentissement est énorme. Et Dutronc jubile devant ce coup de pub concocté par un attaché de presse dont il ne soupçonnait pas l'appui...

Chapitre 11
Françoise Hardy
Qui peut dire ?

Chez Castel, la fête bat son plein. Le club privé de la rue Princesse, à deux pas de l'église de Saint-Germain-des-Prés, a été ouvert, dans une ancienne épicerie, au début des sixties, par l'ancien international de rugby, Jean Castel. Depuis, il ne désemplit pas. Dans un dédale de petites salles tapissées de velours rouge, de miroirs sombres et de portes laquées, on croise Brigitte Bardot, Françoise Sagan, Johnny Hallyday avec ou sans Sylvie Vartan, Mick Jagger au bras de Marianne Faithfull, Keith Richards écroulé sur l'épaule d'Anita Pallenberg, Bulle Ogier avec le futur Prix Goncourt Jean-Jacques Schuhl. Le bar fumoir accueille les *beautiful people* qui veulent converser tranquillement après s'être défoulés sur la piste de la discothèque du sous-sol. À l'entrée, un restaurant offre une carte copieuse à n'importe quelle heure de la nuit. Dans les étages supérieurs, des salons particuliers abritent ceux qui cherchent un peu plus de discrétion...

En ce début d'année 1967, Jacques Wolfsohn a invité ses deux poulains, Françoise Hardy et Jacques Dutronc, à dîner dans ce lieu où il est bon d'être vu si l'on veut avoir Paris à ses pieds. Le succès, cela s'arrose... Avec les gens qu'il aime, Wolfsohn est d'une générosité totale. Pour les autres, mieux vaut avoir le cœur blindé et accepter n'importe quelle rebuffade... Mais ce soir, champagne !

*

Françoise, comme d'habitude, a l'âme en peine. Jacques, célibataire depuis la rupture de ses fiançailles avec Ghislaine, baguenaude entouré d'une nuée de jeunes femmes. Depuis qu'il a troqué ses épaisses lunettes de myope contre des lentilles de contact, son regard bleu de play-boy hilare tétanise littéralement celles qui l'approchent. « Je suis le valet de mon sexe », dira-t-il à Jean-Marie Périer, qui s'empressera de le baptiser « Sex »...

Mais Françoise ne le regarde même pas. Elle n'est là pour personne, car son cœur est pris. D'un seul coup, son bel acteur surgit dans l'encadrement de la porte. Peter McEnery est à Paris pour tourner avec Géraldine Chaplin un film de Robert Hossein, *J'ai tué Raspoutine*. Il y a plusieurs semaines déjà qu'il l'a informée de sa décision de mettre un terme à leur histoire sans issue, mais elle ne parvient pas à s'y résoudre. Elle est partie chanter en Turquie, au Liban, puis en Allemagne... soixante-treize concerts en trois mois ! En vain. Le succès de son adaptation d'un titre d'Adriano Celentano, *La Maison où j'ai grandi*, où elle s'évade de la thématique récurrente « absence-souffrance » de ses chansons d'alors pour se pencher sur les nostalgies de l'enfance, ne l'a pas détournée de son spleen...

Peter rejoint leur table. Le manège de Jacques l'amuse. Il apprécie ce garçon qui, sans presque rien dire, parvient à pousser les gens aux pires extrémités et à provoquer des situations absurdes. Même Françoise éclate de rire à chacune de ses saillies. Au bout de quelques minutes, l'acteur se penche vers Françoise et lui murmure à l'oreille : « Ce Jacques est infiniment plus séduisant que moi... Voilà l'homme qu'il te faut ! » Elle hausse les épaules...

*

Elle va mettre du temps à se détacher de l'acteur anglais. Son cinquième album, *La Maison où j'ai grandi*, où figure un très joli *Rendez-vous d'automne*, est presque entièrement consacré à cet amour malheureux et impossible. Sur un titre du sixième 33 tours, *Qui peut dire ?*, particulièrement sombre, Jacques l'accompagne à la guitare. Est-ce ce jour-là qu'elle commence à considérer d'un autre œil l'interprète des *Playboys* ? Toujours est-il qu'en février 1967, elle explique dans le magazine *Rock & Folk*, qui vient de voir le jour quatre mois plus tôt : « J'ai une grande admiration pour Michel Polnareff et pour Jacques Dutronc. » La valse-hésitation entre les deux chanteurs commence...

Lors d'une émission de télévision, « Zoom », Jacques est interviewé dans une baignoire par Lanzmann. Il est en smoking et porte un masque à l'effigie de Françoise. Elle lui répond dans *Salut les copains* : « J'adore Dutronc parce qu'il m'amuse et qu'il a un don, celui de prendre ce métier comme il devrait être pris, c'est-à-dire pas au sérieux. Professionnellement je l'admire : il fait ses musiques et ses arrangements, et cela m'impressionne. À part ça, je le trouve assez bien comme garçon. J'aime surtout ses yeux, qui sont l'atout principal de son charme... Oui, j'aime bien Jacques, mais de là à l'aimer d'amour, il y a une marge ! »

Les journalistes commencent à s'interroger. Ces deux-là sont beaux, célèbres, jeunes... Pourquoi ne pas les rapprocher ? Un certain Gérard de Villiers, qui n'est pas encore l'auteur de la série des SAS mais un reporter à *France Dimanche,* a l'idée de monter un reportage photo autour d'eux à Golfe-Juan. Jean Georgieff, qui est alors l'attaché de presse de Vogue, n'y voit pas d'inconvénient. Les deux artistes s'y prêtent volontiers. Mais la timidité de l'un et de l'autre ne permet pas que le reportage devienne réalité.

*

Imperceptiblement, la vie de Françoise est pourtant en train de changer. Elle troque les minijupes de Courrèges contre les tenues métalliques de Paco Rabanne, que Coco Chanel surnomma « le métallurgiste ». Sur scène, elle apparaît dans une sorte de cote de maille moderne... Le seul problème, c'est qu'elle pèse seize kilos et empêche tout mouvement. Sous le poids, l'entrejambe a la fâcheuse tendance à descendre jour après jour. Des ouvrières doivent donc le remonter régulièrement avec des tenailles, des tournevis et des marteaux... L'effet est néanmoins magnifique. De plus en plus, Françoise se met à symboliser la féminité des années 60.

*

Elle décide également de prendre sa carrière en main. Les choix artistiques de Vogue lui conviennent de moins en moins. Jean-Marie Périer l'a initiée aux arcanes du show-biz et lui a montré comment gérer au mieux l'argent qu'elle gagne. Il l'a ainsi incitée à acheter un terrain en Corse pour y faire construire une maison...

Madeleine, sa mère, qui est aide-comptable, suit également de près les affaires de sa fille. Françoise monte donc son propre label, Asparagus, dont le nom est un double clin d'œil, puisque, en latin, il désigne l'asperge (comme l'avaient surnommée ses détracteurs) et en français une belle plante au feuillage très fin...

À la fois éditrice et productrice, elle est désormais totalement libre. Elle choisit seule ce qu'elle chante et aussi comment elle le chante... Vogue n'est plus que le distributeur de ses disques. Elle reprend ainsi *Des ronds dans l'eau*, chanson générique de *Vivre pour vivre* de Claude Lelouch, que Nicole Croisille avait créée. Et interprète ensuite *Ma jeunesse fout le camp*, une magnifique chanson de Guy Bontempelli qu'elle avait rencontré chez Mireille à l'époque du Petit Conservatoire. Avec ces deux titres, elle entame une véritable métamorphose, tournant le dos au temps des copains et à leur gentille insouciance pour se diriger vers une chanson plus classique, où, comme dans *L'amitié*, un texte très écrit est porté par une mélodie discrète.

*

Les nombreux galas qu'elle est obligée d'honorer pour pousser la vente de ses disques l'épuisent. Elle n'a jamais aimé la scène et s'y sent peu à l'aise.

Elle a du mal à bouger : « un léger mouvement du pied gauche représentait le point culminant de son jeu de scène, un peu l'équivalent de la course de chars dans *Ben Hur*, si vous voulez. Non, Françoise n'était pas James Brown, mais son impact sur les foules était troublant à voir [1] », raconte Jean-Marie Périer qui la surnomme affectueusement « la Cantatrice ».

Le récital achevé, elle pousse un profond soupir de soulagement et se précipite dans sa chambre d'hôtel pour récupérer toute l'énergie qu'elle a dû déployer devant le public. Une fois seule, elle pleure de plus en plus souvent et sombre dans une indifférence terrifiante. Bref, Françoise est au bord de la dépression...

*

La période 1966-1967 n'est pas non plus enthousiasmante.

Le naufrage du *Torrey Canyon* provoque la première marée noire sur les plages du Cotentin et du Finistère. En Grèce, après un coup d'État, une junte de colonels d'extrême droite confisque le pouvoir. Aux États-Unis, le président Johnson annonce un renforcement de l'intervention américaine au Vietnam. Au Moyen-Orient, « la guerre des six jours [2] » déstabilise profondément toute la région. En Amérique du Sud, Che Guevara est assassiné par l'armée bolivienne. À Montréal, le général de Gaulle s'exclame : « Vive le Québec libre ! ». Françoise Dorléac, la sœur de Catherine Deneuve, meurt brûlée vive dans un accident de voiture... À la radio, on entend *All You Need Is Love* par les Beatles, *Âme câline* par Michel

1. *Le Temps d'apprendre à vivre*, 2004, XO éditions.
2. Elle débute le 5 juin 1967.

Polnareff[1], *Good Vibrations* par les Beach Boys[2], *Hey Joe* par Jimi Hendrix, *Let's Spend The Night Together* par les Rolling Stones, *Massachusetts* par les Bee Gees[3], *Sarah* par Serge Reggiani, *Soul Man* par Sam and Dave...

Heureusement, il y a Jacques. Elle insiste pour le présenter à Jean-Marie. Le photographe a d'emblée un flash. Françoise a absolument raison : ce garçon est fait pour elle...

*

Après bien des atermoiements[4], elle l'invite avec quelques amis, dans sa maison au-dessus de L'Île-Rousse, pour se reposer une semaine, entre deux tournées, dans sa maison toute neuve... On connaît la suite.

Alors que débute une histoire qui se conjugue désormais à deux, elle écrit l'une de ses plus belles chansons[5] :

« *Tu ressembles à tous ceux qui ont eu du chagrin*
Mais le chagrin des autres
Ne m'intéresse point
Parce que les yeux des autres sont moins bleus que les tiens

Et comme tous les gens qui ont eu du chagrin
Ton visage souvent
À l'air dur et lointain
Mais le visage des autres est moins beau que le tien

À cause d'un regard, à cause d'un chagrin
Je voudrais dire "je t'aime" et je voudrais dire "viens"
Mais ce n'est pas possible d'être sûre du bien
Ni du mal qu'on va faire, alors je ne dis rien... »

1. Sortie en mai 1967.
2. Sortie en octobre 1966.
3. Sortie en octobre 1967.
4. Voir chapitre I.
5. Françoise Hardy l'interprétera une première fois en 1970, dans l'album *Soleil*, puis en 2000, dans l'album *Clair-obscur*.

Chapitre 12
Jacques Dutronc

J'AIME LES FILLES

« La première rencontre, c'était rue d'Hauteville ou rue de Provence. Enfin, rue de Provence à des heures normales. Je m'étais arrangé pour qu'elle soit sur la chaussée et moi sur le trottoir, parce qu'elle était un peu grande pour l'époque. Séduit qui ne l'aurait pas été ? Comme elle était avec Jean-Marie, je me suis dit : "C'est pas possible, elle va louper sa vie avec un type pareil." Je me suis donc dévoué pour que Françoise puisse mener quand même une vie plus ou moins normale [1]... », confiera plus tard Jacques.

À son retour de Corse, le cœur prêt à exploser tout en jouant au gamin hilare qui a réalisé un de ses fantasmes, Dutronc aborde ses copains les uns après les autres : « Tu sais avec qui je suis ? » Ben, non, ils ne savent pas. « Je suis avec Françoise ! »... Heu-reux, le Dutronc !

*

Pendant quelques semaines le couple ne se quitte pas d'une semelle. Tantôt chez Françoise, au 10 rue Saint-Louis-en-Ile. Tantôt chez Jacques, au 5e étage du 67 de la rue de Provence. Chacun garde en tout cas son appartement.

Les filles qui, jusque-là, dormaient ou faisaient leurs

1. Propos recueillis par François Armanet et Marc Lambron, *Libération*, 28 février 2000.

devoirs dans l'escalier bien raide de chez Dutronc, doivent s'éclipser. Et leurs frasques se ranger au rayon des souvenirs cocasses. Ainsi, un jour, une trapéziste était passée par les toits, avait rangé l'appartement et fait le lit, avant de laisser un mot doux... Il est vrai que le lieu est propice aux surprises : toutes les pièces ont en effet été teintes en noir. Dans l'une, avant que la peinture ne sèche, Jacques a même ouvert des oreillers et des polochons pour que leur contenu se colle à la peinture. Fièrement, il explique à Françoise : « C'est ma pièce à plumes... »

Il présente très vite son nouvel amour à ses parents, qui habitent trois étages en dessous. La chaleur et l'humour de Pierre et de Madeleine, les parents de Jacques, séduisent Françoise.

*

Françoise et Jacques apparaissent rapidement dans des émissions de télévision où ils chantent ensemble, comme ils l'avaient déjà fait, autrefois, dans « Dim, Dam, Dom »...

Salut les copains annonce, de son côté, la nouvelle en exclusivité : après Sylvie et Johnny, c'est à Françoise et Jacques de former un couple célèbre ! « Jacques est un garçon charmant, drôle, exaspérant, lugubre, bavard, entreprenant, décontracté, agréable », y déclare Françoise. « Françoise est une soute rêveuse, belle, coquette, courageuse, acharnée, extra, nette... », surenchérit Jacques.

Malheureusement, la lune de miel n'a qu'un temps. Dutronc doit enregistrer un cinquième 45 tours. Il retrouve sa bande et s'enferme dans le studio de la rue d'Hauteville.

*

Sa technique d'enregistrement n'a rien d'orthodoxe. D'abord, on fait la fête. Ensuite, on enregistre...

Pendant trois jours, les musiciens, les ingénieurs du son, les copains qui passent par là, s'installent au restaurant, jouent au flipper au café d'en face et se paient une toile dans un cinéma des Grands Boulevards tout proche. Lorsqu'un évident état euphorique s'est emparé de la troupe, direction les instruments, les micros et la table de mixage.

Jacques empoigne alors un classeur épais comme le bottin du téléphone, où il a accumulé les textes que Lanzmann a écrits d'après les idées et les thèmes suggérés par lui-même ou Wolfsohn. Il en choisit un. Puis se met à composer.

Lorsque l'inspiration ne vient pas, il accumule blagues et gags. Et Wolfsohn, qui a compris qu'il ne servait à rien de brider Dutronc, n'est pas le dernier à tenter quelques facéties. « Les studios étaient plutôt du genre rudimentaire. Ils étaient mitoyens d'un pensionnat de jeunes filles. Du coup, on voyait, la nuit, débarquer des bonnes sœurs en pyjama qui nous demandaient de faire moins de bruit. Et comme Wolfsohn aimait viser les carreaux du pensionnat à la carabine, on était mal vus dans le secteur[1] », aime à raconter Jacques.

*

Un de ces épisodes a particulièrement marqué les esprits.

Dutronc est en train de travailler sur *Les Play-boys* et n'a pas vraiment d'idée précise. Alors il décide d'improviser une sorte de spectacle, « Gala chez Renault », qui raconte un déjeuner de fin d'année chez le constructeur automobile avec les ouvriers, les syndicalistes et le patron, repas se terminant par une sorte de concert.

Les musiciens, les copains, les petites amies, les techniciens entrent dans le jeu et se mettent à délirer à leur tour. Jacques se transforme en Georges Rigolard, un comique tendance ringard, puis en Pierre Socle, un chanteur d'opéra... Il imite des chanteurs qui pourraient être Sheila, Hallyday, Mitchell, Celentano, et achève ce pandémonium par le discours particu-

1. *Rock & Folk*, 1993.

lièrement déjanté du P-DG qui insulte et remercie en même temps ses employés !

Le délire dure une heure. Sans interruption. Ni raccord. Une sorte de chef-d'œuvre se souviennent encore avec émotion ceux qui y participèrent...

Or, pendant ce temps, la bande tournait. Donc il reste une trace de cette nuit de folie. Récemment, Wolfsohn a failli rendre public cet enregistrement, mais Jacques Dutronc s'y est longtemps opposé [1].

*

Les séances commencent vers 9 heures du matin, mais Jacques prend son temps. Il tourne en rond. Il cherche. Les musiciens s'occupent comme ils peuvent en bœufant sur des standards ou en devisant au bistrot du coin. À 9 heures du soir, il n'est pas rare que rien ne se soit passé... Chacun attend le déclic.

Lorsque celui-ci se produit, André Bernot, l'ingénieur du son, rameute les troupes. Et hop, tout en direct. L'orchestre. Les voix. Deux prises maximum. Sur trois pistes. Ce qui compte, c'est le climat et la spontanéité, tant pis pour les quelques imperfections inhérentes à cette méthode... Et comme la chaleur est insupportable, tout le monde joue en maillot de bain !

*

Pour son quatrième 45 tours, Jacques cherche à mettre une musique sur un texte de Lanzmann, qui se veut la confession d'un dragueur impénitent. Mais il a du mal à trouver le ton juste.

Il compose d'abord une mélodie que l'on croirait échapper

1. On retrouve toutefois, et avec bonheur, cette bande dans *L'Intégrale* de Dutronc.

d'un album de Jacques Brel. Wolfsohn, en l'entendant, s'enflamme : « Tu reviens demain avec quelque chose d'autre ! »

Il pense ensuite à Dean Martin, un crooner américain, pilier de Las Vegas, membre à part entière du clan Sinatra, dont les chansons nonchalantes mettent en émoi une bonne partie du sexe dit faible... C'est le déclic.

Quelques phrases de piano jazzy à la façon de celles que l'on peut entendre à l'heure de l'apéritif au bar d'un grand hôtel n'importe où sur la planète. Une mélodie « relax » soulignée par un violon sirupeux. Deux ou trois accords de guitare discrètement électrique. Des chœurs bien langoureux. Et par-dessus le tout, une belle voix de chanteur de charme... Le tour est joué : *J'aime les filles*, au départ simple pastiche de Dean Martin, prend son propre envol et se classe en tête des ventes du mois de juin 1967...

Les trois autres morceaux du disque manquent, eux, singulièrement de souffle. *L'Idole* est une sorte de poussive anti-*idole des jeunes* de Hallyday : *« J'suis malade, j'fais plus pipi ni caca, j'suis pas vieux, mais j'en peux plus... » Les Petites Annonces*, où Jacques en arrive à bredouiller tellement le texte est inepte, mérite d'être oublié. Quant à *J'ai tout lu, tout bu, tout vu*, cela ressemble trop à *On nous cache tout on nous dit rien* pour être honnête... Bref, la méthode Dutronc-Lanzmann semble commencer à marquer le pas. Essoufflement ? Non. Parlons plutôt d'un début de lassitude dû au rythme infernal engendré par la succession des tournées et la pression de la promotion.

*

La sortie, à l'automne suivant, du cinquième 45 tours, qui a été enregistré en deux jours, confirme ce sentiment. Aucun titre n'émerge vraiment. Ils ne sont pas mauvais mais suscitent un sentiment de déjà entendu.

La mélodie sur *Le plus difficile*, gentille muflerie sur l'art de séparer, ressemble beaucoup à celle des *Play-boys*. *La publicité*, en dépit de son coup de chapeau à Georges Pompidou (« *Je suis le cactus de Pompidou* ») et des détournements habiles de quelques-uns des slogans publicitaires du moment (« *Je fonds dans la bouche, pas dans la main, je suis le Dutronc d'Isigny* »), manque de folie[1]. *Les Rois de la réforme*, clin d'œil aux aventures d'Hadi Kalafate avec le service militaire, apparaît comme une pâle copie du *Déserteur* de Boris Vian. *Hippie hippie hourrah*, sur l'air de *Ils ont des chapeaux ronds, vive les Bretons*, joue la carte de la provocation mais ne dépasse pas le stade de la pochade un poil lourdingue. Jacques s'y moque ouvertement de Johnny Hallyday qui chante, des fleurs dans les cheveux, *San Francisco* et *Jésus est un hippie*...

Ce disque sera le premier échec de Jacques puisque aucun des morceaux n'entre au hit-parade. Et qu'ils disparaissent rapidement des ondes...

*

Jacques Lanzmann, rétrospectivement, explique ce faux-pas par un changement d'attitude de Dutronc. Après avoir chanté *Les Play-boys*, d'un seul coup, il est passé d'une timidité maladive à une provocation exacerbée. Il se met à fumer le cigare, à boire, à rouler en Lamborghini. Le succès de *J'aime les filles* parachève cette métamorphose. Pour l'écrivain, Jacques s'est alors glissé dans la peau du personnage qu'il incarnait.

---

1. La publicité aura ensuite recours au service de Dutronc, qui, en 1975, réalisera des spots avec Serge Gainsbourg pour Martini. En 1982, il apparaît dans une pub pour la Citroën CX : « Moi j'aime pas les bagnoles qui roulent des mécaniques. » En 1984, dans une pub pour Woolite, on le voit laver un pull. Il réalise lui-même l'année suivante un petit film pour Ricqlès : « Je ricqless, je successss. » Il prête ensuite sa voix à La Redoute et son image à Fabergé. En 1987, Jean-Marie Périer met en scène un spot pour les chemises Play Boy, dont il est la vedette. En 1999, Petit Bateau utilise *Fais pas ci, fais pas ça* comme musique d'une pub télé.

« Au départ, Dutronc était juste un petit gars qui roulait un peu. C'était pas un super-baiseur, ni un super-buveur, ni un super-fumeur de cigare. C'est au fur et à mesure de ce qu'on racontait sur lui qu'il s'est identifié à une image que la presse, les médias lui donnaient, surtout après *Les Play-boys* et *J'aime les filles*. Pourtant, ces chansons n'étaient pas écrites sur mesure. J'en ai toujours été incapable [1]pré », précise Lanzmann.

Et de stigmatiser l'entourage de Dutronc, qui, se contentant de jouer les bouffons du roi, applaudit à tous les délires et les excès sans le retenir ni le mettre en garde. « Jacques aimait être en permanence entouré par tous ces inconditionnels prêts à s'esclaffer à la moindre connerie comme à ses plus belles trouvailles linguistiques. Il était donc plutôt difficile d'arriver à lui parler en tête à tête. Quand, par bonheur, cette grâce m'était permise, cela ne donnait pas grand-chose de constructif. Timidité oblige, Jacques désamorçait aussitôt toute conversation qui se révélait sérieuse. Soit il pirouettait du langage et répondait par des "compapadé", soit il détournait ses beaux yeux bleus des vôtres, une manière de signifier qu'il remettait la séance à plus tard[2]. »

Selon l'écrivain, différentes séances d'enregistrement se transformèrent en effet en agapes, où l'alcool coulait à flots et où les groupies rivalisaient dans les frasques les plus absurdes. *La Compapadé*, qui, pour Lanzmann, relève de la chanson à boire, est née de ces instants de folie. Il en sera de même pour *Merde in France (cacapoum)* en 1984... Or, en cette fin d'année 1967, Lanzmann s'irrite de plus en plus de la farce perpétuelle qui entoure Dutronc. Il a assez des « *petits boudins* », des « *grosses soutes* », de toute la bande, mais aussi de Wolfsohn qui semble manipuler tout le monde... Il va chercher peu à peu à prendre ses distances.

Jacques Wolfsohn voit les choses autrement. « Lanzmann, à un moment donné, a commencé à prendre ce qu'on faisait

1. *Rock & Folk*, 1993.
2. *Le Voleur de hasards*, Éditions Jean-Claude Lattès, 1992.

au sérieux, alors qu'il était quand même bien placé pour savoir... Même Jacques si ça se trouve, à force, s'est peut-être persuadé de je ne sais quoi... Vous savez, ce genre de complicité, c'est fragile [1]. »

*

La véritable raison se cache peut-être ailleurs.

Dans *Le Monde* daté du 8 février 1973, on peut ainsi lire un arrêt de la Première Cour d'Appel de Paris daté du 8 juillet 1972, où sont condamnés solidairement Jacques Dutronc, Jacques Lanzmann et Anne Segalen pour avoir utilisé *La Publicité*, une chanson qui leur a été présentée par Jean-Edouard Barbe et qui en est l'auteur... Jacques Wolfsohn, lui, décrit Jean-Edouard Barbe comme le fils d'un dirigeant communiste de ses amis qu'il a engagé pour lui rendre service à sa sortie de prison. Selon lui, il aurait participé à l'enregistrement de la chanson et aurait ensuite voulu tirer la couverture à lui.

Constatons simplement que c'est à partir de cette chanson que le climat se détériore entre le chanteur et l'écrivain.

*

Le flop de *La Publicité* n'empêche pas le rythme insensé des concerts de se poursuivre.

Jacques et ses musiciens sont sur la route une grande partie de l'année. « Wolfsohn restait dans son bureau et nous faisait faire Colmar-Saint-Étienne, Saint-Étienne-Saint-Brieuc, Saint-Brieuc-Cannes... tout ça en Jaguar ou en Lamborghini. Pour se faire payer, c'était le sommet, impossible, à chaque fois, les mecs se tiraient avec la caisse. Une fois, on a dû prendre en otage la télé d'un mec, sa femme, pour être payés [2]. »

Sur scène, le chanteur accumule les pitreries et joue souvent dos au public. La dérision semble être son seul moteur. *J'aime*

1. Entretien avec l'auteur.
2. *Libération*, février 2000.

les filles devient ainsi *J'aime les garçons*, qu'il interprète avec la voix d'Aznavour. Au milieu de *L'Espace d'une fille*, il lui arrive de s'arrêter et de s'adresser à une spectatrice en lui disant : « Mademoiselle, ne pleurez pas... C'est de la comédie tout ça. Il ne faut pas croire tout ce que raconte une chanson ! » Parfois, il braille *Qu'elle est belle* de Mireille Mathieu. Ou imite Maurice Chevalier...

Le public a quelquefois du mal à suivre ses improvisations. Surtout lorsqu'il n'a pas envie de chanter et entame ce qu'il appelle « les galas 78 tours » : autrement dit un tour de chant bouclé en quarante-cinq minutes parce qu'il interprète à toute berzingue les morceaux !

Le concert achevé, toute la troupe poursuit le charivari à l'hôtel. Lessive dans les piscines, roulage de tapis, démontage des meubles, défenestration de postes de télévision, inversion des numéros de chambre... Sans oublier, bien sûr, les filles : « Les groupies avaient l'amour aveugle, il y en avait trop... Elles sont quand même minables pour tomber dans les bras du moindre chanteur. Elles avaient évolué, malgré tout, puisque avant elles étaient toutes folles de Luis Mariano [1] », se souvient Dutronc.

Entre eux, devenus un groupe homogène à force de vivre ensemble durant de longues semaines, ils parlent une sorte de langage codé qui exclut le commun des mortels. Et ceux qui cherchent à pénétrer au sein de la caste se voient cruellement rejetés. « Dutronc, à l'époque, était très fermé à l'extérieur. Les lascars qui rôdaient pour tenter de s'infiltrer dans la bande n'avaient aucune chance. C'était justement sa force les apartés. De préférence aux dépens des autres. Se prendre un type, se foutre de sa gueule, le mettre minable sans qu'il s'en aperçoive, il aimait bien ça, le Jacquot. Les seuls qui pouvaient comprendre étaient ceux qui avaient accès au code », précise Alain Wais, ancien journaliste au *Monde*, aujourd'hui bras droit de Jean-Luc Delarue.

---

1. *Libération*, février 2000.

*

De retour à Paris, Jacques poursuit la fête. Il s'achète voiture de course sur voiture de course et collectionne Alpine, Bentley, Jaguar, Lamborghini, Porsche. Il offre des frigos à ses parents et à ses potes. Puis des télés. Il possède une vingtaine de guitares et même un guépard, qui terrorise tous ceux qui lui rendent visite rue de Provence. Il a acheté l'animal à la Factorerie, un bar de la Madeleine où l'on déguste des cocktails en contemplant des animaux sauvages à vendre. Or Sumo est une femelle d'humeur plutôt jalouse : « Elle couche dans mon lit, ou à côté selon son humeur. C'est un animal très gentil, quoiqu'un peu turbulent. Parfois, la nuit, elle fait des bonds géants dans la pièce pour s'amuser, puis elle pisse tranquillement par terre et se rendort », raconte Jacques dans un article de *Salut les copains*. Sumo assiste régulièrement aux séances d'enregistrement où elle prend systématiquement en grippe les batteurs. La vie en appartement ne convenant guère à un tel fauve, elle meurt au bout de quelques mois...

*

Georges Pompidou, qui est toujours Premier ministre, invite aussi Jacques Dutronc à venir chanter à Matignon, lors d'une soirée privée. Françoise Hardy est également de la partie. Jacques y plante un sacré cactus en commençant son concert en se déculottant devant les invités puis en chantant : *À travail égal, salaire égal*. « Il n'y avait que Pompidou qui se marrait. Brigitte Bardot est allée voir Françoise en lui disant : "Dis-lui qu'il arrête, c'est un scandale." Et moi je chantais n'importe quoi. Puisque Pompidou connaissait mes chansons, j'allais pas refaire le disque note pour note [1] », se souvient l'interprète des *Cactus*.

Mais, ce soir-là, le pitre est allé trop loin.

1. *Libération*, 28 février 2000.

Dutronc aime les filles de chez Castel et… Françoise Hardy en minijupe.
17 novembre 1968, Dutronc reçoit un Disque d'or.

Quand les idoles viennent écouter les rockstars...
12 avril 1968, concert des Rolling Stones à l'Olympia.

C'est le plus grand des voleurs, oui mais c'est un gentleman…

Et si tu crois un jour que tu m'aimes

Et les yeux dans les yeux… 26 août 1968, à l'aéroport de Nice.

Il est vingt heures, Paris s'éveille.
18 novembre 1968, soirée de gala à l'Opéra.

Chapitre 13
Françoise Hardy

Il n'y a pas d'amour heureux

Était-ce écrit ? Après les vertiges de l'amour, ces instants précieux où le hasard de la rencontre se mue en une nécessité immarcescible, après les mots de l'évidence immédiate, irrésistible, où l'on accepte de courir tous les risques, vint le temps des maux et de la contingence familière. « L'absence n'est-elle pas, pour qui aime, la plus certaine, la plus efficace, la plus indestructible, la plus fidèle des présences [1] ? », écrivait Marcel Proust. Françoise ne va pas tarder à devoir méditer cette phrase...

*

Au début, Jacques semble être le plus amoureux des deux. Françoise n'en revient pas de cette complicité, de cette fusion inattendue. Elle est heureuse. Dans *Viens là*, une des chansons de cette période enchantée, elle adopte même l'attitude de la consolatrice : « Viens là me dire ce que je sais déjà. Tu as un drôle de cœur qui bat toujours à 100 à l'heure, un cœur qui n'a pas de mémoire, si souvent il s'est fait avoir. »

Et puis la vie reprend ses droits. Françoise replonge dans la valse des tournées à travers le monde. Jacques s'enferme dans le studio de la rue d'Hauteville pour enregistrer de nouvelles chansons et sillonne les routes de France pour donner

1. *Les Plaisirs et les jours.*

des concerts. Pendant que l'un est à Rio, l'autre est à Monte-Carlo... L'un chante à Montréal, l'autre à Montélimar. Cela ne facilite pas « l'échange de deux fantaisies et le contact de deux épidermes », cher à Chamfort, non pas Alain, le chanteur dandy, mais Nicolas, le moraliste persifleur.

Françoise chante en Angleterre, puis en Afrique du Sud et au Zaïre. Elle donne à Kinshasa, en mai, ce qui va être le dernier concert de sa carrière. Elle ne veut plus remonter sur scène, où la hantise des trous de mémoire lui procure de belles crises d'angoisse. Et puis surtout, il y a Jacques : « J'ai arrêté les tournées parce que ce n'était pas vraiment mon truc et qu'au début d'une histoire d'amour, on ne tient pas à être perpétuellement par monts et par vaux. La scène m'avait déjà coûté une première rupture, je ne voulais pas que cela se reproduise [1]. »

*

De retour à Paris, elle tombe en plein Mai 68.

Les barricades du Quartier Latin, la grève générale des salariés, les manifestations monstres, les slogans révolutionnaires, les envies de changer le monde ne la bouleversent pas. Elle obéit, comme Jacques, à l'injonction des gens de Vogue qui leur recommandent de quitter Paris. Ils prennent le premier avion pour la Corse, où ils vont passer de merveilleuses vacances...

Selon Jean-Marie Périer, il n'y avait d'ailleurs pas d'autres solutions. Mai 68 n'était-il pas aussi, d'une certaine manière, dirigé contre ce que représentaient *SLC*, Johnny, Sylvie, Jacques et Françoise... ? Les événements ne pouvaient donc pas être leur histoire. D'ailleurs, après avoir garé sa Ferrari dans une rue adjacente, le photographe a visité la Sorbonne occupée et en a tiré la conclusion qu'il valait mieux rejoindre illico Brigitte Bardot à *La Madrague*, près de Saint-Tropez... Il avait lu sur un des murs du grand escalier d'honneur de

1. *Ma vie intérieure*, Albin Michel, 2001.

la fac, une phrase pour lui sans appel : « Sous les pavés, la plage » !

*

Entre Françoise et Jacques, les obligations professionnelles ne sont pas la seule raison de ces absences répétées et de l'éloignement qui commence à poindre. Chacun vit chez soi et il n'est pas question d'envisager une existence commune : « De toute façon, je déteste les femmes qui dorment à côté de vous et qui ont le souffle tiède, là, cet espèce d'accrochage Velcro. Parce que moi la nuit, je pète et je balance les chaussettes [1] », argue avec finesse Jacques.

Lorsqu'ils sont tous les deux à Paris, Jacques voit de moins en moins souvent Françoise. Les rendez-vous s'espacent. De quotidiens, ils deviennent hebdomadaires, puis quinzomadaires et parfois mensuels... Il arrive même que la rencontre soit annulée au dernier moment [2].

Jacques, qui déteste la solitude et redoute les tête-à-tête, préfère boire des verres jusqu'à plus d'heure avec ses copains, surtout lorsqu'il sait qu'il est attendu. Et quand on lui demande ce qu'il préfère chez une femme, sa réponse est révélatrice : « Son absence. Inestimable. » Il s'échine en tout cas à mettre en œuvre ce principe.

*

Ses proches s'inquiètent de l'état de Françoise et la poussent à sortir, à voir du monde pour échapper à ce cycle infernal. De nombreuses indiscrétions lui prouvent d'une façon accablante que Jacques, de son côté, meuble de façon fort agréable les longues semaines où il ne la voit pas...

Et un soir, à son retour de Londres où elle a participé à une

---

1. *Libération*, février 2000.
2. *Notes secrètes*, Albin Michel, 1991 et *Françoise Hardy, ma vie intérieure*, Albin Michel, 2002.

émission de télévision, c'est le clash. Jacques lui ayant dressé une liste de disques de jazz à rapporter, elle a passé son temps libre à courir les magasins de disques. Elle est donc persuadée que, cette fois-ci, il ne lui posera pas de lapin et dînera avec elle. Erreur. À vingt-deux heures, l'assistant de Jacques l'appelle pour lui dire que le chanteur est parti dans la journée au mariage d'un ami à Clermont-Ferrand... Elle explose. Et décide mettre un terme à cette histoire.

Direction le Midi. Chez Armel Issartel, un ami attaché de presse, qui, en 1977, jouera aux côtés d'Alain Delon et Ornella Muti dans *Mort d'un pourri*, un film de Georges Lautner. Elle y reste plusieurs jours et ne répond pas aux appels de Jacques, qui, à Paris, commence à comprendre l'ampleur du problème.

Mais à son retour, les bonnes résolutions de Françoise fondent comme neige au soleil... Comment pourrait-elle faire autrement ? Jacques est son miroir. Son double. Leur ressemblance physique est frappante. Leur charme, aussi. L'androgynie de l'une, sorte d'amazone idéale, renvoie à la beauté du diable de l'autre... Dans le regard de l'un, il y a l'autre. Et vice versa.

« Nous nous sommes retrouvés, mais pendant des années cela a continué à être une relation en dents de scie, avec de longues périodes de solitude que j'assumais mal : Jacques passait plus de temps avec sa bande de copains qu'avec moi et je n'avais droit à un tête-à-tête que lorsque, à bout de frustrations, j'annonçais mon intention de le quitter [1] », explique-t-elle.

*

Dans l'album, *Comment te dire adieu ?*, qui sort à l'automne 68, figure un poème d'Aragon mis en musique par Georges Brassens. Pour Françoise, *Il n'y a pas d'amour heu-*

1. *Notes secrètes*, Albin Michel, 1991.

reux est la chanson qui exprime alors le mieux ce qu'elle ressent.

« J'aime surtout le dernier couplet, dit-elle : *"Le temps d'apprendre à vivre, il est déjà trop tard/Que pleurent dans la nuit nos cœurs à l'unisson/Ce qu'il faut de regret pour payer un frisson/Ce qu'il faut de malheur pour la moindre chanson/Ce qu'il faut de sanglots pour un air de guitare/Il n'y a pas d'amour heureux..."* Les chansons que je préfère sont celles qui sont le fruit de l'amour et du malheur qu'il sécrète et j'ai composé mes meilleures lorsque je touchais le fin fond de la souffrance [1]. »

Son interprétation, bien que plus aérienne, ne diffère pas fondamentalement de celle de Brassens. Elle a simplement troqué la guitare contre un piano et ajouté quelques phrases de violon sur le refrain. Brassens et Françoise se sont d'ailleurs par la suite rencontrés pour une émission de télévision. Une série de photos prises par Jean-Pierre Leloir, dans le hall du Lutétia, un des grands hôtels de la rive gauche parisienne, en témoigne. Détendue, Françoise sourit beaucoup. Brassens la regarde avec une profonde humanité... On a le sentiment qu'il l'adoube.

*

L'album, *Comment te dire adieu ?*, marque un virage dans la carrière de Françoise. Elle tourne définitivement le dos à la jeune fille romantique de *Tous les garçons et les filles* pour se muer en une jeune femme qui a envie d'être étonnée. La pochette est un dessin au trait de Jean-Paul Goude qui n'est pas encore le créateur publicitaire que l'on connaît. Celui qu'Edgard Morin a baptisé « l'apprenti-sorcier » réussit même le tour de force de donner à Françoise une nouvelle image. On est face à une femme au visage dépouillé et volontaire, qui vous dévisage sans baisser la tête. La timidité maladive

1. *Notes secrètes*, Albin Michel, 1991.

des débuts s'est enfuie. Dorénavant, Françoise affirmera ses désirs, ses envies artistiques.

C'est elle, ainsi, qui décide de travailler avec Serge Gainsbourg. Lorsqu'il lui a rendu visite dans sa loge du Savoy à Londres où elle chantait en janvier 1968, elle lui a proposé d'écrire pour elle. Quelques semaines plus tard, en avril, Serge est revenu avec *L'Anamour*. Ce « récit de l'étrange histoire/de tes anamours transitoires » sert à l'homme aux oreilles de chou à exorciser la fin de sa liaison avec Brigitte Bardot, pour qui il avait écrit : *Je t'aime moi non plus* [1].

« *Je t'aime et je crains*
De m'égarer
Et je sème des grains
De pavot sur les pavés
De l'anamour... »

À la fin août 1968, au cours d'un dîner dans un restaurant de la place Vendôme, Serge fournit un autre texte à Françoise. Qui met en avant les craintes qui l'habitent. Il lui avoue en effet être inquiet parce qu'il a laissé Jane Birkin, dont il vient de tomber amoureux, à Saint-Tropez, où elle tourne *La Piscine* avec Romy Schneider et Alain Delon. Il est persuadé qu'elle va succomber aux tentatives de séduction de l'acteur et l'abandonner. Comme Brigitte, tombée dans les bras d'un comédien lors d'un tournage en Espagne. Ce nouveau chagrin l'achèverait... Françoise le rassure.

Comment te dire adieu ? est bouleversant :

« *Sous aucun prétex-*
Te je ne veux
Devant toi surex-

---

1. Après l'avoir enregistré et chanté avec Serge Gainsbourg en décembre 1967, la comédienne reculera et refusera que l'enregistrement soit diffusé par peur de la réaction de son mari, Gunther Sachs. Gainsbourg ré-engistrera donc *Je t'aime moi non plus* en 1969 avec Jane Birkin. La version initiale est sortie, avec l'autorisation de Bardot, en 1986.

Poser mes yeux
Derrière un Kleenex
Je saurai mieux
Comment te dire adieu... »

Il s'agit en fait de l'adaptation d'un morceau anglais, *It Hurts To Say Goodbye*. Cet instrumental, écrit et composé initialement par Arnold Goland [1] et Jack Gold, a été interprété ensuite, en 1967, dans un style totalement différent [2], par Vera Lynn, une chanteuse très respectée de l'autre côté de la Manche. Françoise l'a entendue chez un éditeur et a eu un coup de cœur pour la mélodie... C'est une des rares fois où Serge Gainsbourg va accepter d'écrire sur une musique composée par d'autres [3]... Il réussit à transcender littéralement la version originale. En donnant à cet exercice une connotation pop pleine d'esprit, où perce l'influence des Beatles.

Dans cet album où elle dit adieu à son adolescence, Françoise interprète aussi une ballade country, rendue célèbre en 1958 par Ricky Nelson, *Lonesome town*, que Pierre Delanoë traduira par *La Rue des cœurs perdus*. Elle reprend également *Suzanne* de Leonard Cohen, dans une traduction de Graeme Allright. Ainsi qu'un des grands morceaux d'Antonio Carlos Jobim, *Sabia* (*La mésange*) et *There But For Fortune* de Phil Ochs, qui fut immortalisé par Peter, Paul & Mary puis Joan Baez. On y trouve un morceau rendu célèbre par Cher, *The Way Of Love* (en français, *Parlez-moi de lui* [4]) et *Il vaut mieux une petite maison dans la main qu'un grand château dans le cœur*, une nouvelle contribution du tandem Bourgeois/Rivière,

1. Bizarrement son prénom est orthographié Harnold sur la pochette originale...

2. Et avec des paroles qui ne ressemblent en rien à celles de Serge Gainsbourg.

3. En 1989, Jimmy Sommerville, qui s'est fait connaître comme chanteur de Bronski Beat et des Communards et a cartonné avec *You Make me feel*, obtiendra un grand succès sous son nom en la reprenant.

4. En 1974, Nicole Croisille en donnera un autre version plus dramatique et lyrique que celle, toute en retenue, de Françoise.

qui n'arrive pas à égaler *L'Amitié*. Quant à *Étonnez-moi Benoît* signé par Patrick Modiano, le grand jeune homme efflanqué qu'elle a connu chez Mireille et Emmanuel Berl, et qui publiera bientôt, *La Place de l'étoile*, son premier roman, il surprend par sa musique primesautière, très proche du jazz « new-orleans [1] » et son propos mutin/taquin, assez éloigné du registre habituel de Françoise...

La chanteuse ne signe elle-même que deux chansons, toutes deux messages évidents à Jacques. L'une, *La mer, les étoiles et le vent*, qui clôt l'album, est une déclaration d'amour :

« *Ce sont des choses qu'on ne dit pas*
Que je ne devrais pas te dire
La mer, les étoiles et le vent
Depuis que je te vois sourire
Je ne les aime plus autant . »

En revanche, l'autre, *À quoi ça sert ?* sonne comme un reproche :

« *Comme toi j'ai un cœur qui ne peut rien promettre*
À qui l'amour fait peur mais qui t'aime peut-être
À quoi ça sert de le cacher
À quoi ça sert d'y échapper ?
[...] Je n'ai que les étoiles et rien d'autre pour toi
Si l'on doit se faire mal c'est la vie qui veut ça
À quoi ça sert de rester seul
À quoi ça sert de vivre seul tout seul... »

*

---

1. Hugues de Courson, le compositeur, fondera ensuite le groupe Malicorne, qui mêlera mélodies traditionnelles hexagonales et folk-rock anglo-saxons. Il fut un des premiers en France à s'intéresser à la world music, dont il devint un des meilleurs producteurs (Pierre Akendengué, Le Mystère des Voix Bulgares, Varttina) avant de tenter de marier musique africaine et classique (*Mozart l'Égyptien*).

Jacques n'est pas là. Jacques la laisse seule. Elle en souffre. Mais est-ce si important ? Puisqu'elle en tire le moteur de sa création...

Alors que de Paris à Mexico, de Varsovie à Prague, de Berkeley à Rome, le monde semble changer de bases et que de nouveaux désirs, de nouvelles énergies, de nouvelles attitudes dynamisent une jeunesse à la recherche d'un idéal, Françoise se penche sur ce qui est, en fait, la principale question de son existence, sa vie sentimentale.

« Ce n'est pas parce que j'aurai compris intellectuellement pourquoi je me suis toujours fixée sur des êtres avec lesquels je ne pouvais pas vivre autre chose que des situations de frustration et de solitude, que je vais être attirée par quelqu'un avec qui je vais enfin m'épanouir... Il me paraît presque impossible, à moins d'un travail rigoureux sur soi-même, à l'issue plus ou moins incertaine, d'échapper à l'empreinte des premiers modèles relationnels [1] », analyse-t-elle.

Et d'ajouter une phrase qui a le mérite de mettre un peu de transparence dans la relation « *clair-obscur* » qu'elle entretient avec Jacques : « Comme tout le monde, j'ai fait souffrir, mais il me semble que j'ai souffert bien plus que je n'ai fait souffrir de l'"infidélité". Je crois que dans la plupart des cas, les êtres qui ont eu à subir ce genre de souffrance plus que la moyenne la recherchaient à un niveau inconscient, tout en la refusant consciemment. Sans aller jusqu'à aborder le problème du masochisme, ce type de souffrance peut, entre autres, servir à maintenir le niveau d'intensité dont certaines personnes, parmi lesquelles je me compte, ont besoin pour continuer à désirer et à se sentir exister [2]. »

*

Peu à peu, à partir de ce moment, sa carrière semble occuper moins d'importance dans la vie d'Hardy.

1. *Notes secrètes*, Albin Michel, 1991.
2. *Notes secrètes*, Albin Michel, 1991.

Pourtant, le couturier Paco Rabanne lui confectionne « la robe la plus chère du monde » (9 kilos d'or et 300 carats de diamants), une mini futuriste, terriblement sexy, qui semble surgie d'un récit de SF et l'installe durablement au panthéon des femmes fatales.

Parallèlement, le dessinateur belge Guy Peellaert la croque dans une BD, *Pravda la survireuse* [1], où elle apparaît en Amazone pop, à peine vêtue d'un gilet en cuir noir et d'une ceinture cloutée, qui évoque sans doute celle d'Arès portée par la guerrière mutilée du mythe antique... ou Bardot dans le scopitone Harley Davidson. Chevauchant elle-aussi une Harley, à la tête d'une bande de filles plus belles les unes que les autres, cette sorte de Mad Max au féminin et au corps de rêve va devenir une icône du pop art. Ses aventures au parfum érotique, où éclate une androgynie tout aussi troublante qu'idéale, vont façonner l'imaginaire de quelques générations d'adolescents.

Du coup, Françoise se manifeste de plus en plus comme une star. Inaccessible. Fantasmatique. Héroïne de la nouvelle féminité. Comme Madame Bovary ou Marilyn Monroe, elle cherche à s'accomplir dans le « vivre » plus que dans la réussite...

*

Pendant deux ans, Françoise se fait plus discrète. Quelques chansons (*Des bottes rouges de Russie*, *L'Heure bleue*, *J'ai coupé le téléphone*, avec ces mots étonnants : « *Dans mon lit, je n'ai besoin de personne* », *Traume* chantée en allemand...) viennent rompre son relatif silence. Mais l'important étant d'aimer, l'essentiel est ailleurs... Jacques et ses absences accaparent ses pensées (*Où est-il ?* chante-t-elle en 1969...).

Dans son appartement de la rue Saint-Louis-en-l'Ile, où elle

1. Le scénario est de Pascal Thomas, qui est alors critique de cinéma et deviendra quelques années plus tard cinéaste (*Les Zozos* en 1972, *Les Maris, les femmes, les amants* en 1989, *La Dilettante* en 1999).

a de plus en plus tendance à vivre en ermite, elle lit énormément et se passionne pour la littérature japonaise. Dans le même laps de temps, elle prend définitivement ses distances avec Vogue et fonde une nouvelle société de production, Hypopotam, où Sonopresse, son nouveau distributeur, prend des parts [1].

*

En 1971, son nouvel album, en dépit de son titre, *Soleil,* est la chronique sombre de son histoire avec Jacques [2]. Sur la pochette, on la voit une larme de sang à l'œil, la silhouette d'un guitariste disparaissant à l'horizon... *Point*, le morceau qui ouvre l'album, traduit ses interrogations récurrentes :

« *Pour faire le point*
J'essaie de l'interroger plus ou moins
C'est en vain
De point en point
Je tourne en rond
Point d'interrogation »

Dans le titre, *Soleil*, une adaptation d'une chanson américaine, Françoise a même un cri du cœur qui annonce l'avenir : « *Combien faudra-t-il de plage/combien d'autres visages/pour comme toi/oublier la maison/et l'enfant aux cheveux blonds/que nous n'avons pas...* »

1. Cela se soldera par une procédure judiciaire sur laquelle tous les protagonistes sont aujourd'hui muets. On peut simplement constater que Jacques Wolfsohn ne parle plus de Françoise Hardy, qu'aucun coffret regroupant l'intégralité de l'œuvre de la chanteuse n'est disponible, qu'il existe des compilations recouvrant la période Vogue (qui appartient aujourd'hui à BMG) et d'autres les disques les plus récents (qui appartiennent à EMI)... Lorsque Françoise propose sa propre compilation, elle regroupe des morceaux qui ne recouvrent que la période commençant en 1967, à partir de *Ma jeunesse fout le camp*. La rupture semble donc totale.

2. Il y a eu, en 1969, *Françoise Hardy en anglais*, paru chez Vogue, et en 1970, *Françoise*, chez Sonopresse, avec notamment *Comment te dire adieu*.

Artistiquement et musicalement, *Soleil* est le pendant de *Comment te dire adieu ?* Françoise s'y avère ambitieuse et originale. Patrick Modiano et Hugues de Courson réapparaissent pour *San Salvador*, variations autour du thème de *Jeux interdits*. Deux musiciens de Johnny Hallyday, Micky Jones et Tommy Brown, qui formeront le groupe de hard rock Foreigner en 1976, lui offrent trois jolies ballades. Étienne Roda-Gil, jusque-là parolier attitré de Julien Clerc, lui écrit *Le Crabe*, un texte sensible et subtil sur une élégante mélodie d'un ancien musicien de Nino Ferrer, Bernard Estardy, qui s'est mué, dans un studio de la rue Championnet, en un sorcier du son. « Cette collaboration reste l'un de mes meilleurs souvenirs. L'entente était parfaite : tout se passait entre nous, sans intervention d'un tiers, dans la joie, la liberté et l'excitation de la création. De plus, le réglage du retour du son dans le casque était tel que je n'ai jamais chanté aussi facilement et avec autant de plaisir que dans le studio de Bernard[1]. »

Las, *Soleil* ne perce pas.

*

À Rio, lors du Festival international de chanson, dont elle appartenait au jury, une amie très proche, Léna, lui a parlé d'une chanteuse brésilienne qui habite à Paris. De retour dans la capitale, Françoise va écouter Tuca chanter.

Non seulement, elle tombe amoureuse de ses chansons mais est subjuguée par sa personnalité. Pendant plusieurs mois, elles ne vont plus se quitter : « C'était une époque où je ne voyais pas Jacques autant que je l'aurais souhaité... Léna, Tuca et moi, on se consolait mutuellement. Tuca était amoureuse sans espoir de Léa Massari, Léna n'avait personne, on avait donc toutes les raisons de s'éclater et on s'éclatait bien[2]. » Elles sortent. Beaucoup. Et s'éclatent. Énormément. De cette folle période va naître, en 1971, l'album d'abord

1. *Notes secrètes*, Albin Michel, 1991.
2. Ibid.

appelé *Viens* et aujourd'hui *La Question* que Françoise considère comme son meilleur.

Tuca, qui est une excellente guitariste, compose les musiques. Catherine Lara s'occupe des cordes, pour une fois sobrement. Et Françoise écrit des textes d'une poésie aérienne et lumineuse. « C'est l'un de mes meilleurs souvenirs d'enregistrement parce que nous avons pris le temps de répéter pendant un mois : je suis plus auteur que musicienne, même si je crois, j'ai le sens de la mélodie, et je redoute toujours les problèmes de mise en place en studio. Nous avons tout enregistré en prise directe avec Tuca à la guitare et un contrebassiste, plus des cordes jouées par Catherine Lara. Il y a dans ce disque une atmosphère, une homogénéité entre la composition et la réalisation musicale qui me donne l'impression d'avoir fait des chansons un peu au-dessus de la simple variété. J'aime beaucoup *La Chanson d'O* et *La Maison*[1]. »

Aujourd'hui, *La Question* est un album culte, mais, à sa sortie, en dépit de critiques élogieuses, il ne récolta pas le succès escompté[2]... Qu'il s'agisse de la très érotique *Chanson d'O* qui l'ouvre jusqu'au couplet final de *Rêve*, l'ultime chanson (« *Tu m'émerveilles/Comme un rêve/Qui s'est enfin réalisé/Et tu me fais mal/Comme un rêve dont il va falloir m'éveiller* »), on y entend toute la détresse d'une femme dont « *l'amour est si lourd à porter* » qu'elle aspire à « *se coucher dans la mer originelle* ». Françoise va mal. Et le chante dans une série de morceaux conçus dans un univers essentiellement féminin, où elle a trouvé quelque temps refuge :

« *Je ne sais pas qui tu peux être*
Je ne sais pas qui tu espères
Je cherche toujours à te connaître
Et ton silence trouble mon silence
Je ne sais pas d'où vient le mensonge
Est-ce de ta voix qui se tait

1. *Notes secrètes*, Albin Michel, 1991.

2. Le disque est toutefois sorti en Australie, en Nouvelle-Zélande, aux Pays-Bas, au Canada...

Les mondes malgré moi où je plonge
Sont comme un tunnel qui m'effraie
[...]
Je ne sais pas pourquoi je reste
Dans une mer où je me noie... »

Jamais le mariage entre la voix et les textes de Françoise n'a bénéficié d'un tel écrin musical. Avec de simples accords de guitare, Tuca a bâti une atmosphère chaude, où, en dépit du pessimisme des paroles, il fait bon s'abandonner pour goûter à la sensualité des mélodies. On eût aimé que cette complicité se poursuive. Malheureusement la disparition de Tuca y mettra un terme définitif.

*

L'année suivante[1], Françoise part à Londres pour enregistrer un album folk-rock, où l'on sent l'influence des Everly Brothers, de Carly Simon, de Carole King et de Joni Mitchell. *L'Éclairage*[2], connue pour sa pochette orange, ne dépassera pas plus le cercle des aficionados que *La Question*. On y trouve pourtant des réussites comme *Et si je m'en vais avant toi*, qui sera ensuite repris par Étienne Daho, ou *Quand mon amour va prendre l'air*, qui, au seul énoncé du titre, est tout un programme. Les problèmes relationnels avec Jacques, qui signe la musique d'un des titres, le bien-nommé *Cafard*, continuent à être la principale source d'inspiration de Françoise.

*

Est-ce ce ressassement qui l'éloigne le public ?

En tout cas, ce blues intense, ce spleen incommensurable ne

1. En 1971, elle enregistre également un duo avec Patrick Dewaere, où Jacques Higelin joue de la guitare. *T'es pas poli* n'entrera pas pour autant dans les annales...

2. Sorti sans titre, comme la plupart des albums, on le désignera ensuite tantôt sous le nom *L'Éclairage*, puis *Et si je m'en vais avant toi*.

sont pas forcément en symbiose avec une époque où combat et lutte collectifs l'emportent sur les démarches individuelles...

Après ses trois échecs successifs, Françoise décide de prendre un peu de champ... Et, cinq ans après leur rencontre, d'avoir un enfant. Jacques ne dit pas non. « Le moins qu'on puisse dire, c'est que mon fils Thomas a été très désiré et pas conçu dans l'ennui », précise Françoise...

Thomas naît le 16 juin 1973 à l'Hôpital américain de Neuilly. C'est sans doute le plus beau jour de la vie de cet étrange couple que forment Françoise et Jacques. Serge Gainsbourg, victime d'une crise cardiaque, est hospitalisé dans la même clinique. Il envoie d'une écriture tremblée un petit mot adorable à la jeune mère : « S'il est timide, ce sera un petit Thomas à la tomate. »

Chapitre 14
Jacques Dutronc
L'OPPORTUNISTE

Le 15 mars 1968, Pierre Viansson-Ponté, qui est rédacteur en chef au *Monde*, note dans les colonnes du quotidien du soir : « Ce qui caractérise actuellement notre vie publique, c'est l'ennui. Les Français s'ennuient ».

Au même moment, un nouveau 45 tours de Jacques Dutronc déboule dans les bacs des disquaires. *Il est cinq heures, Paris s'éveille* est aussitôt un énorme succès.

Lui aussi, à sa façon, annonce les événements qui, deux mois plus tard, agiteront la France...

*

Au début de l'année 1968, Jacques Wolfsohn, que Dutronc surnomme désormais Wolfsounet, a été pris d'une de ces lubies qui, périodiquement, le saisissent et l'amènent à mobiliser le ban et l'arrière-ban de ses troupes pour parvenir à ses fins. Il déjeunait à la Coupole, la grande brasserie de Montparnasse, lorsque l'idée a surgi : on va se moquer de Léo Ferré !

Wolfsounet déteste Ferré. Ses envolées. Son lyrisme. Son anarchisme. Ses poses de poète maudit. Il ne supportera pas, notamment, une de ses nouvelles chansons publiée après les événements, *Salut beatnik !* : *« Y'a la mer qu'a lavé la plage endimanchée/Y a la vill'de travers et les grues déhanchées/Y'a les mecs dans la rue qui jouent au jeu des flics/Y'a des cons dans leur jeu qu'ont du jeu dans leur slip/Y'a l'automn'-qui s'ramène avec ses foins brulés/Y'a l'hiver et ses glace(s) aux oiseaux verglacés/Et la Sein'qui s'bagu'naude en cherchant ses noyés.* » Et n'apprécie guère le registre gouaille intello de ses airs consacrés à la capitale.

Aussi se souvient-il d'une ronde du début du XIXe siècle que sa grand-mère fredonnait, *Paris à cinq heures du matin* :

« *L'ombre s'évapore,*
Et déjà l'aurore,
De ses rayons dore
Les toits d'alentour.
Les lampes palissent,
Les maisons blanchissent,
Les marchés s'emplissent ;
On a vu le jour.

De la Villette
Dans sa charrette
Suzon brouette
Ses fleurs sur le quai ;
Et de Vincennes
Gros-Pierre amène
Ses fruits que traîne
Un âne efflanqué

Déjà l'épicière,
Déjà la fruitière
Déjà l'écaillère
Saute au bas du lit.
L'ouvrier travaille,
L'écrivain rimaille
Le fainéant baille,
Et le savant lit

J'entends Javotte,
Portant sa hotte,

Crier : Carotte
Panais et chou-fleur !
Perçant et grêle,
Son cri se mêle
À la vois frêle
Du noir ramoneur
[...]
Dans sa chaque rue
Plus parcourue
La foule accrue
Grossit tout à coup :
Grands, valetaille,
Vieillards, marmaille,
Bourgeois, canaille,
Abondent partout.

À quelle cohue !
Ma tête est perdue,
Moulue et fendue ;
Où donc me cacher ?
Jamais mon oreille
N'eut frayeur pareille...
Tout Paris s'éveille...
Allons nous coucher. »

C'est une chanson de Marc-Antoine Désaugiers, un chansonnier né le 17 novembre 1772 à Fréjus. Ayant quitté la France au début de la Révolution pour s'exiler à Saint-Domingue puis aux États-Unis, il fut de retour à Paris en 1797 pour devenir tour à tour professeur de piano, chef d'orchestre et auteur de vaudevilles. En 1808, il fut président du Caveau, une association de chansonniers parisiens fondée en 1729 par Crébillon père. Où il accueillit son ami Béranger, qui fut l'un des principaux auteurs de chansons de l'époque. Nommé directeur du Théâtre du Vaudeville en 1815, Désaugiers mourut à Paris le 9 août 1827 après avoir écrit des dizaines de chansons sur la vie parisienne. Si bien que *Paris à cinq heures du matin* a une sœur évidemment nommée, *Paris à cinq heures du soir...*

Pourquoi ne pas se servir de ces airs pour pasticher le Paname de Léo ? Wolfsohn fournit le texte à Lanzmann et lui demande de s'en inspirer afin d'écrire une chanson sur Paris à la façon de Ferré... En le lisant, Lanzmann est pétrifié. Que faire autour de ce truc ringard, qui donne une vision surannée de la capitale et s'emmêle dans des rimes téléphonées ? Anne Segalen, son épouse désormais, pense la même chose. Les deux tâtonnent quelque temps à la recherche d'une idée. En vain.

Furieux, Wolfsohn convoque un soir chez lui le rédacteur en chef de *Lui* et sa femme. Et les enferme dans la salle à manger en les prévenant qu'à cinq heures du matin, tout doit être terminé ! Sur la table, Château-margaux et foie gras des Landes à volonté...

« Les idées ne venaient pas. L'inspiration était au point mort, Anne complètement découragée. Et puis, tout d'un coup, je me suis souvenu de mon retour à Paris, à l'aube d'un match de 1952. Les ouvriers étaient déprimés, les journaux étaient imprimés, les travelos n'étaient plus rasés. Je tenais mon idée. À cinq heures, c'était terminé [1] », raconte Lanzmann.

Il est cinq heures. Il a sommeil. Il tambourine contre la porte pour réveiller Wolfsohn, qui dort à poings fermés. Après quelques grognements, le producteur écoute le texte d'une oreille distraite :

« *Je suis l'dauphin d'la place Dauphine*
Et la place Blanche a mauvaise mine.
Les camions sont pleins de lait,
Les balayeurs sont pleins de balais.
Il est cinq heures, Paris s'éveille. Paris s'éveille.
Les travestis vont se raser,

---

1. *Le Voleur de hasards*, Éditions J.-C. Lattès, 1992.

Les strip-teaseuses sont rhabillées.
Les traversins sont écrasés,
Les amoureux sont fatigués... »

Il éructe : « *Ça va, vous pouvez foutre le camp !* » Il a ce qu'il voulait... Mais il n'a plus sommeil [1].

*

Dutronc trouve facilement une mélodie fluide et poétique d'un registre tout autre que les rocks parodiques auxquels il a habitués le public jusque-là. Mais l'enregistrement de la voix et de l'orchestre effectué, il éprouve le sentiment d'un manque, d'une trop grande monotonie du morceau. D'après lui, il faut un instrument en plus qui, par de brèves apparitions, brise la linéarité de la mélodie. Un solo de guitare ? Un violon ? Une trompette ? Un sax ? Un trombone ? Va pour le trombone...

Le jour dit, le trombone n'est pas au rendez-vous. André Bernot, l'ingénieur du son qui suit Jacques depuis le début, entend alors s'échapper dans le couloir des notes de flûte. À l'époque, Roger Bourdin [2], qui a 45 ans, est considéré comme un des maîtres de la flûte traversière. Il est le très respecté soliste des Concerts Lamoureux et ses interprétations de Mozart, de Vivaldi ou de Debussy relèvent du chef-d'œuvre. Contrairement à beaucoup de musiciens classiques, il est

1. La paternité de l'idée de faire une telle chanson est revendiquée aussi par Jacques Dutronc lui-même, désireux en effet de casser son style d'amuseur public et de célébrer la capitale.

2. Né en 1923 à Mulhouse, Roger Bourdin commence à jouer de la flûte traversière à l'âge de 8 ans. À 19 ans, diplôme du Conservatoire, il entre aux Concerts Lamoureux où il va rester vingt-sept ans. Grâce à ses interprétations du *Concerto pour flûte et harpe* de Mozart, des *Quatre Saisons* de Vivaldi et de *La Sonate* de Debussy (avec Annie Challan à la harpe et Colette Lequiem à l'alto), il jouit d'une reconnaissance internationale dans le monde de la musique classique. Il participe à l'enregistrement d'une trentaine de musiques de films. Il meurt à Paris le 23 septembre 1976...

capable d'improviser sur n'importe quel thème... Bernot le sait, puisqu'il a enregistré avec lui des musiques de films. En l'entendant répéter un prochain disque, l'ingénieur du son a l'idée de lui proposer de poser quelques notes sur la chanson de Dutronc. Amusé, le musicien écoute la bande. Une fois. Puis deux. « On enregistre... » En une seule prise, il lâche la série de gammes virevoltantes, qui vont donner sa couleur au morceau et lui assurer un immense retentissement...

Le son est bon mais André n'est pas sur de lui. Les deux Jacques risquent de le charrier. Il leur fait écouter la bande avec la flûte de Bourdin en y mettant un luxe de précaution. Comme prévu, ils éclatent de rire... André pense qu'une pluie de sarcasmes va s'abattre sur sa tête. Pas du tout. Dutronc et Wolfsohn sont emballés [1]...

*

Il est cinq heures, Paris s'éveille connaît d'emblée un vaste retentissement. Personne ne perçoit qu'il faut l'écouter au deuxième degré et qu'il s'agit d'une parodie de Léo Ferré... Tout le monde, au contraire, se laisse prendre à sa poésie désenchantée. Le pied nickelé acerbe qui chantait *Les Cactus* semble s'être mué en un baladin plein de charme qui marche sur les brisées de Charles Aznavour ou de Jacques Brel...

Autant dire que les rockers de la première heure, qui ont tant aimé *Et moi, et moi, et moi* mais détesté *J'aime les filles*, se posent de plus en plus de question et ne suivent pas Dutronc dans ce virage vers la variété.

Pourtant, *Il est cinq heures, Paris s'éveille* est désormais un classique de la chanson française. Qui appartient en quelque sorte à notre inconscient collectif. Vingt-trois ans plus tard, en 1991, afin de fêter « 40 ans de 45 tours », *Le Nouvel*

1. Point amusant, le nom de Roger Bourdin n'apparaîtra pas à l'époque, tant il préfère être discret, de peur des retombées éventuelles au cas où on apprendrait qu'il a osé prêter son talent à une chanson de variété.

Observateur réunira un jury d'une trentaine de personnalités qui l'élira chanson préférée des Français depuis 1950.

Signe de succès et bel hommage, en plein Mai 68, Jacques Le Glou et Raoul Vaneigem, un des dirigeants, avec Guy Debord, de l'Internationale Situationniste, la parodient même pour la transformer en un hymne révolutionnaire :

« *Les 403 sont renversées, la grève sauvage est générale,*
Les Ford finissent de brûler, les enragés ouvrent le bal.
Il est cinq heures, Paris s'éveille. Paris s'éveille.
Les blousons noirs sont à l'affût,
Lance-pierres contre lacrymogènes,
Les flics tombent morts au coin des rues,
Nos petites filles tombent comme des reines.
Il est cinq heures, Paris s'éveille. Paris s'éveille.
La tour Eiffel a chaud aux pieds,
L'Arc de Triomphe est renversé,
La place Vendôme n'est que fumée,
Le Panthéon s'est dissipé.
Il est cinq heures, Paris s'éveille. Paris s'éveille... »

Photocopiée et imprimée sur de nombreux tracts, cette version sera chantée sur les barricades et dans les manifestations [1]...

*

Les trois autres titres qui figurent sur le sixième 45 tours de Jacques Dutronc renouent au contraire avec des recettes bien établies.

L'Augmentation, façon protest-song à la Dylan, peut s'oublier. Il aura quelques années plus tard à ce propos, une jolie formule : « *Je suis pour l'augmentation du goût de la vie...* »

1. On peut l'entendre interprétée par Francis Lemonnier, sur une compilation réalisée en 1998 par E.P.M., *Pour en finir avec le travail – Chansons du prolétariat révolutionnaire.*

Comment elles dorment, ballade libertine où le chanteur se décrit comme « le polisson du polochon », n'a pas, rétrospectivement, les faveurs de Lanzmann : « Écrire : "*Christine dort en pyjama et moi je ne peux ja-ma lui faire mon cinéma*", c'est n'importe quoi, ça manque de métier ! »

Seul le très accrocheur, *Fais pas ci, fais pas ça*, où Jacques, sur un riff hargneux de guitare, se moque férocement des interdits assénés aux jeunes têtes blondes, mérite l'attention [1]...

*

Lorsque les événements de Mai 68 éclatent, Jacques donne des concerts en Belgique. De retour à Paris, il suit, comme Françoise, les conseils des gens de Vogue et part avec elle en Corse.

La révolte estudiantine et les revendications du monde ouvrier ne le concernent pas réellement. « Des prises de position, je n'en ai pas vraiment ; ma position est souvent couchée », précise-t-il...

De toute façon, la démocratie n'est pas non plus sa tasse de thé : « La démocratie, c'est le beaujolais. Et le beaujolais, c'est Saint-Tropez. Vous avez un port qui fait deux centimètres, ça devient le musée Brigitte-Bardot et on se marche sur les pieds. Le beaujolais, pareil. De 50 000 litres, on est passé à 50 millions. Démocratie. Tout le monde boit du mauvais vin. Mais tout le monde en boit. Même tarif pour le saumon. Tout le monde voulait du saumon. Tout le monde en a. Il est infect. Démocratie... »

Quant à la politique, il la regarde de loin, avec amusement : « La politique, c'est un des rares métiers du spectacle où l'on voit toujours les mêmes acteurs, le même scénario, les mêmes décors et les mêmes costumes, et personne ne dit rien. Et cela fait toujours des entrées. »

---

1. Elle ressemble étrangement à une chanson d'Antoine, *Métamorphoses exceptionnelles*, parue en 1966... comme le suggère Christian Eudeline dans son *Jacques Dutronc*, Éditions Parallèles, 1994.

Désabusé le Jacques ? « Je n'ai jamais été très optimiste... Mais il ne faut pas confondre les pessimistes et les déçus. Les déçus, eux, ont des preuves. » D'où lui vient cette réputation d'homme de droite ? « C'est peut-être parce que je ne suis pas né en Algérie ou que j'ai les yeux bleus. Faut se méfier des détails [1]. »

*

En juin, un nouveau 45 tours voit le jour. Il passe inaperçu. Il est vrai que *Le Courrier du cœur*, *Ça prend, ça n'prend pas*, *La Métaphore* et *Les Métamorphoses* ne peuvent rivaliser avec *Il est cinq heures, Paris s'éveille* qui poursuit à la radio et à la télévision une grande carrière. Ces quatre titres ne sont que des aimables gaudrioles, où les jeux de mots du couple Lanzmann-Segalen tournent à vide, pour une fois trop décalés de l'air du temps pour correspondre à quoi que ce soit.

*

En fait, Jacques profite de ces temps agités et troublés pour s'éclipser. Ce qui met Wolfsohn dans des colères noires... Entre deux concerts ou apparitions à la télévision, il part à Marseille avec Kalafate...

« Pendant un moment, on a habité moitié à Marseille, moitié à Paris... Marseille, c'était la vraie vie, le vrai macadam... C'était Paris avec le soleil en plus... Il y faisait un temps sublime, été comme hiver... On y restait jusqu'à trois semaines d'affilée, à l'hôtel Ruhl sur la Corniche. Il y avait des terrasses fabuleuses pour bronzer [2] », se souvient Kalafate, qui suivait son ami partout.

Après Marseille, c'est Marrakech qui attire Jacques. Puis, Cannes, Genève, Bruxelles. Où il lui arrive une drôle d'expérience. Un jeune homme moitié beatnik, moitié étudiant

1. *Pensées et répliques*, Le Cherche midi, 2000.
2. Entretien avec l'auteur.

l'aborde dans la rue d'une voix timide : « Pardon monsieur, je crois vous connaître. N'êtes-vous pas l'ancien guitariste des Cyclones ? » Dutronc répond par l'affirmative. Le garçon lui avoue alors sa passion pour le rock et lui raconte qu'il l'a vu en Belgique lors d'un concert d'El Toro et les Cyclones. Il se souvient même de la marque de la guitare de Jacques. « Attendez, je vais retrouver votre nom. Ça va me revenir... Voilà, vous étiez le guitariste rythmique et vous vous appeliez Jacques Dutronc. C'est bien ça ? » Jacques opine. Le jeune bruxellois lui demande alors : « Et maintenant, vous faites quoi, dans la vie ? »...

*

Au début, Vogue accepte de payer les factures. Puis, vu leur montant astronomique, la maison de disques renâcle. Jacques doit mettre la main à la poche.

Ce qui ne le gêne pas outre mesure. L'argent n'est pas un problème. Il est là pour être dépensé. Et permettre aux amis de s'amuser. Aujourd'hui encore, Dutronc, en dehors d'un van en Corse, ne possède rien. En 1967, il a bien acheté un château en ruine à la Chapelle-Saint-André près de Clamecy, mais il n'y effectuera que quelques travaux et ce sera surtout, pendant quelques années, le lieu idéal pour jouer aux cow-boys et aux Indiens avec les copains. Dans un numéro de *SLC*, on le voit même y poser en vampire ! Il s'en séparera au début des années 70... Aujourd'hui, la maison de Monticello appartient à Françoise, le triplex du XVIe arrondissement également.

Grands hôtels, vins fins, voitures de luxe, cette vie à grand train le contraint à accumuler les concerts. « Je n'ai pas arrêté pendant huit ans, à raison de deux cent cinquante galas par an. J'ai joué à Tahiti, en Nouvelle-Calédonie... J'ai donné des concerts privés pour le roi du Maroc ou Georges Pompidou ! Pour vivre correctement, il fallait quadriller le pays : on faisait Menton, puis Dieppe, et hop, direction Colmar, avant d'aller à Oléron[1]... » Autant dire que pendant cette période, il est plus sur les routes que dans les bras de Françoise...

*

Pour décrocher de cette trépidation sans fin, il accepte de suivre Jean-Marie Périer, le photographe de *Salut les copains*, à l'autre bout du monde afin de prendre des photos dans les lieux les plus insolites.

« Le journal tirait à un million et demi d'exemplaires et rapportait des fortunes sans vraiment coûter grand-chose. Du coup, je pouvais faire ce que je voulais. Je demandais à Vartan, Mitchell, Sheila ou Claude François : "Qu'est-ce que tu fais la semaine prochaine ? On va en Inde !" Et hop, on partait[2] », se souvient Périer.

Dutronc se retrouve donc au Mexique en sombrero, à Ceylan, à Hong Kong... Seul. Sans sa bande. Ce qui relève de l'exploit...

« On est partis en Asie avec Jean-Marie. Le seul but, c'était les hôtesses de l'air, bien sûr. Parce qu'on s'en foutait des Indes. Il y avait un chef de cabine que j'appelais Sinatra. Une demi-heure après il était en caleçon, déchaîné. Et donc, il y avait ces fameuses hôtesses. À Hong Kong, on a passé trois ou quatre jours dans un Hilton, avec rotation des équipages. Je me suis bien comporté. Voyage en chambre, elles connaissaient la chanson. Quel périple. À Bombay, j'étais malheureux comme une pierre, on aurait dit *La Soif du mal*, à transpirer avec le ventilo au-dessus. On s'est retrouvé à Colombo, des geckos gigantesques au plafond, je croyais que j'avais des hallucinations. Ensuite, je me suis brûlé les pieds sur le sable. À Goa, on a vu un mec des Rolling Stones, celui qui est mort avec les petits tifs blonds. Brian Jones seul face à la mer ! Ce

1. In *Rock & Folk*, 1987.
2. Entretien avec l'auteur.

qui prouve que le hash fait vraiment voyager, parce que lui, il venait de loin [1] », raconte le chanteur.

À Colombo, sur la terrasse d'un hôtel, face à la mer, Périer veut lui parler de Françoise. De cette Excellente qui est entre eux. En fait, le but de ce périple à l'autre bout du monde le voilà. Il sait que Françoise attend Jacques. Et il sait aussi que Jacques sait qu'il sait... « Pas plus que moi il ne lui veut du mal, et puis quel rapport y a-t-il entre les joyeux ébats de Hong Kong et cette merveille en France ? Aucun. Un jour, on va mourir, alors autant rigoler », note-t-il dans son livre de souvenirs, *Le Temps d'apprendre à vivre* [2]. Il ose questionner Jacques : « Dis-moi... Pourquoi est-ce que tu es avec Françoise ? » À sa grande surprise, Jacques, qui manie d'habitude la pirouette, lui répond directement : « Parce que je l'aime ! » Mais alors les filles de passage ? « C'est parce que moi, je commence par la fin. Tu comprends, les types, ils sont fous d'amour au début, mais dix ans plus tard, ils les trompent. Moi, je fais le contraire. Dans dix ans, je lui serai complètement fidèle... »

*

Si Mai 68 n'a guère troublé Jacques, ce qui va l'éloigner d'une partie de son public, il n'en est pas de même de Lanzmann, que cette agitation stimule. Il écrit un texte vachard et frondeur où il se moque des hommes politiques capables de retourner leur veste toujours du bon côté au gré des événements. Sorti en septembre 1968, *L'Opportuniste* renoue avec l'insolence des débuts. Et obtient un franc succès. Qui a traversé les ans puisque, au début des années 80, le groupe Indochine reprendra ce titre et le classera en tête des hit-parades.

Les trois autres chansons (*La Leçon de gymnastique du Professeur Dutronc*, *Amours, toujours, tendresse, caresse* et *Transedimanche*) n'ont qu'une dimension anecdotique. Elles

1. *Libération*, février 2000.
2. XO Éditions, 2004.

confirment que Jacques abandonne le rock de ses débuts pour une variété rigolarde qui, pour beaucoup, rime avec France réactionnaire. Les pieds de nez et les pitreries d'un chanteur qui arbore sur scène un smoking en pleine période psychédélique ne cacheraient-ils pas un vieux fond conservateur ? Encore une fois, Jacques s'en sort par un mot d'esprit : « Un réactionnaire, c'est quelqu'un qui prend les lanternes pour les vessies. »

Trois mois plus tard, *À tout berzingue*, avec sa guitare à la Django Reinhardt, confirme cette évolution. Les « hé hé » et les « pouet pouet » du *Roi de la fête* montrent un Dutronc comique troupier, tendance qu'il développera de plus en plus... Dans *Proverbes*, il pastiche ouvertement *Le Bal des Lazes* de Michel Polnareff ! Le public, lui, ne suit pas. En février suivant, *La Seine*, *Je suis content*, *La Solitude*, *Les Vangauguins*, manquent de conviction et font un véritable bide.

*

Il faut attendre juin 1969 pour que Dutronc renoue avec le succès. *L'Aventurier* bénéficie d'un texte formidable de Lanzmann, qui en quelques phrases relate ses propres aventures : « *J'ai fait la vie à Varsovie/Et le mort à Baltimore/J'ai fait le rat à Canberra...* » Jacques y joue de la guitare d'une manière particulièrement incisive. Sur l'autre face, *Le Responsable* ressemble à la veine Animals des débuts de Jacques. C'est un titre nerveux, sec et très rock qui sera une des ultimes tentatives de Jacques dans cette voie.

*

Lorsque à partir de septembre, il passe à la Tête de l'Art, un cabaret de l'avenue de l'Opéra, où les cent cinquante spectateurs dînent en l'écoutant, la rupture est encore plus nette. L'accordéon a pris le pas sur la guitare électrique... Et, sur scène, Jacques alterne dans un joyeux délire chansons et sketches, massacrant les premières et privilégiant les seconds. Il a installé un rétroviseur sur son micro pour surveiller ses musiciens ! Après avoir demandé au public s'il connaît *Le Salaire de la peur*, il exhibe une salière qu'il agite au-dessus de son pantalon et précise : « Ce soir, ce sera le saleur de la paire... »

Dans *Le Monde*, Claude Sarraute rédige un compte rendu mi-figue mi-raisin : « Teint rose, œil bleu, chemise blanche et costume noir, coiffure de page et profil de renard, il paraît plus jeune, plus enfant qu'à la télévision... Les sourires se fendent. Et puis se figent. On se penche vers ses voisins, on n'est pas très sûr d'avoir bien compris, qu'a-t-il dit au juste ? Rien... "pouaf, rhoo, berk, whowh"... des onomatopées style bande dessinée. Rassuré, on se redresse (les onomatopées on connaît), on espère la suite. Mais la suite ne vient pas, elle se fond avec le début dans un doux délire verbal et musical, où seuls peuvent pénétrer les initiés. C'est désinvolte, bredouillé et tout ce qu'il y a de plus "cool" ; c'est engagé quant au fond et dégagé quant à la forme ; c'est un voile d'inepties doublé d'un tissu de vérités ; c'est une façon très personnelle de se moquer du monde en commençant par soi-même... Les gens se sentent déphasés et vaguement gênés : ils ne sont pas dans le coup et ne veulent pas se l'avouer [1]. »

*

L'Hôtesse de l'air avec ses yodles tyroliens et ses flonflons de valse musette n'est que la poursuite de cette nouvelle orientation mi chansonnier mi amuseur. Selon Lanzmann, c'est le seul morceau sur lequel ils ont véritablement travaillé ensemble. Afin de s'aérer et de trouver des idées, ils sont partis tous les deux à Valberg, un village des Alpes-Maritimes dans l'arrière-pays niçois. « En fait d'idées, Jacques, qui avait

1. On peut entendre ce spectacle sur le cinquième disque de *L'Intégrale Jacques Dutronc*, parue en 1992, chez Vogue/BMG.

dragué une hôtesse d'Air France, passait son temps à déboucler sa ceinture. Cette aventure m'inspira néanmoins. Dans la chambre d'à côté, j'écrivais : *"Toute ma vie, j'ai rêvé d'être une hôtesse de l'air"*. » Il lui écrit également *La Paresse* : « *La paresse, ma seule maîtresse, m'a pris en laisse, la traîtresse, pendant la sieste... la paresse est une ivresse qui sans arrêt me caresse...* » C'est plus qu'un clin d'œil d'un Jacques à un autre Jacques : « À l'époque, j'étais paresseux, mais à côté de lui, ça n'était rien. J'ai rarement vu une flemme pareille ; il pouvait traîner pendant des mois avant d'écrire une chanson, qu'il composait vite fait, juste avant d'entrer en studio [1]. »

Le duo a pourtant du mal à négocier l'arrivée des années 70. La confiance entre eux s'est érodée depuis quelque temps déjà. Ils fonctionnent presque comme un vieux couple où chamailleries alternent avec humiliations... Leurs chansons n'étonnent plus grand-monde. Et l'humour semble quelque peu poussif. *Restons français, soyons gaulois* est d'une lourdeur accablante. *Ma poule n'a plus que 29 poulets* manque de finesse. *À la queue les Yvelines* ressemble à du mauvais rock pour bal de campagne. Il y a un malaise. Rien ne va plus. Rien ne marche. Rien n'émerge. Dutronc sent le besoin d'aller voir ailleurs...

*

Il suit depuis 1966, dans le mensuel *Pilote*, les aventures de *Philemon,* une B.D. poético-surréaliste d'un certain Fred. D'origine grecque, né le 5 mars 1931 à Paris, Aristides Othon Frédéric Wilfrid, dit Fred, est un autodidacte aux grosses moustaches à la Blériot et au physique imposant, qui dessine depuis l'âge de 20 ans, à *Paris Match* ou *France Dimanche*. Il participe ensuite à la création d'*Hara Kiri* dont il est le directeur artistique, puis, à l'appel de René Goscinny, rejoint la rédaction de *Pilote*, où il créé *Philemon*, une série qui

1. *Rock & Folk*, 1987.

compte à ce jour une quinzaine d'albums. Jacques aime cet univers décalé, qui procure le sentiment d'assister à une représentation imaginaire ou à un rêve. Dutronc demande à Wolfsohn d'organiser un rendez-vous avec le dessinateur, qui croit d'abord à un gag... Enchanté par la rencontre, le dessinateur écrit dans la foulée *Le Fond de l'air est frais*, qui est de la même veine populaire/chanson à boire que *L'Hôtesse de l'air*, puis *L'An est au four et le bœuf est cuit*, où Marie et Joseph dialoguent sur leur fils Jésus devenu hippie (faut-il y voir une parodie du *Jésus-Christ est un hippy* chanté par Hallyday ?), et enfin *L'Éléphant aveugle*, une ballade faussement absurde [1].

*

Leur enregistrement va sceller la rupture entre Dutronc, Lanzmann et Wolfsohn. Par un étrange réflexe, Wolfsohn a convoqué Lanzmann à minuit au studio de la rue d'Hauteville, sans le prévenir de quoi que ce soit. À l'heure dite, l'écrivain s'installe dans la cabine. De l'autre côté de la vitre, Jacques répète un texte qu'il ne reconnaît pas. Assis à côté de Wolfsohn, il y a un type qui a les mêmes grosses moustaches que Lanzmann. C'est Fred ! Wolfsohn se marre. Et la cour habituelle qui entoure le chanteur ricane. Jacques, cigare d'une main, verre de whisky de l'autre, se concentre sur son pupitre et ignore l'écrivain. Lanzmann explose. Et alpague Wolfsohn : « Je ne t'empêche pas de prendre le texte d'un autre, mais tu n'es tout de même pas obligé de me demander d'assister à la séance ! » Puis il en vient aux mains L'autre riposte. La rixe risque de dégénérer. Lanzmann tourne les talons. En partant, il lance à Jacques, qui ne pipe pas un mot : « Et toi, bien sûr, tu n'as même pas le courage de t'expliquer ? » Ils ne se reverront pas avant de longues années.

Lanzmann garde un souvenir amer de cet épisode : « En réalité, je ne sais pas qui est vraiment Dutronc. Peut-être suis-je passé à côté de lui sans le voir ? Peut-être n'ai-je pas su le

1. Jacques n'enregistrera cette troisième chanson qu'en 1972.

saisir, ni même le deviner ? Entre 1966 et 1972, j'ai écrit une centaine de chansons pour lui. Mais aujourd'hui comme hier, je suis bien incapable de dire à quoi il marche, à quoi il joue et pourquoi il chante. Jacques fait partie de ces personnages que l'on croit cerner rapidement parce qu'ils ont un bon visage ouvert et n'affichent apparemment aucune névrose, aucun problème majeur. Si l'on ajoute qu'il est sympa et attirant comme le "dragueur des supermarchés", on se dit que c'est un petit gars tout ce qu'il y a de plus simple à saisir et que nous n'aurons aucune difficulté à communiquer. Bien sûr, on se trompe car Jacques est compliqué, complexé, persécuté, écorché vif[1]. »

À tort ou à raison, il a le sentiment que Dutronc a pris ombrage de sa propre notoriété et n'a plus supporté qu'on assimile le chanteur et l'auteur... Quant à lui, timide et introverti, il a attendu en vain un compliment que Jacques, tout aussi timide et introverti, était bien incapable de lui offrir. Ce choc des ego rendit la séparation inéluctable.

*

Est-ce l'appel de sa future paternité, Dutronc décide de s'intéresser aux enfants. Dans *SLC*, il explique : « Je suis lassé de voir que les adultes prennent les enfants pour des tarés ou des arriérés mentaux. À l'époque des voyages dans la lune, on leur raconte encore d'invraisemblables histoires sur des nains qui vivent dans les forêts avec une jolie dame, ou sur un loup qui se met dans un lit pour dévorer une grand-mère et sa petite fille. Avec l'évolution, je pense qu'il ne faut pas négliger l'intelligence des enfants et qu'on doit leur parler des problèmes actuels et réinventer pour eux une nouvelle forme de poésie. »

Il conçoit avec Fred deux livres disques, où bande dessinée et histoire racontée sur fond musical se renvoient la balle. Dans *La Voiture au clair de lune* et *Le Sceptre*, il est non

---

1. *Le Voleur de hasards*, Éditions J.-C. Lattès, 1992.

seulement le narrateur mais l'interprète de tous les personnages, imitant tour à tour Louis de Funès, Luis Mariano et Georges Brassens. Ces deux histoires traitent par l'absurde, avec humour, poésie et talent, des situations et des personnages tirés des contes de fée traditionnels.

L'accueil est favorable et Jacques reçoit même un prix des mains de Joseph Comiti, le ministre de l'Education de l'époque. Malheureusement, Vogue commercialise et distribue mal ce produit hybride dont la maison n'a pas l'habitude de s'occuper. Les ventes ne sont donc pas au rendez-vous et la suite de l'aventure avec Fred capote...

*

C'est un feuilleton télévisé qui va permettre à Jacques Dutronc de revenir au premier plan.

La deuxième chaîne a décidé d'adapter pour le petit écran l'œuvre de Maurice Leblanc, *Arsène Lupin*. Le premier épisode, *Le Bouchon de Cristal,* est diffusé le 18 mars 1970. C'est Georges Descrières qui incarne Arsène. Tout de suite, le générique interprété par Jacques, *L'Arsène*, attire l'oreille des téléspectateurs. La musique est de Jean-Pierre Boutayre, un solide compositeur qui a connu, en 1969, un énorme succès avec *Adieu monsieur le professeur* pour Hugues Aufray[1]. Lanzmann signe les paroles sans revoir Jacques... Ce sera un carton digne des *Play-boys* ! Il aura une suite puisque, dans la seconde série du feuilleton, en 1973, Jacques chante *Gentleman cambrioleur* mais Lanzmann est définitivement aux abonnés absents...

Entre-temps, il a chanté deux titres de Serge Gainsbourg, qu'il a rencontré grâce à Françoise Hardy, dont *Elle est si* qui

1. Il travaillera ensuite pour Claude François (*Alexandrie, Alexandra, Les Magnolias*) puis Michel Sardou (*Vladimir Illitch*).

n'est pas pour autant une grande chanson[1]. En revanche, la ballade *Le petit jardin* que Lanzmann, faisant fi de sa colère, se résout à lui proposer en 1972, a la même qualité que *Il est cinq heures Paris s'éveille*. On retrouve dans cette chronique écologiste avant la lettre une poésie diffuse à laquelle Dutronc cède trop rarement... Quant au tango du *Testamour*, c'est un éblouissant exercice de style où le chanteur *« laisse Giscard à son destin, Milou à Tintin, Johnny Ha-llyday »*. Pourtant, Jacques est en train de s'enfermer dans un rôle que *Le Dragueur des supermarchés* incarne à merveille : le type sympa, rigolard et volage.

*

En 1973, il a trente ans. Il arbore depuis peu une fine moustache à la Errol Flynn. Et commence à s'ennuyer de son propre personnage.

Dans *SLC*, il explique : « Je reconnais que je fais de moins en moins de bonnes chansons... C'est un problème de musique car je ne suis pas couché sur ma guitare 24 heures sur 24. Et j'ai des conceptions un peu spéciales de ce métier, de la radio, de la télé... Je n'ai pas envie de me montrer, ni de faire du charme aux programmateurs. Si certains parviennent à vendre des disques de cette manière, moi ça ne m'intéresse pas... Sur scène, je suis normal, naturel et voilà tout. Je fais ce qui me passe par la tête, sans arrière-pensée de paraître à mon avantage ou de ressembler à un électrophone. Si je faisais ça, alors oui, je me foutrais du public... Quand je regarde certaines émissions de variétés, j'ai honte et je me dis que je devrais changer de métier... Je préfère avoir un texte tout prêt pour pondre une musique. Sinon je fais une ligne mélodique et j'harmonise dessus... L'amour, c'est comme la guitare : si on

1. D'autres titres de Serge Gainsbourg figurent à son répertoire : *L'Amour prison* en 1974, *Les Roses fanées* en 1975, *Le Bras mécanique* en 1976... et le 33 tours de 1980.

veut être un crack, il faut le faire cinq heures par jour. C'est épuisant. »

La naissance de Thomas le 16 juin 1973 lui permet de changer de vie.

Chapitre 15

Thomas Dutronc

Aujourd'hui, Thomas est un trentenaire épanoui. Il ressemble à son père au même âge. Belle gueule. Sourire désarmant. Regard charmeur. Mais il possède le calme et la douceur de sa mère. Être « le fils de » ne semble pas l'amener à se prendre au sérieux... Normal pour quelqu'un qui avoue s'être forgé une conscience politique à l'écoute des chansons de Georges Brassens, « mon père spirituel ».

*

Élève doué, il obtient son bac à 17 ans. Dans un premier temps, attiré par l'image, il tâte de la photo puis du cinéma en préparant le concours d'entrée à la FEMIS. Mais la musique, dans laquelle il a baigné toute son enfance sans que ses parents ne l'y incitent vraiment, le rattrape vite.

D'abord en tombant amoureux des guitares de son père : « Des objets mystérieux et magiques avec leurs étuis qui sentaient bon. J'vais 17-18 ans et je lui en ai piqué beaucoup[1]. » Puis en écoutant la collection de vinyles de ses parents : « Je suis devenu fan de jazz et de Thelonious Monk en particulier. Et puis le swing manouche m'a interpellé. Ils jouent toujours à l'énergie avec ce côté vivant, riche en émotions et pas trop académique. »

Il commence à jouer de la guitare en repiquant les chorus

1. Entretien avec l'auteur.

de Django Reinhardt qu'il écoute sur son électrophone. Jacques, vingt ans auparavant, procédait de même... Après avoir travaillé quelques années avec son père pendant l'enregistrement de l'album, *Brèves Rencontres*, puis sur la compilation *33 ans de travail*, il décide de se consacrer à la guitare manouche. Et débute à « La chope des puces », encouragé par le guitariste Romane, où il rencontre Tchavolo Schmitt, Ninine Garcia, Moreno, les principaux représentants du « Gipsy Sound ». Le « gadjo » fait vite son apprentissage et rejoint « Gipsy Project », la formation de Birelli Lagrène, le meilleur guitariste du genre, avec qui il enregistre plusieurs albums et participe à de nombreuses tournées tant françaises qu'internationales.

Devenu un musicien à part entière, il compose et interprète un morceau, *Mademoiselle*, sur l'album *Chambre avec vue*, qui, en 2000, consacrera définitivement Henri Salvador. Il participe également à l'album de sa mère, *Clair-obscur*[1], et à celui de son père, *Madame l'existence*[2]. En 2003, il a également composé la musique du film, *Toutes les filles sont folles*, qui remporte le Prix de la meilleure BO du Festival du Film de Paris. Avec deux amis corses, Jérôme Ciosi, fils du chanteur Antoine Ciosi, et Antoine Tatich, il fonde ensuite le A. J. T. Guitar Trio, qui revisite le jazz manouche et les standards du swing avec une belle fraîcheur.

Le cinéma ne lui est pas non plus indifférent. En 1998, il a tenu un petit rôle aux côtés de Marthe Keller et d'Amira Casar, dans le film de Valérie Lemercier, *Le Derrière*. En 2001, Alain Soral lui a demandé de jouer le rôle principal dans sa comédie, *Confession d'un dragueur*, qui montre l'initiation à la drague d'un fils de bonne famille par un fils d'immigré. Thomas s'en sort plutôt bien. Malheureusement, les provocations sexistes et homophobes du film en gâchent le propos. Après quelques tentatives infructueuses (il a participé

1. Sorti en 2000.
2. Sorti en 2003.

aux essais de casting pour le récent *Arsène Lupin*), il semble aujourd'hui avoir tiré un trait sur sa carrière d'acteur...

*

Avec une belle humilité, Thomas, qui habite aujourd'hui un duplex tout blanc au sommet d'un immeuble entre Saint-Paul et la Seine, s'est bâti une identité bien à lui. Très proche de ses parents pour qui il éprouve autant d'amour que d'admiration, il parle néanmoins à bâtons rompus et avec beaucoup de lucidité de leurs vies, donc de la sienne.

*

L'enfance

« Je ne suis allé à l'école qu'à 5 ans et, comme j'avais fait un gros caprice, uniquement l'après-midi, raconte-t-il. J'ai suivi la dernière année de maternelle juste à côté de chez nous, dans le XIVe arrondissement, rue de la Tombe-Issoire. Ensuite maman a voulu que j'aille à l'École Alsacienne, mais comme c'était complet, j'ai été inscrit au collège Sévigné, près de Port-Royal. J'étais très timide et j'avais opté pour une sorte de retrait autiste. En fait, à cette époque-là, je me prenais pour Dark Vador...

Je me souviens de réflexions de filles plus grandes – elles devaient avoir 8 ans – à propos de mes parents. Moi, je n'avais pas vraiment compris ce qu'ils faisaient. Je savais qu'ils travaillaient dans la musique et qu'ils chantaient, mais comme je ne les voyais pas chanter ou jouer d'un instrument à la maison, c'était un peu abstrait pour moi... Je ne suis entré pour la première fois dans un studio d'enregistrement qu'à l'âge de 7 ans, pendant *Guerres et pets*. »

*

« La semaine, j'allais à l'école. Papa partait en virée, je ne sais où. Maman écrivait. Le soir, je faisais mes devoirs. Papa rentrait plus ou moins fatigué. Maman préparait à dîner.

Je racontais l'école. Papa ne racontait rien... Ou alors des anecdotes sur son tournage en Guyane, pour *L'État sauvage*, le film de Francis Girod. Les chauve-souris dans les toilettes. Les mygales. Les papillons. Le nom de Zulawski revenait souvent... Il se couchait presque en même temps que moi.

Le week-end nous restions tranquilles à la maison... Je me rappelle de mes galipettes sur le lit, alors que nous n'étions que tous les trois dans la chambre. C'est une image de bonheur que je garde profondément enfouie en moi.

Maman a toujours assuré à fond le côté intendance familiale. Elle faisait les courses et à manger. Les problèmes ménagers l'ont toujours beaucoup intéressée. Je ne sais pas comment elle conciliait ça avec son boulot. J'ai d'ailleurs toujours été sidéré que mes parents, avec leur train de vie, n'aient pas quelqu'un pour prendre en charge les aspects matériels ! Ainsi, tous les matins, maman me préparait mon petit déjeuner. Et à midi, mon repas. C'était toujours la même chose mais très bon : une crêpe aux pommes avec du riz complet ! C'est une bonne cuisinière qui pratique une cuisine simple mais à base de produits très bio et raffinés. Papa l'engueulait chaque samedi soir parce qu'elle ne saisissait pas assez le rosbif... »

*

Père-fils

« Papa n'a jamais joué au foot avec moi. À 3 ans, il m'a acheté des trains électriques très compliqués, qui, en fait, étaient plus pour lui. Et après, terminé. Il a dû jouer au babyfoot à deux ou trois reprises, en me prévenant : “Attention, je suis un superpro !” De temps en temps, il me donnait plein de sous pour acheter des gros jouets. Par-derrière, heureusement, ma grand-mère maternelle me disait : “L’argent, c’est important, ça se gagne en travaillant dur. Il ne faut pas le dépenser n’importe comment.” Il est vrai que maman ne jouait pas plus avec moi puisque dès que je lui montrais un jeu, elle s’endormait !

Avec papa, nous parlions toujours à demi-mot... Nous communiquions pas mal en sifflant. Adorant les dessins animés de Tex Avery, où l’on entendait des airs américains jazzy, je les sifflais en permanence. Papa aussi. Nous nous répondions... C’était sympa. Nous improvisions tout le temps des blagues, des parodies, des imitations à partir de ce que l’on avait vu à la télévision, parce que nous la regardions souvent ensemble. »

*

Mère-fils

« À ma manière, j’étais assez dictateur et tyrannique. Je pense d’ailleurs que j’ai pas mal embêté ma mère... Si je ne voulais pas me laver les cheveux, personne ne m’obligeait à le faire. Et au bout de plusieurs jours, papa me payait pour que je le fasse. Mais, avec l’argent, j’allais m’acheter des Playmobil !

En fait, mes parents n’ont jamais été très cartésiens. J’avais 6 ans quand ma mère m’a très sérieusement demandé si je voulais une petite sœur. Comme si c’était à moi de choisir ! C’est curieux de demander ça à son enfant, non ?

Je pense que comme sa propre mère vis-à-vis de ses filles, elle a énormément investi sur moi. Du coup, encore aujourd’hui, elle se préoccupe énormément de moi... Elle était d’une tendresse incroyable, très douce, très chaleureuse, très prodigue en câlins. Elle suivait de très près ma scolarité, m’amenait tous les matins à l’école, mais fonctionnait par lubie. Un jour, une amie lui parlait d'un acupuncteur. Hop, séance d'acupuncteur ! Une autre lui conseillait le judo, et en avant pour le judo. Mais elle n'avait pas la manière. Il suffisait en effet que je lui dise : "Maman, tu m'ennuies" pour qu'elle s'arrête. Je ne la sentais pas adulte et je ne pouvais pas me reposer sur elle comme un enfant : j'étais responsable. À mon avis, elle a dû très peu parler dans sa vie avec d'autres mères de famille ! Ou alors, elles étaient particulières ! Parce que, avec Sylvie Vartan, je ne sais pas si c'est...

Elle s'inquiétait aussi pour tout.

Par exemple, l'année de mes 10 ans, j'avais été invité par les parents de trois filles du collège pour un week-end, dans leur maison de campagne. J'étais très fier, mais elle m'a complètement pourri mon plan quand elle a appris qu'il y avait un étang. Comme je ne savais pas encore nager, elle a téléphoné pour le dire et demandé qu'on me surveille. Les filles se sont évidemment fichues de moi !

Un autre jour, elle m'a profondément vexé. J'étais en sixième et j'avais du mal en français, qui n'a jamais été ma matière préférée, étant plutôt scientifique. Je lui ai demandé de lire une de mes rédactions pour qu'elle me donne des conseils. Au fur et à mesure de sa lecture, j'ai vu son air catastrophé : "Mon petit chouchou, vraiment, on ne peut pas écrire comme ça. Tu fais des fautes de français. Je m'inquiète à ton sujet !" Du coup, je ne lui ai plus jamais rien fait lire ! Elle a en fait le culte du surhomme et met la barre très haut ! Ou vous êtes Hélène Grimaud ou vous n'êtes rien ! Papa, c'est autre chose. La barre, il la met un coup à gauche. Et le lendemain, à droite. Puis, en haut... Et en bas. Bref, c'est abstrait. »

*

Les amis

« À l'époque, mes parents avaient très peu de véritables amis. Il y avait les Chédid qui me donnaient l'impression d'être normaux. J'enviais Matthieu, avec qui j'étais très copain, parce qu'il respirait le bien-être dans une famille chaleureuse et unie dont les membres se préoccupaient les uns des autres. Gabriel Yared, qui travaillait beaucoup avec maman, venait souvent à la maison.

Et Serge Gainsbourg aussi. C'est lui qui, à 11 ans, dans un restaurant chinois, m'a fait boire pour la première fois de l'alcool. Il m'a passé en douce une coupe de champagne sous la table. Puis deux. Et trois... J'avais trouvé ça génial ! En sortant, j'ai dit à maman : "Comme je comprends papa !" Elle était morte de rire... J'ai très vite perçu que papa était plus rock'n'roll que les hommes d'affaires qu'on côtoyait dans les restaurants. »

*

Le repaire corse

« Nous passions les vacances en Corse, c'était formidable ! Mes grands-parents paternels étaient là pendant tout l'été. J'invitais plein de copains... Nous n'allions jamais à la plage. Papa trouvait ça nul. C'est pour ça que j'ai appris à nager très tard. Lorsque j'ai voulu me baigner, Papa a fait construire une piscine...

Là-bas, j'étais barman ! Je forçais les gens à boire : "Allez, un petit cocktail !" Je me constituai une petite cagnotte avec l'argent que l'on me donnait. J'ai toujours eu un côté Picsou...

Quand j'étais petit, au moment de la sieste, dans un hamac, j'adorais que maman me chante une chanson de Véronique Sanson, *Bahia* : « *S'il te plaît/Je voudrais aller à Bahia/Je l'ai bien vu dans la lampe d'Aladin/Je retiendrai deux places dans l'avion/Très loin du son des accordéons/Et je t'aime/Caresse-moi.* » Je me souviens que lorsqu'elle aimait un morceau d'un groupe de rock ou de Michel Berger, elle l'écoutait en boucle très fort pour que tout le monde l'entende, cherchant toujours à faire partager ce qu'elle aime. L'astrologie, étant de formation scientifique, intuitivement, je n'ai jamais pensé que cela servait à grand-chose ni marchait vraiment. Aussi je n'arrêtais pas de rembarrer ma mère quand elle abordait ce sujet. Mais quand j'ai lu un de ses livres, je me suis aperçu que tout n'était pas à jeter. Depuis, je ne lui casse plus les pieds avec ça... Papa, lui, il appelle ça “la science désastre” ! »

*

En classe

« J'étais un bon élève, à peu près premier dans toutes les matières sauf en français. J'ai même sauté une classe ! J'avais des facilités : il me suffisait de travailler une heure le soir pour avoir de bonnes notes. Très vite, j'ai compris qu'il était plus aisé de bien travailler que d'affronter mes parents ou ma grand-mère en n'en foutant pas une rame !

Au cours d'une réunion de parents d'élèves, mon prof de physique a conseillé à ma mère de me pousser vers les sciences, parce que j'étais doué. Et il a ajouté : “D'ailleurs, vous et votre mari, vous devez être dans les maths !” Il ne les connaissait pas !

Ensuite, Didier Barbier est devenu un des meilleurs copains de papa, qui l'a surnommé “le Prof”. C'est lui qui joue le rôle de l'idiot du village dans *Van Gogh*.

Ceci dit, je ne lisais pas beaucoup et mes parents laissaient faire. Ils ne dirigeaient pas vraiment le cours de ma vie. Leur seule interdiction, c'est à l'âge de 15 ans, d'avoir refusé que j'ai un scooter. Cela m'a rendu malade. Tous mes copains en avaient ! Du coup, j'allais dans les soirées en roller... Ado, j'étais de plus en plus seul dans mon coin.

Une fois, Jean-Marie Périer m'a sermonné parce que je n'avais pas lu Céline, le romancier préféré de mon père. Si je voulais comprendre papa, je devais lire *Voyage au bout de la nuit* ou *Mort à crédit*... Comme si, à ce moment-là, ma priorité était de comprendre qui était mon père ! Et pas l'inverse ! J'ai vu qu'il me percevait comme le fils de Françoise Hardy et de Jacques Dutronc, non comme Thomas. Cela m'a vexé. Je lui ai répondu que lorsque mon père écouterait Brassens, je lirai Céline...

Je préfère en fait la complicité qui existe entre mon père et Hadi Kalafate. Elle est très forte. C'est le seul qui tient tête à papa, tout en restant copain. »

*

Jacques Wolfsohn

« Je pense que Jacques Wolfsohn a été quelqu'un de très important pour ma mère et mon père. Il leur a appris les choses de la vie tant humainement que professionnellement. Il leur a permis de développer leur talent.

Mais c'est un type très particulier. Dès qu'il monte sur son bateau à Calvi, il devient fou. Il insulte tout le monde. Il devient maniaque au dernier degré. Il a les yeux dans le vide, luisants. Je n'ai jamais vécu un truc pareil ! Mon père, lui, est mort de rire. »

*

Post-bac, près du père

« Mes parents tenaient beaucoup à ce que j'ai mon bac, mais une fois bachelier, je ne savais pas quoi faire de ma vie. Ils m'ont simplement dit : "Il faut que tu fasses quelque chose que tu aimes." Puisque je réalisais depuis toujours des petits films avec du matériel que papa m'avait offert, je me suis inscrit à la fac pour préparer le concours de la FEMIS. Mais j'ai très vite laissé tomber. D'un coup, j'ai aussi eu envie de découvrir mon père en étant son ami. Je me suis alors mis à traîner avec lui. Avec sa bande de copains, papa rigolait. C'était la vraie vie. Ils formaient une famille. Et je les trouvais vachement plus sympas que les types invités au dîner rituel du samedi soir de ma mère...

Je l'ai alors suivi à Plaisir, une villa à l'ouest de Paris, que lui avait louée sa maison de disques, Columbia, pour préparer l'album qui allait s'appeler *Brèves Rencontres*. Il allait là-bas pendant la semaine parce que ma mère, bien que charmante, débarque n'importe quand pour parler d'un truc qui n'a rien à voir avec ce que vous faites et ne respecte jamais l'espace privé. Et puis, à Plaisir, il pouvait boire la nuit... Il nous a demandé à Arnaud et moi, un copain que j'avais rencontré à la fac, de lire tous les textes des chansons qu'on lui proposait et d'effectuer un tri. À l'époque, nous trouvions tout ridicule, con, nul. Donc, tous les textes nous ont semblé ridicules, cons et nuls. Pourquoi ne pas essayer nous-même ? Nous nous sommes vite aperçus que nous étions nous aussi cons et nuls. C'était un vrai boulot et nous n'étions pas forcément doués pour ça. Nous avons quand même réussi à en pondre quelques-uns que mon père a tripatouillés pour les enregistrer (*Faut qu'j'rode*, *Laisse Lucie faire*, *À part ça*). En fait, ces textes ont été un moyen de me rapprocher de lui pendant quelque temps. »

*

Le goût de la boisson

« Enfant, je voyais bien que papa buvait toute la journée et que le lendemain il réattaquait, je pensais simplement qu'il avait un niveau balèze et qu'il tenait bien. Parfois en Corse, c'était bizarre c'est vrai. Nous restions des heures à boire l'apéro dans des cafés. Je jouais au flipper ou à des jeux vidéo. Maman téléphonait : "Le repas est prêt !" Deux heures après, nous étions toujours là. Re-coup de téléphone. "Ne t'inquiète pas, on arrive !" Il rentrait à 25 000 à l'heure, jouant au rallye dans les virages. Mais le rôti était calciné et maman hurlait.

Je n'en ai pris conscience que lorsqu'il a arrêté de boire à la fin des années 80. Il a cessé de boire pendant six ans. Et il a repris.

À Plaisir, il a de nouveau arrêté. Tout seul. Au bout de quelques semaines, il avait l'air tellement sinistre et déprimé que j'ai failli lui conseiller de boire un peu. C'était extrémiste d'arrêter aussi brutalement, aussi totalement. »

*

La folie Dutronc

« Lorsque je suis avec papa, j'ai toujours l'impression d'être dans un épisode de *Twin Peaks*, la série de David Lynch. Il crée une telle atmosphère que les gens se lâchent et partent dans des délires incroyables. Cela me fascine. Grâce à lui, j'ai découvert les fantasmes et les vices qui se cachent derrière l'apparence...

On est très vite aspiré dans le monde de mon père, dans ses histoires. Il est toujours entouré de ses copains, qui sont centrés sur ses problèmes à lui. Ce n'est pas la Cour de Louis XIV mais cela va dans un seul sens. Au bout d'un moment, c'est fatigant. Il adore aussi se chercher un bouc émissaire. La plupart du temps, Jean Luisi sert à ça [1]. Je me souviens

1. Depuis qu'il a rencontré Jacques Dutronc en 1973 lors du tournage de *OK Patron*, Jean Luisi, acteur d'origine corse spécialiste des seconds rôles dans les films de Lautner (*Il était une fois un flic*, en 1972, *La Valise*, en 1973, *Les Seins de glace*, en 1974, *On aura tout vu*, en 1976) appartient au premier cercle du chanteur. Ils ont tourné plusieurs films ensemble (*Le Bon et les méchants* de Claude Lelouch, *Le Mors aux dents* de Laurent Heynemann, *Le Mouton noir* de Jean-Pierre Moscardo). Lors de la sortie de *Merde in France*, c'est lui qui mime un guitariste solo avec une balayette. On le voit également sur scène pendant les concerts au Casino de Paris en 1992. Depuis, à chaque apparition de Dutronc à la télévision, il apparaît à ses côtés déguisé en diable ou en Napoléon Bonaparte. Sous le nom de Jean Fusi (Thomas l'a surnommé ainsi), il a sorti en 1984 un 45 tours composé par Dutronc, *Cacao de Cuba* et *Tu sais que*. Sa dernière apparition au cinéma remonte à 1999 dans *Noël d'urgence* de Patrick Chamare avec Bruno Solo, mais on l'a vu dans de multiples longs métrages.

d'un été en Corse où mes copains étaient hypnotisés par mon père. J'avais envie de balades, de montagne, de mer, de pique-nique, mais tout le monde restait au bar à l'écouter raconter ses anecdotes... Je n'en pouvais plus de l'entendre dire : "La plage c'est nul." En fait, il est jaloux et exclusif. C'est touchant. Bien qu'il soit timide, il est capable de dire tout ce qui lui passe par la tête quitte à en être blessant. Au début, lorsqu'il ne vous connaît pas, il est comme un chat, sur la défensive : il prêche le faux pour savoir le vrai... »

*

Cossard ?

« Étant donné tout le temps qu'il passe dans les cafés, on se demande pourquoi mon père ne consacre pas, ne serait que le huitième de ce temps-là, à bosser. Je n'arrive pas à comprendre moi-même... Mais avec papa, nous ne parlons jamais de ça. D'une façon générale, nous ne parlons pas beaucoup. Mon grand-père paternel regrettait d'ailleurs de ne pas avoir assez parlé avec son fils. Comme papa ne me demande pas ce que j'ai envie de faire, je ne lui demande pas non plus...

Il a, par moments, des sursauts d'envie, étant bien obligé de gagner un peu d'argent pour maintenir son train de vie, entretenir la maison, payer les restos... Son véritable plaisir, après le tournage d'un film ou l'enregistrement d'un album, c'est de retrouver la maison en Corse pour l'aménager. Il s'éclate beaucoup plus à jouer au décorateur d'intérieur qu'à chanter ou à tourner une scène de cinéma ! Il adore les travaux manuels. Il aurait dû être architecte d'intérieur !

Aujourd'hui, la maison ressemble à une véritable usine à gaz. Il y a des dizaines de machines qui tombent régulièrement en panne et qu'il faut réparer. Il a rajouté des bâtiments, des garages, des petites maisons, la clim, le bureau, le câble, le studio, la pièce pour les chats, le portail électrique, des lampadaires... Désormais, cette maison est à son image. Il l'a totalement réaménagée. Si bien que je ne m'y sens plus chez moi. Et que dès que vous y allez dix jours, les ennuis s'accumulent : les fuites d'eau, les chats, le jardin, le portail... En outre, à force de devoir faire à manger pour tous ses copains, ma mère ne va plus en Corse que l'été. Elle préfère Paris. »

*

Copains ?

« À une période, papa et moi, nous avons fantasmé sur le fait d'être copains et de vivre ensemble. Lorsqu'il a été question de quitter la maison de la rue Hallé, puisque les douleurs aux genoux de maman l'empêchaient de grimper l'escalier trop raide, mon père a proposé à ma mère que nous y restions tous les deux et qu'elle prenne un appartement à côté... Les problèmes logistiques étaient tels que cette option fut abandonnée. »

*

Un duo différent

« Je crois que mes parents vivent en fait une histoire d'amour très particulière. J'ai ainsi le souvenir d'instants très tendres en Corse. Mais je pense que leurs dîners en tête à tête ont dû être rares. »

Chapitre 16

Françoise, la surviveuse

D'abord, rien ne change. À la sortie de la maternité, Françoise revient avec le bébé dans son appartement de la rue Saint-Louis-en-l'Île. Et Jacques continue à habiter au-dessus de chez parents, rue de Provence. Il vient voir régulièrement Thomas et Françoise, mais le tournage du premier film de Jean-Marie Périer l'éloigne durant plusieurs mois.

Françoise, qui redoute elle aussi la cohabitation, est néanmoins persuadée de la nécessité de vivre sous le même toit que son conjoint pour assurer la meilleure éducation possible à leur enfant. Elle va mettre un an à convaincre Jacques, qui n'a pas envie d'abandonner son existence d'éternel adolescent, les virées avec les copains, sa collection de modèles réduits, ses disques de Django Reinhardt. Au bout d'un certain temps, « l'aquoiboniste » cher à Gainsbourg décide pourtant de la laisser faire. Il met comme condition que ce soit « une maison à partager avec chambre à part, étage à part, horaire à part. Un couple doit avoir chaque jour une feuille de service, ça évite l'accrochage[1]. »

Françoise met quatre mois à dénicher la perle rare. Une maison de quatre étages à la façade blanche, avec un petit jardin derrière, rue Hallé, une artère discrète et tranquille du XIVe arrondissement entre l'avenue du Général-Leclerc et l'avenue René-Coty, à mi-chemin de la place Denfert-Rochereau et du parc Montsouris. Elle l'achète aussitôt. Et après

1. *Libération*, 28 février 2000.

quelques travaux (les pièces du rez-de-chaussée sont peintes entièrement en noir), la nouvelle famille emménage dans ce qui va être, pendant vingt-cinq ans, de 1974 à 1999, leur cadre de vie et l'endroit où Thomas va grandir.

*

À l'automne 1973, Françoise, dont les précédents albums n'avaient guère rencontré l'oreille du public, sort *Message personnel*. Consciente de ses faiblesses musicales et de la nécessité de renouveler ses mélodies, elle a demandé à Michel Berger, qui l'a fortement impressionné par son travail sur le premier 33 tours de Véronique Sanson, *Besoin de personne*, de le produire et d'en composer quelques titres. Jean-Marie Périer a servi d'intermédiaire.

« Quand il est venu chez moi me jouer au piano le morceau "Message personnel", j'ai su tout de suite que cette mélodie avait le petit grain de magie qui fait la différence [1] », se souvient la chanteuse. Michel a écrit et composé les couplets et les refrains, Françoise se charge de la partie parlée de l'introduction. Encore une fois, ce *Message personnel* semble bien être adressé à Jacquou le craquant :

« *Je suis seule à crever*
Et je sais où vous êtes
J'arrive, attendez-moi
Nous allons nous connaître
Préparez votre temps
Pour vous j'ai tout le mien... »

Le titre passe énormément à la radio en une fin d'année marquée, le 11 septembre au Chili par le coup d'État du général Pinochet renversant le président Salvador Allende, et le 16 octobre par la décision des pays arabes d'augmenter le prix de baril de pétrole en réaction à la guerre du Kippour au

1. Entretien avec l'auteur pour le documentaire « À quoi ça rime », la S/Arte, 2000.

Moyen-Orient, ce qui crée un début de crise économique. Les mesures d'économie et de rationnement de l'essence prises par le gouvernement français au mois de novembre mettent fin à ce qu'on a appelé « les trente glorieuses », ces trente années où la France a connu une croissance économique sans frein.

Les trois autres morceaux (*Première Rencontre*, *Je suis moi* et *Demain, c'est hier*) de Michel Berger sur ce treizième album sont plus décevants. *L'Amour en privé,* écrit par Serge Gainsbourg, sur une musique et des arrangements de Jean-Claude Vannier [1], ne vaut pas mieux. Quant au duo avec Georges Moustaki, il n'est que sympathique.

Peu importe. Cette expérience a permis à Françoise de changer sa façon de chanter, de s'adapter à d'autres musiques que les siennes et de se confronter à de nouveaux univers...

*

Peu à peu, Françoise, qui refuse de donner des concerts, met sa carrière entre parenthèse et se consacre de plus en plus à Thomas. La vie domestique de la rue Hallé paraît la préoccuper bien plus que les aléas de la promotion. Elle promène son fils au parc Montsouris et fréquente assidûment le marché de la rue Daguerre. Pourtant cette vie paisible est à deux doigts de voler en éclats au cours de l'année 1974.

Après le tournage de *Antoine et Sébastien*, Jacques a été contacté par Andrzej Zulawski, un jeune cinéaste polonais qui a été l'assistant de Wajda avant de réaliser, en 1972, un premier film d'inspiration fantastique, *Le Diable*. Il veut que le chanteur interprète le mari (d'ailleurs nommé Jacques) d'une actrice médiocre contrainte de tourner dans un porno. *L'Im-*

1. Personnage clé de la chanson française, il a travaillé pour Hallyday, Nougaro, Barbara, Polnareff, Jonasz et surtout Gainsbourg sur le mythique *Histoire de Melody Nelson*. Il a également enregistré une demi-douzaine d'albums sous son nom. D'après Françoise elle-même, la rencontre ne s'est pas véritablement bien passée entre ces deux angoissés perfectionnistes.

portant c'est d'aimer est tiré d'un roman de Christopher Frank, *La Nuit américaine*. Nadine, l'actrice, est jouée par Romy Schneider, qui n'a plus rien à voir avec la Sissi des débuts mais a du mal à oublier Alain Delon, avec qui elle avait une liaison depuis le tournage, en 1969, de *La Piscine* de Jacques Deray. Sa beauté resplendissante de femme de 35 ans en a époustouflé plus d'un à la lecture du magazine *Lui*, dirigé par Jacques Lanzmann, du mois de décembre 1973.

Au cours du tournage que le réalisateur veut intense, Jacques et Romy sont très proches [1]. Tout les rapproche. La beauté. L'humour. La fragilité. Une certaine forme de désespoir. Une fêlure cachée... Et bien sûr cette étrange connivence d'incarner devant les caméras un couple. Romy Schneider incarne Nadine avec une telle conviction qu'elle obtiendra, en 1975, le premier César décerné du Meilleur rôle féminin. Quant à Jacques, il est étonnamment lui-même, tour à tour d'une drôlerie à couper le souffle et d'une noirceur à couper au couteau.

En voyant le film, Françoise sera très émue de l'entendre parler et se comporter comme lorsqu'ils sont seuls ensemble.

Elle sent pourtant vite que Jacques s'éloigne de plus en plus. Elle met ses absences sur le compte de son besoin chronique de s'évader, de prendre l'air, d'aller voir ailleurs si la terre est plus ronde.

Du jour où elle a rencontré Jacques, elle a toujours eu peur que leur relation s'arrête et de le perdre. Elle s'est toujours dit qu'un jour, il allait rencontrer une autre femme de sa vie. Cette conscience rend certes les rapports douloureux mais en même temps si intenses.

Jacques, laconique, comme à son habitude, se contente d'un commentaire elliptique : « Certes, il peut y avoir des accidents

1. On peut en savoir plus sur ce tournage et cette rencontre dans le livre de Gilles Verlant, *Françoise Hardy, ma vie intérieure*, op. cit., ainsi que dans différents articles de *Elle* et *Marie Claire*.

dans le couple, mais ce n'est pas parce qu'on crève un jour qu'il faut jeter la voiture[1]. »

*

De cette période de crise, Françoise va tirer de nouvelles chansons très intimes qui vont lui permettre d'exorciser sa souffrance et de surmonter sa jalousie.

En 1974, les dix morceaux de l'album *Entracte* s'écoutent comme une longue adresse à Jacques. Attention, il y a péril en la demeure... « J'ai cogité tout ce disque dans l'espoir de l'inquiéter. J'y racontais l'aventure d'un soir d'une femme qui se sent délaissée et espère raviver ainsi l'amour de l'autre. En faisant cela, c'est à moi que je faisais du mal parce qu'en amour, ce n'est jamais l'autre qui fait souffrir, on se fait du mal soi-même... mes chansons sont toujours sorties de cette espèce de douleur, de frustration, d'aspiration fusionnelle... Je crois qu'il n'a jamais écouté cet album, mais ce n'est pas très important : une fois que les chansons sont en boîte, on s'est libéré d'un poids, avec sa souffrance on a tenté de faire quelque chose de joli et d'émouvant[2] », précise-t-elle.

La photo de la pochette est, en elle-même, parlante. On n'y voit que le bas du visage de Françoise, le reste étant caché derrière des lunettes noires et un chapeau.

Dans *Il y a eu des nuits*, sur une musique de Catherine Lara, on entend cet aveu terrible :

« *Il y a eu des nuits*
Où je mourais de toi
Comme on meurt de faim ».

Quant à *Et voilà*, il sonne comme la chronique désenchantée d'une soirée d'aveu :

« *Et voilà qu'il parle de lui*

1. *Pensées et Répliques*, Jacques Dutronc, Le Cherche midi, 2000.
2. *Ma vie intérieure*, Albin Michel, 2002.

Comme s'il devait plaider sa cause
On dirait qu'il se justifie
Et moi je pense à autre chose
Il n'est pas tout à fait minuit
Je regarde brûler les bougies

Et voilà qu'il parle de moi
Et c'est du déjà entendu
On est sur nos gardes je crois
Je ne sais pas, je suis déçue
C'est tellement difficile tout ça
La glace n'est pas encore rompue... »

Réalisé par Hugues de Courson, *Entracte* est un des albums les plus personnels de Françoise. Il marque le passage à une écriture de plus en plus introspective dont l'aboutissement sera *Le Danger*, vingt ans plus tard. Pour une fois, la musique, assez hétérogène, semble reléguée au second plan.

*

L'année suivante, elle enregistre avec Jean-Michel Jarre un nouveau 45 tours, *Que vas-tu faire ?* Puis, en 1976, elle chante *Femme parmi les femmes* de Pierre Barouh et Francis Lai, qui sert de générique au film de Claude Lelouch, *Si c'était à refaire*. Mais la chanson ne semble plus être sa préoccupation première. L'éducation de Thomas l'accapare. Et l'astrologie, puisqu'elle commence à rédiger un livre sur le signe de la Vierge avec Béatrice Guénin.

Après ses trois années de relatif silence musical, Françoise change à nouveau de maison de disques et signe chez Pathé. La rencontre avec Gabriel Yared [1] va lui redonner envie de

1. Né le 7 octobre 1949 à Beyrouth, cet orchestrateur hors pair de formation classique se fait connaître par sa collaboration avec Michel Jonasz. Après avoir participé à cinq albums de Françoise Hardy et enregistré un album de chansons sous son nom, il entamera une carrière prolifique de compositeur de musiques de film (*La Lune dans le caniveau* de

reprendre le chemin des studios. Elle a apprécié ses orchestrations sur les premiers albums de Michel Jonasz. « J'ai été aussitôt frappée par ce qu'il dégageait, quelque chose de très fort, et, en même temps, d'assez sombre. Gabriel est aussi exigeant, rigoureux, et, par conséquent, dérangeant, déstabilisant, dans le travail qu'en amitié. Il avait, a toujours, un grand ascendant sur moi. Les cinq albums que nous avons enregistrés ensemble n'ont pas été de tout repos, il y a même eu des tensions à la limite de la rupture, mais je considère que cela a été l'une des grandes chances de ma vie de me retrouver sous la férule d'un musicien de cette dimension [1] », confie la chanteuse. Très vite, leur collaboration a en effet tourné au rapport de forces. Yared, qui ne voulait pas succomber au charme de Françoise, la dirigea d'une main de fer. Il lui imposa des textes ou des arrangements, qui ne lui correspondaient pas. Comme *À Vannes* par exemple, une chanson de Michel Jonasz qui démarre par *« Donne-moi un taf de ton truc mataf ».* Ce qui n'empêche pas quelques jolies perles telles *L'impasse* ou *Nous deux et rien d'autre.* À l'arrivée, Gabriel est crédité sur la pochette de « réalisation tyrannique » !

À sa sortie, en 1977, *Star*, en dépit des soubresauts qui ont présidé à sa naissance, sera bien accueilli et va permettre à la chanteuse de changer d'image. Elle apparaît désormais comme une femme de trente ans, indépendante, libre, sexy et capable d'autodérision.

*

Les quatre albums qui vont suivre (*Musique saoule*, en 1978, *Gin Tonic*, en 1980, *À suivre*, en 1981, *Quelqu'un qui s'en va*, en 1982) confirment l'omniprésence de Yared.

Aussi à l'aise avec Robert Schumann qu'avec Stevie Won-

Beineix, *Adieu Bonaparte* de Chahine, *Beyond Therapy* d'Altman, *Camille Claudel* de Nuytten, *L'Amant* d'Annaud, *Le Patient anglais* et *Retour à Cold Mountain* de Minghella...).

1. Éric Dumont, *Françoise Hardy, notes secrètes*, op.cit.

der, le musicien extirpe la chanteuse de ses désordres intimes pour la propulser dans un monde de rythmes et de swing. Yared bouscule Hardy. La remet en question. La force à quitter ses oripeaux de jeune fille triste pour enfiler les combinaisons en strass d'une femme qui se déhanche sous les stroboscopes...

D'ailleurs, Françoise n'écrit plus autant[1]. Elle se contente de chanter. Parfois, comme dans *J'écoute de la musique saoule*, *Swing au pressing*, *Jazzy rétro Satanas* ou *Juke Box*, le décalage est tellement grand qu'il confine pour certains à la faute de goût. Transformer Françoise en « *une jazzwoman entre deux âges/qui rêve de monter sur le ring* », comme dans *Jazzy rétro Satanas*, paraît quelque peu forcer le trait...

« En fait, j'aurais aimé un parcours plus homogène, plus intègre, où il n'y aurait eu que des disques comme celui avec Tuca, raconte la chanteuse. Mais il aurait fallu le décider dès le début, alors que je me suis trouvée confrontée à des artistes qui me proposaient des choses que je n'ai pas refusées. J'ai une certaine difficulté à dire "non". Pourtant chaque fois que je chante des chansons qui ne me ressemblent pas, j'ai l'impression de tricher, ce ne sont pas mes "habits". On n'est jamais assez authentique ! J'ai même un jour accepté d'enregistrer une chanson, *Les Doigts dans la porte*, uniquement pour prouver à son éditeur qu'elle n'était pas faite pour moi ! Sans doute ce parcours aurait-il été moins décousu si j'avais été autant auteur que compositeur, mais j'ai souvent été tributaire d'autres musiciens, et cela m'a amenée à faire parfois des choses que je réprouve mais que je ne regrette pas[2]. »

Néanmoins, en dehors de quelques dérapages, Yared et Jonasz parviennent à donner une nouvelle dimension à Françoise. *Que tu m'enterres*, *Flash back*, *Si c'est vraiment, vraiment vrai* ou *Brouillard dans la rue Corvisart* (en duo avec Jacques) mêlent harmonieusement leur univers chaloupé et le

1. Ainsi, sur le disque, *À Suivre*, elle signe ou cosigne sept chansons sur douze, et cinq sur dix dans le suivant, *Quelqu'un qui s'en va*.

2. Entretien avec Pierre Achard, 1995, *Revue de la SACEM*.

romantisme mordoré de Françoise. À chaque fois que cette osmose se réalise, la chanson est une jolie réussite. Françoise, elle-même, pendant cette période, écrit d'une façon plus « légère » que d'habitude. Comme dans le très surprenant, *Gin Tonic*, à l'ivresse sans artifice :

« Deux gin tonics... merci beaucoup...
Quelle heure est-il ? ça va et vous ?
Air de blues sur piano triste
Je n'entends pas ce que vous dites...
Allers-retours cosmopolites
Dans ce bar de grand-hôtel
Ray bans foncées qui vous évitent
Et nos discours superficiels
Se dire une fois "je t'aime"... »

*

En 1981, elle quitte Pathé pour Flarenasch, un nouveau label qui possède à son catalogue Michel Fugain, Sacha Distel, Richard Gotainer et Romain Didier. Comme on ne change pas une équipe qui gagne, Gabriel Yared la suit. Ils s'affrontent sur le titre *Tamalou*, dont la musique a été composée par Pierre Groscolas. Les paroles, qui tiennent presque de l'écriture automatique, doivent sans doute beaucoup à l'expérience de jeune maman de Françoise. Elle souhaite que *Tamalou* soit le morceau phare de son vingtième album, *À suivre*, où Michel Jonasz s'est effacé au profit de Jean-Claude Vannier, d'Étienne Roda-Gil ou de Louis Chédid (*Voyou voyou*). Yared n'aime pas cette chanson, qu'il trouve insipide et fade, mais Françoise s'obstine. Et l'impose. Ce sera un de ses plus gros succès...

*

En 1982, nouveau tube avec *Tirez pas sur l'ambulance*.

La musique funky de Yared s'associe parfaitement aux

paroles de Carole Coudray. C'est une jeune journaliste de *Elle*, qui, après avoir rencontré Nicolas Peyrac [1] lors d'un reportage, est devenue son amie. Un jour où il doit partir en voyage, elle écrit à sa place les paroles d'une chanson pour Michel Fugain, dont Yared a composé la musique. Gabriel tombe en arrêt. Et présente la jeune femme à Françoise. Carole Coudray écrit cinq des morceaux (*Retour de nuit*, *Quelqu'un qui s'en va*, *Mazurka*, *Un, deux, trois chats*) de l'album *Quelqu'un qui s'en va*.

La photo de la pochette a été prise par Serge Gainsbourg, dont elle reprend d'ailleurs *Ces petits riens*, un titre de 1964, également interprété par Catherine Deneuve et Jane Birkin. Michel Fugain signe *Tabou*.

Alain Souchon lui a donné, de son côté, *C'est bien moi*, où perce une fine description du couple Hardy-Dutronc (« *J'voudrais qui m'caresse/Et i m'caresse pas/J'veux qu'i m'dise qu'i m'aime/Et il me l'dit pas/Ça m'rend malheureuse/Ces différences-là/C'est bien moi d'aimer/C'garçon qui m'aime pas* »). « J'ai écrit cette chanson sans bien connaître le couple qu'elle forme avec Jacques, précise Souchon. Ce sont des gens que j'adore, alors dans la chanson, j'ai fait comme s'il était assez nonchalant et qu'il se foutait un peu d'elle, parce qu'il se donne cet air-là, l'air de se foutre de tout [2]. »

1. En 1975, *So Far Away From LA*, suivi en 1977 de *Je pars*, lui ont donné une image de chanteur-voyageur mélancolique. *Et mon père*, dans une lignée populiste plus proche de Lama et de Sardou, reste son principal tube.

2. Richard Cannavo, *Alain Souchon, le rebelle en douce*, J.-C. Lattès, 1998. Dans ce livre, Françoise dresse un tendre portrait d'Alain : « Alain Souchon voudrait être un, mais il est plusieurs. Il voudrait être entier mais il est divisé, il voudrait être libre mais il se sent plus que quiconque prisonnier des lois de la pesanteur, autrement dit de lui-même et de ses contradictions. Par exemple, sa tête connaît tous les pièges depuis longtemps, mais elle ne peut empêcher son cœur de tomber dedans. Heureusement d'ailleurs, sinon où trouverait-il l'inspiration ? Il se console vaguement en se disant que tout le monde est pareil, mais il sait bien que ce n'est pas vrai, qu'il y a des stars de pacotille et Ava Gardner, les cadors et les autres, que la foule n'est pas toujours sentimentale. Alors, il passe sans prévenir de la légèreté à la gravité, de l'idéalisme à la dérision, de

Mais surtout, Françoise a abandonné les tenues glamour des années 70 pour un look androgyne, qui est encore le sien aujourd'hui : cheveux courts et grisonnants, veste et jeans noir. « Le sex-appeal de Françoise est sous-jacent, analyse du reste Serge Gainsbourg. Elle a un très beau regard et une gestuelle magnifique, extrêmement rare : elle est sophistiquée malgré elle... Par rapport au show-biz, sa démarche a été parfois trop élitiste, ce qui est une preuve de rigueur, mais qui implique aussi une overdose de naïveté[1]. »

*

Avec le recul, Françoise Hardy apprécie pourtant peu cette période de sa carrière. Dans la compilation, *Messages personnels*, où, en 2003, elle présente ses chansons préférées, ne figurent que deux titres (*Si c'est vraiment, vraiment vrai* et *Que tu m'enterres*) issus de sa collaboration avec Gabriel Yared. C'est sans doute injuste. Yared a en effet été quelqu'un d'essentiel pour elle.

C'est lui par exemple qui lui a offert l'ouvrage *Dialogue avec les anges*, dont la lecture la bouleverse. « Tous les livres qui témoignent de communication avec des êtres disparus ou non incarnés, comme les anges, me passionnent. Je ne me réclame d'aucune religion en particulier. Pour moi, l'enseignement du Christ n'est pas supérieur à celui de Bouddha ou d'Allah. Toutes ces visions se complètent, aucune ne se suffit à elle-même[2]. »

---

la tendresse au cynisme, de la tristesse à l'humour... et comme, dans les moments où il n'est pas rongé par l'ennui ou l'insatisfaction, tous ces extrêmes l'écartèlent, on ne sait pas par quel tour de magie il en devient l'alchimiste pour les transmuter en l'or pur de chansons qui nous mettent les larmes aux yeux sans nous faire perdre le sourire. »

1. Étienne Daho et Jérôme Soligny, *Françoise Hardy, superstar et ermite*, Éditions Grancher, 1986.

2. Entretien avec l'auteur.

*

Le 20 mars 1981, Françoise et Jacques, photographiés par Jean-Marie Périer, sont en couverture de *Paris Match*. L'hebdomadaire a décidé d'en faire les symboles de ceux que le journal baptise « les hors-la-loi de l'amour », c'est-à-dire les représentants de l'union libre. Ils vivent ensemble depuis quatorze ans, ont un enfant et déclarent : « Si un jour Thomas a envie que nous nous mariions et que le menu du banquet lui convient, nous irons peut-être à la mairie. »

Dix jours plus tard, le 30 mars [1], monsieur Yacinthe Mattéi, le maire de leur village corse, célèbre, sans avoir publié les bans pour éviter les indiscrétions, le mariage de Françoise Hardy et Jacques Dutronc ! La mariée est en noir, le marié aussi... Françoise a demandé à Jean-Pierre Nicolas, son maître en astrologie, et à Gabriel Yared d'être ses témoins. Daniel Manthe [2], plombier de son état, et François Paoli [3], le boucher de L'Île-Rousse, sont ceux de Jacques. Thomas, qui ne veut pas manquer l'école, est resté à Paris. Jean Luisi, Jacques Wolfsohn et Yvette Etievant, l'agent de Jacques chez Art Media, figurent parmi la douzaine d'invités.

Pourquoi un tel revirement en dix jours ? *Paris Match*, indulgent, donne la parole à Françoise : « Je devais subir une

1. Sans doute pour marquer le coup, Jacques D. donne comme date du mariage... le 1er avril !

2. Jacques a fait appel à ses services le 14 juillet 1970 pour réparer une fuite dans sa salle de bains de la rue de Provence. Son talent au Babyfoot lui vaut d'être engagé aussitôt comme secrétaire particulier. Il le restera jusqu'en 1982. Depuis, il vit en Bretagne.

3. Boucher mais aussi propriétaire d'un restaurant sur la route d'Algajola, entre Monticello et L'Île-Rousse, ce Corse de souche est surnommé « le Taureau ». Il appartient au premier cercle de la bande de Jacques et surveille la maison des Dutronc lorsqu'ils sont absents. « C'est une des rares personnes qui n'a jamais pu lire un livre. Lorsqu'il en a commencé un, il a lu la première page, il s'est endormi et le lendemain, il ne s'en souvenait plus ! Il l'a relue, il s'est rendormi, etc. Donc, il n'a jamais lu... Mais il sait lire quand même ! » précise Jacques en novembre 1992 dans *L'Autre Journal*.

petite intervention chirurgicale. Jacques était tellement nerveux qu'il m'a proposé, en reprenant l'idée qui nous avait vaguement effleurés l'été dernier : "Et si on se mariait ? J'organiserai tout pendant que tu seras à la clinique." Je crois que cette idée l'a empêché de penser à autre chose. »

Ce n'est en fait pas la seule raison. Au début de l'année, le médecin de Françoise a détecté un pépin de santé qui l'a inquiétée. Anxieuse, Françoise envisage le pire. Comment assurer l'avenir de Thomas et préserver juridiquement Jacques si elle venait à disparaître ? Elle consulte un avocat qui lui conseille de se marier...

Après la cérémonie, une petite fête se déroule dans la maison de Corse. Jacques raconte qu'elle s'est achevée par une engueulade maousse avec Françoise et qu'il a reçu un matelas sur la tête. Ce que conteste Françoise : « J'étais fatiguée par ma récente opération et je suis montée me coucher vers une heure du matin. Mais là, impossible de dormir sans lui. La midinette en moi attendait sans doute sa nuit de noces... Finalement, Jacques est arrivé vers trois heures et a eu juste force de me demander si j'étais contente. J'étais très touchée, mais un peu déçue [1]. » Commentaire de l'époux : « Dans la mesure où la grande mode devenait de ne pas se marier, il n'y avait aucune raison de ne pas être marginal [2]. »

Quarante jours plus tard, François Mitterrand est élu président de la République et la gauche arrive au pouvoir... À *Libération*, Françoise déclare qu'elle a voté Jacques Chirac.

*

La chanson lui laissant du temps libre, Françoise se consacre de plus en plus à l'astrologie. Radio Monte-Carlo lui ouvre du reste son antenne pour un horoscope quotidien de trois minutes et une émission hebdomadaire d'une heure, où la désormais astrologue interroge des personnalités en fonc-

1. *Ma vie intérieure*, Albin Michel, 2002.
2. Entretien avec l'auteur.

tion de leurs signes zodiacaux et d'une expertise graphologique[1]. Chaque samedi matin, madame Françoise confesse Bernard Tapie, Raymond Barre, Mireille Mathieu, Chantal Goya, Antoine, Bernard Hinault, Yannick Noah...

« Cela m'a permis de rencontrer Jean d'Ormesson. Qu'est-ce qu'il est drôle ! Il est irrésistible ! J'ai aussi beaucoup apprécié l'humanité d'Ophélie Winter. Philippe Delerm m'a fait la grâce de venir à Paris. Il est très sympathique. Je regrette qu'il n'y ait pas plus de gens comme lui. Il possède un véritable équilibre et n'est pas du tout destroy... J'ai longuement interviewé Maurice Pialat, parce qu'il est Vierge, un signe peu représenté dans le monde du spectacle. Je me souviens d'une belle rencontre avec Daniel Filipacchi. Mais c'est Isabelle Huppert qui a été le plus loin dans l'analyse d'elle-même[2]... »

*

En 1983, elle revient à la chanson grâce à Louis Chédid, qui, avec sa femme Marianne, est depuis quelques années un de ses plus fidèles amis. Ils sont voisins, leurs enfants s'amusent ensemble et ils dînent les uns chez les autres presque chaque semaine.

Louis est le fils de la poète Andrée Chédid. Sa bonhomie apparente cache une dérision qu'il emploie toujours à bon escient. Des titres comme *Ainsi soit-il*, *Egomane* et *T'as beau pas être beau* l'ont révélé au début des années 80 au grand public.

Un soir, il joue à Françoise la mélodie de *Moi vouloir toi*. Éblouie, elle en écrit aussitôt les paroles... Avec *Africa* de Rose Laurens, *Cœur de rocker* de Julien Clerc, *Let's dance* de

1. Les interviews les plus intéressantes seront regroupées en 1986 dans un livre qui reprend le titre de l'émission, *Entre les lignes, entre les signes* (RMC Editions), cosigné avec la graphologue Anne-Marie Simond.

2. Entretien avec l'auteur.

David Bowie, *Sexual Healing* de Marvin Gaye, *Sweet Dreams* d'Eurythmics, ce sera un des tubes de l'année.

*

À la même période, sa rencontre avec Jean-Noël Chaleat va être déterminante.

Capricorne comme Françoise, il est né à Valence en 1946. Après des études piano, il connaît les galères des orchestres de bal puis accompagne Christophe, Mort Schumann et Alain Chamfort, pour qui il commence à composer en 1976 (*Le Jeune Boxeur*). L'année suivante, il collabore avec le chanteur sur l'album, *Rock'n Rose* et, deux ans plus tard, sur *Poses* qui contient *Manureva*, *Géant*, *Palais Royal*... Inquiet de ne plus entendre Françoise à la radio, le coiffeur de Thomas, qui a compris que la chanteuse est en quête d'un mélodiste et connaît Chaleat, sert de *go-between*.

Françoise raconte : « Il m'a aussitôt montré la musique de *VIP*, qui m'a emballée. Sa personnalité est aux antipodes de celle de Gabriel Yared. Nous avons le même genre de timidité, d'effacement, le même goût pour la musique de variétés et les jolies mélodies romantiques. Il m'appelle ma sœur et moi je l'appelle, mon frère ! Nous sommes tous les deux des capricornes assez solitaires. La réalisation d'une chanson est toujours un problème. Parfois, je sais ce que je veux entendre, et je suis incapable de l'expliquer. C'est donc miraculeux de pouvoir s'expliquer avec quelqu'un sur une mélodie sans avoir besoin de se parler. Nous sommes souvent en adéquation parfaite [1]... »

*

VIP, qui sort en 1986, ne perce pas le mur d'indifférence des programmateurs de radio. Peu importe. Françoise à travers cette expérience a renoué avec le désir d'écrire des chansons.

1. Entretien avec Pierre Achard, *Revue de la SACEM*, 1995.

Déjà six ans se sont écoulés depuis *Quelqu'un qui s'en va*, son dernier disque avec Yared, lorsque *Décalages*, son dix-neuvième album arrive dans les bacs des disquaires...

Elle n'en est cependant pas totalement contente. Au dernier moment, un sérieux problème de son lors de l'enregistrement l'a contrainte de le reprendre et de ré-enregistrer certains titres. Jacques Dutronc a composé le morceau *Partir quand même* sur des paroles de Françoise. Le chanteur devait le mettre sur son propre album, mais pas à l'aise pour l'interpréter correctement, il l'a laissé à Françoise. La mélodie en est superbe. Ce titre, qui va devenir un des « classiques » de Françoise, montre bien sa façon de construire une chanson : « Je n'ai jamais imaginé écrire autrement qu'en fonction d'une mélodie. Et même si j'écris des textes, comme cela dans le vide si j'ose dire, je les reprends toujours, plus ou moins, lorsqu'on me propose une musique. C'est à la syntaxe à se faire aux rythmes, et non l'inverse. C'est peut-être cela un style [1] ! »

Laisse-moi rêver, qui a été composé par Étienne Daho dans un esprit très Velvet Underground, doit s'entendre comme la description audacieuse et poétique du plaisir féminin. Françoise, une nouvelle fois, laisse percer quelques-uns de ses fantasmes : « Lorsque Étienne m'a donné cette musique, j'ai tout de suite pensé à ce thème, voisin d'*Histoire d'O*, un de mes livres préférés. Mes préoccupations sado-maso sans doute. C'est un fantasme – et d'ailleurs c'était le titre prévu, mais on m'a conseillé de ne pas le garder –, celui de la passivité amoureuse : avoir envie d'être choisie, prise, sans qu'il y ait un mot d'échangé. Se laisser faire [2]... » Les paroles méritent qu'on s'y penche :

« *Ne plus jouer*

Mais se laisser séduire
N'être plus que désir
Et objet

1. Entretien avec l'auteur.
2. *Libération*, 30 avril 1988.

Se laisser aimer
Le laisser, le laisser m'aimer
Laisse-moi, laisse-moi rêver

Douceur spéciale
Du grain
De peau sous les doigts
Moment crucial
Comme un
Éclair qui foudroie

Ne plus parler

Issue fatale
Déjà
Je vole en éclats... »

Dans *Libération*, Bruno Bayon, un des meilleurs journalistes de la rubrique culturelle du quotidien de la rue Béranger, y voit « la description à peine voilée d'un orgasme dévastateur ». Ce que ne nie pas Françoise. C'est en tout cas une des belles réussites de l'album.

La Sieste, sur une mélodie de Jean-Noël Chaleat, qui signe également cinq des autres musiques, évoque elle aussi sur un mode très sensuel « attentats à la pudeur » et autres « intentions malhonnêtes ».

Quant à *Décalages*, adaptation d'un titre de Barclay James Harvest, un groupe anglais de rock symphonique, il montre bien le récent engouement de Françoise pour la psychologie : « *Décoder les décalages/Démêler les fils de nos engrenages-Déchiffrer la grille, trouver le langage/Pour pallier au point sensible.* »

En dépit des réticences de la chanteuse, l'album sera disque d'or. Ce qui n'est pas arrivé à Françoise depuis des années...

*

Elle profite de la sortie de *Décalages* pour annoncer qu'il s'agit de son dernier album... Elle a 44 ans et « trouve complètement ridicule de pousser la chansonnette en ressassant les mêmes thèmes et en me dandinant devant une caméra, de faire le clown [1] ». Elle ne s'est jamais considérée comme une grande chanteuse et veut dorénavant écrire pour les autres... Ce qu'elle va faire pour Julien Clerc, Diane Tell, Jane Birkin, Jean-Pierre Mader... Elle étouffe sur tous les plans et veut ouvrir la porte à de nouvelles aventures : « Je ne lis pas vraiment de journaux, mais je suis très attentive aux évolutions du monde pourtant... Et j'aime la ville, les villes, les métropoles. Paris comme New York, Londres. En marchant dans les rues de ces villes, on comprend des choses qu'aucun texte ne peut exprimer... Je sors de mon bocal pour humer l'air, et savoir [2]... »

*

En fait, Françoise et Jacques traversent une tourmente qui va bouleverser leurs vies pendant plusieurs années.

Jacques, qui n'a jamais lésiné sur l'alcool, a décidé de s'éloigner de cette maîtresse trop exigeante. Françoise a toujours été totalement étrangère à l'alcool ou à la drogue. Étant donné la partie de cache-cache que fut, dès le début, son histoire avec Jacques, elle a donc mis très longtemps avant de s'apercevoir de son alcoolisme. Ce sont ses brusques sautes d'humeur et ses colères soudaines qui l'ont alertée. « Quand il buvait, il y avait des moments qui n'étaient pas facile à vivre, où son agressivité se déchaînait contre l'entourage [3] », admet-elle.

« Du jour au lendemain, Jacques a complètement changé

---

1. *Paris Match*, 10 juin 1988.
2. *Le Quotidien de Paris*, 30 mai 1988.
3. *Marie Claire*, juillet 1988.

son mode de vie, raconte Françoise à Maurice Achard, du *Parisien*. Autant avant, c'était un jouisseur qui aimait les grands restaurants, qui était capable de rester six heures à table, autant, maintenant, il ne mange plus que des yaourts. Un ami lui a conseillé d'arrêter la viande, du coup, il est devenu végétarien. Et voilà, ça, plus ça, plus ça, fait qu'il a perdu du poids de façon considérable. D'une façon qui, d'ailleurs, ne lui va pas. Il est vraiment très décharné ; il faut absolument qu'il grossisse un petit peu [1]. »

Maintenant que Jacques ne boit plus, il retourne son agressivité contre lui et cela rend Françoise malade...

*

Elle-même ne va pas très bien. Ce qu'elle laissait entendre dans *Une miss s'immisce*, un des titres de *Décalages* : « *J'dévisse/J'rap'tisse/J'suis à bout.* »

Madeleine, sa mère, meurt au début des années 90 : « Ma mère était quelqu'un d'exceptionnel, avec ses défauts bien sûr, une rigidité dont j'ai hérité en partie mais qui savait aimer. Elle m'a donné beaucoup d'affection. Pas toujours comme il fallait, parce qu'on aime mal quand on a été carencé soi-même en amour, mais la manière dont elle a aimé ses enfants était tout de même meilleure que la manière dont je vois des tas de parents "aimer" les leurs. Elle a commencé à travailler à 16 ans et a continué jusqu'à mes 18 ans pour que ses deux enfants puissent avoir le strict minimum. Elle ne s'exprimait pas dans un français parfait, ne brillait pas par sa culture mais par son anticonformisme, et avait une curieuse tendance à trouver que ce qui se passait dans les pays étrangers mieux qu'en France. Je tiens d'elle l'horreur des consensus, des donneurs de leçons, de la langue de bois, bref de la morale bourgeoise, bien pensante, ainsi que l'aspiration à l'éthique qui en est le contraire [2]. »

1. *Le Parisien*, 13 décembre 1991.
2. Entretien avec Maurice Achard, *Le Parisien*, 1991.

*

Au cours de la même période, la réélection de François Mitterrand, qu'elle n'a jamais apprécié, à la présidence de la République en 1988 la conduit à un dérapage verbal qui déclenchera une méchante rumeur de sympathie pour l'extrême droite...

Interrogée par des journalistes de *Rockland*, un mensuel musical aujourd'hui disparu, dans une conversation à bâtons rompus et sans imaginer que ses propos seraient reproduits tels quels, elle ironise sur le profil astrologique du chef de l'État qui refléterait la face sombre de sa personnalité : « C'est écrit sur sa figure que ça n'est pas quelqu'un de bien. » Et d'ajouter : « Même moi qui n'irais pas voter Le Pen, ça me défoule de l'entendre, on ne peut pas rejeter en bloc tout ce qu'il raconte... »

Ces phrases, excessives, sont rapidement amplifiées par un bouche-à-oreille assimilant Françoise à une « lepéniste et antisémite ». Lors d'un dîner chez Bertrand de Labbey, l'agent de Jacques chez Art Media, le chanteur Renaud, qui n'a jamais caché ses sympathies pour François Mitterrand, s'étonne de ses déclarations. Françoise, par goût de la provocation, dit-elle, et par refus du conformisme bien-pensant de l'époque, les réitère. Le ton monte. Et c'est à Jack Lang d'en prendre pour son grade... Renaud relate ensuite cette altercation à son frère Thierry Séchan, qui est en train de rédiger un pamphlet sur *Nos amis les chanteurs*. Il consacre un chapitre à cette histoire et écrit des mots très durs pour Françoise, qui, « salie et détruite », lui intente un procès...

Mais le mal est fait. La maladresse et les imprécations de Françoise provoquent une véritable tempête. Invité à dîner rue Hallé, Patrick Bruel, qui tourne avec Jacques *Toutes peines confondues* de Michel Deville, lui demande tout à trac si elle milite au Front National. Thomas, son propre fils, la questionne aussi... Elle explose le jour où un journaliste du *Monde* lui passe un coup de fil pour savoir ce qu'elle pense de la politique culturelle du parti d'extrême droite ! Il faut réagir. Son avocat, maître Jean Ennochi, téléphone alors à Yves Bigot, qui collabore à *Libération* [1], pour lui proposer une interview où Françoise mettrait les choses au point. Le journaliste et sa rédaction en chef acceptent.

L'entretien paraît le 23 juin 1992 sous un titre explicite : « Hardy, le temps des regrets ». La chanteuse s'y explique sur ses propos « tout à fait regrettables » : « Il y a quelques années, j'ai été très irritée par le discours officiel, surtout de la télévision, qui voulait absolument nous convaincre que les Français étaient tous racistes ou antisémites. J'ai également été choquée par le militantisme excessif de revues comme *Globe*, dont un numéro attaquait Raymond Barre de manière calomnieuse. J'étais très énervée par l'intolérance de la majorité de gauche, et je reconnais avoir tenu dans des conversations courantes des propos dont je ne me vante pas. Mais, par nature, quand une situation est trop consensuelle, je préfère aller dans l'autre sens, ne serait-ce que pour relancer le débat. » Elle précise ensuite que, selon elle, « Le Pen est le pion de ce génial stratège qu'est François Mitterrand. Mais ce qu'il est et ce qu'il véhicule est tellement ostensiblement dangereux et répugnant qu'il me semblait implicite que je pouvais le dire sans être suspecte de le soutenir pour autant. Comme il est brillant dans les joutes oratoires télévisuelles, je l'ai souligné, et on m'a cataloguée sympathisante de ce sale type. Voilà. » Et conclut : « Je répète que je ne suis pas de gauche. » Bigot sort de l'entretien avec un sentiment curieux : « Si je retranscrivais ce qu'elle avait dit, elle s'enfonçait... Ses mots n'exprimaient pas sa réalité [2]. »

Persuadé de la bonne foi de la chanteuse, il choisit de gommer l'ambiguïté et les impairs pour ne conserver dans l'article que l'esprit du discours de Françoise. Elle est, certes, de droite

1. Après avoir dirigé l'éphémère maison de disques de la FNAC, il sera directeur artistique de Polygram. Homme de radio durant des années, il est aujourd'hui directeur des programmes de France 2.

2. Entretien avec l'auteur.

mais n'éprouve aucune sympathie pour les idées de l'extrême droite.

*

L'article endigue la rumeur mais ne suffit pas à la contenir. Aujourd'hui, encore, dès que vous évoquez le nom de Françoise, la question surgit. Ses phrases péremptoires et une certaine rigidité ont conforté ce sentiment. Sa passion pour l'astrologie que l'on a trop vite tendance à assimiler aux sciences occultes l'a encore renforcé. Avec des phrases comme celle qui suit, où elle tire un trait sur toute possibilité d'évolution d'un être humain, on sent que Françoise est loin d'être une progressiste : « L'acquis culturel détermine le futur. Il y a un certain nombre de données psychologiques incontournables qui feront de vous un être à part qui aura donc forcément un destin à part. C'est en cela que je pense que nous n'avons presque pas de libre arbitre. Parce que tout est déterminé au départ, en modelant un caractère qui ne se modifiera que très peu au cours de la vie [1]. » N'est-ce pas pour autant aller un peu vite en besogne que de la diaboliser ?

Françoise a été très atteinte par ce qu'elle considère comme un mauvais procès. Et y a consacré une chanson, *Duck's blues* [2], aux paroles explicites : « *Avec des idées toutes faites/On coupe le monde en deux/Pour pouvoir mettre en miettes/Qui on veut, comme on veut.* » Elle précise : « C'était la seule façon de balancer deux ou trois phrases contre les détenteurs de vérité qui écrasent de leur mépris les autres et vont jusqu'à les condamner sur la base d'informations fausses ou interprétées. J'ai beaucoup de mal à me situer politiquement mais qu'on soit d'un bord ou d'un autre, je n'aime pas du tout l'attitude qui consiste à détruire quelqu'un parce qu'il ne pense pas comme vous. J'ai traîné quelques casseroles qui m'ont blessée et heurtée. Le "duck", ce vilain petit canard

1. *Paris Match*, 10 juin 1988.
2. Dans l'album, *Clair-obscur*, en 2000.

auquel je m'identifie, cherche la voie du juste milieu et ne la trouve pas. Maintenant, je suis inquiète de ce que je raconte et de ce que mes propos vont devenir. »

*

Lors de l'enregistrement de *Décalages* au studio Guillaume Tell, la conduite d'un des assistants l'a intriguée. Discrètement, il lui a fait comprendre que Steven Short, le producteur artistique, l'induisait en erreur sur plusieurs points. Elle décide donc de changer de collaborateur.

Grand, brun et plutôt bien fait de sa personne, Alain Lubrano arrive alors dans son entourage. Né en 1964 à Pau, il a grandi dans la banlieue parisienne. Passionné de musique dès son plus jeune age, il a appris la guitare avant de devenir assistant de l'ingénieur du son d'un des principaux studios parisiens d'enregistrement, le studio Marcadet. Il y a rencontré Étienne Daho qui produit à ce moment là un album de ses musiciens, les Max Valentins. Ce qui lui permet d'approcher Françoise... Fan d'Iggy Pop, de Lou Reed et de Mink De Ville, Lubrano ne jure que par le rock underground et se fiche comme d'une guigne de la variété française.

Les disques de Françoise, il ne les connaît pas vraiment... Mais il est subjugué par sa présence. Il parle avec émotion de la première fois où il la vit. Les mots rayonnement, charme, chaleur, beauté se bousculent encore aujourd'hui dans sa bouche... Elle n'est pas indifférente à sa marque d'honnêteté lors de l'enregistrement de *Décalages*. Lorsqu'il lui avoue avoir bricolé quelques chansons, elle veut aussitôt les écouter. Les mélodies lui plaisent. Elle y place quelques paroles. Et lui propose un contrat d'édition dans sa nouvelle maison d'édition, Kundalini, qu'elle a créée en 1972, après avoir renoncé à se produire elle-même...

En 1992, Alain Lubrano sort chez Flarenasch l'album, *Eaux troubles* dont tous les textes sont signés par Françoise. Leur complicité y est lumineuse : « Humainement, c'est mon alliée la plus fidèle, la plus bienveillante... Elle m'a énormément écouté. Elle me considérait comme un handicapé des sentiments et moi, comme une midinette. Elle s'est inspirée de mes musiques et a écrit des paroles où je me retrouve. Ce qu'elle écrit est toujours incarné. Elle écrit à chaque fois pour quelqu'un[1]... », avoue le jeune musicien. Ils chantent en duo, *Si ça fait mal*, dans plusieurs émissions de télévision. Cette collaboration qui la transporte de bonheur l'entraîne vers l'univers plus rock de Lubrano, où Blur, P. J. Harvey, Portishead et Radiohead figurent en bonne place. Après plusieurs années d'absence, de retrait et de silence, elle ressent, au contact de ce jeune homme qui sait l'écouter, même s'il ne pense pas comme elle, le désir de mettre son nom au dos d'une pochette de disque...

*

Malcolm McLaren, l'ancien manager des Sex Pistols, lui demande, de son côté, de participer à un album qu'il consacre à Paris. Elle y interprète avec lui, *Revenge Of The Flowers*. Le groupe Air fait appel à elle pour *Jeanne*. Iggy Pop fredonne avec elle, *I'll Be Seing You*. Et elle chante avec Sylvie Vartan et Étienne Daho, *Quelqu'un qui me ressemble*. Dalmon Albarn, le chanteur de Blur, une des valeurs sûres de la nouvelle scène rock anglaise, l'invite par ailleurs sur le titre, *To The End*. À 50 ans, Françoise devient une icône rock pour les générations montantes.

*

Le 22 avril 1996, madame Hardy publie son vingtième album. Elle a accepté les propositions d'Emmanuel de Buretel, le patron de Virgin, qui est d'accord pour qu'elle enregistre son disque sans en assurer ensuite la promotion. *Le Danger* est un ovni noir et rouge, aux guitares mélancoliques

1. Entretien avec l'auteur.

et aux mots tristes. Sans doute son album le plus abouti. Une chronique de la mort lente d'un amour qui glisse. Une propédeutique du sentiment apaisé. Une tentative de mode d'emploi. Avec des clins d'œil à Marguerite Duras, à Luis Buñuel, à la beauté du diable de Kurt Cobain, le leader suicidé de Nirvana et à Portishead, groupe de Bristol aux mélodies épurées...

Alain Lubrano a composé la plupart des musiques. Rodolphe Burger, l'intelligent et délicat chanteur-guitariste de Kat Onoma, un des rares groupes « littéraires » du rock hexagonal, s'est occupé des autres, ainsi que Jean-Noël Chaleat. D'où un disque nourri de guitares, d'un esthétisme revendiqué et d'un style à couper le souffle.

En dépit d'une critique unanime et de nombreuses émissions de télévision, *Le Danger* ne va pas se vendre. D'une façon incompréhensible, le public boude ce qui, avec le recul, apparaît bel et bien comme un chef-d'œuvre. Trop rock ? Trop sombre ? Trop élitiste ? Peut-être. C'est en tout cas une étape importante dans la vie de Françoise : « Cet album parle de la mort. La chanson *Le Danger* s'adresse d'ailleurs à quelqu'un qui va mourir (« *Tu te croyais à l'abri du danger, tu avais fermé la porte, tout rangé* »). Pour moi, c'est un deuil psychologique que j'ai fait avec ce disque. C'est la fin d'une période de ma vie : il me faut passer de la passion au détachement sans sombrer dans l'indifférence. C'est un cheminement naturel de l'être humain[1]. » Le dernier titre, *Regarde-toi*, s'achève par cette phrase qui claque comme un aveu : « *Je t'aimerai toujours pour deux...* » Par fax, la chanteuse explique à Bruno Bayon : « Aimer l'autre pour ce qu'il est et non pour ce qu'on voudrait qu'il soit implique beaucoup de discernement, de générosité, d'effacement, de détachement. Quand on atteint ce degré élevé d'amour, alors on peut "aimer pour deux". Qu'il y ait ou non réciprocité est presque secondaire, l'important est d'éprouver authentiquement : c'est sans prix, sans fin. La

1. *Le Monde*, 16 avril 1996.

conclusion de mon disque tend vers cela, et surtout pas l'indifférence[1]. »

Il faut interpréter *Le Danger* comme la chronique d'un détachement. Quelque chose s'est brisé. Françoise et Jacques forment décidément un couple à part. Au début, l'un fuit de peur que le bonheur ne s'en aille. Et trente ans de vie peu commune plus tard, c'est l'autre qui ne l'attend plus... Au début, il n'était jamais là. À la fin, elle est ailleurs. Mais ils sont toujours ensemble. Les amants androgynes sont désormais frère et sœur pour la vie. Et pratiquent l'amour en duplex, celui de ceux qui ne seront jamais des ex. L'un en Corse, l'autre avenue Foch.

*

Quatre ans plus tard, en mai 2000, *Clair-obscur*, moins rock et plus nostalgique que le précédent album, trouve lui l'oreille du public. C'est même un des plus grands succès de Françoise. De facture plus traditionnelle, il séduit avant tout par *Partir en voyage*, une chanson de Jean Nohain et Mireille chantée en 1932 par Jean Sablon qu'elle interprète en duo avec Jacques Dutronc. Ce marivaudage cousu main, avec Thomas à la guitare, vaut par la gouaille de Jacques et le détachement nonchalant de Françoise. *So Sad*, une reprise, en duo avec Étienne Daho, d'un classique des Everly Brothers, renvoie directement aux sixties. Quant à *Clair-obscur*, le titre lige de l'album, il est le résumé de toute une existence : « Je n'aime rien tant que la fêlure. »

1. *Libération*, 15 avril 1996.

Chapitre 17

JACQUES, L'AQUOIBONISTE

Nous sommes en 1973. Sheila et Ringo rêvent de *Gondoles à Venise*. Johnny avoue à Sylvie : « *J'ai un problème/Je crois bien que je t'aime.* » Elle lui répond : « *J'ai un problème/C'est que je t'aime aussi.* » Dalida et Alain Delon fredonnent : *Parole Parole*. Michel Sardou a *La maladie d'amour*. Pierre Vassiliu s'interroge : *Qui c'est celui-là*. Quant à Lou Reed, il se promène : *Walk On the Wild Side*. Pendant que Pink Floyd conte *Money*...

Dutronc, lui, en a assez. Aucun de ses 45 tours n'accrochent vraiment l'oreille du public. Il ne comprend pas pourquoi. Après tout, il n'avait pas envie de chanter, juste de s'amuser avec les copains, et, hop, le succès lui était tombé dessus. Il a continué sans trop y croire, conscient d'un immense malentendu, mais tout semblait si facile... Lorsque Wolfsohn, au cours d'un déjeuner dans une grande brasserie près de l'Opéra, lui suggère à nouveau qu'il faudrait sans doute prendre une autre direction musicale, il explose. À sa façon. Sans violence. Mais avec une causticité qui réduit l'ennemi à néant : « J'en ai marre qu'on me dise : tes ventes baissent, enregistre autre chose. Je ne veux pas finir clown en chemise à jabot ou subir le sort de Claude François qui rêvait d'être Frank Sinatra et qui chante pour les petites filles. »

Et il part s'enfermer dans son appartement de la rue de Provence. Sa bande est là. Elle le protège. Elle lui évite la solitude et les questions sans réponse. Un cigare. Un verre de whisky. Un film d'Hitchcock. Demain sera un autre jour...

*

Depuis quatre ans, Jean-Marie Périer, le photographe de *SLC*, l'entretient des heures entières sur le film autour de l'amitié qu'ils devraient tourner ensemble. À chaque fois que le photographe reparle de son projet, il lui rétorque : « Tu rêves ! Cela n'intéresse personne... »

En 1970, Périer a réalisé, sur un scénario de Jacques Lanzmann, un premier long-métrage, *Tumuc Humac*, avec Dani comme héroïne. Bien que le film ne soit resté en salle que quatre jours et ait essuyé une volée de bois vert de la critique, Périer n'imagine que de remettre ça. Avec Jacques et François, son père, dans les rôles principaux.

Déjà, en 1963, il avait voulu faire un remake des *Enfants terribles* de Jean Cocteau, avec Françoise Hardy et Mick Jagger. L'année suivante, il avait failli tourner *La Perruque*, avec Françoise et Jean-Paul Goude, relatant les déboires d'un maquettiste de journaux dépassé par le succès de sa célèbre fiancée. « La photo ne m'a jamais intéressé. En fait, je m'en suis servi comme d'un moyen. Quand on naît fils de comédien, obligatoirement le monde du spectacle vous attire et vous fascine. Pour y entrer, je suis devenu photographe [1]. »

Périer va écrire sept versions successives d'*Antoine et Sébastien,* sa nouvelle idée. Inlassablement, les gens dits « du métier », lui expliquent : « Les chanteurs, ça ne marche pas au cinéma » ! » Et puis une productrice, Michèle de Broca, se laisse séduire mais n'accepte de financer l'entreprise que si Dutronc donne son accord pour vraiment jouer dedans...

L'ennui pour lui, c'est qu'après l'échange avec Wolfsohn, Dutronc ne répond plus au téléphone. Jean-Marie a beau lui laisser des messages. Rien. Les hommes de la bande font

1. Entretien avec l'auteur.

comme d'habitude barrage. Périer débarque alors rue de Provence. Et Dutronc fait semblant de ne pas être là.

Le photographe, contrat à la main, s'installe sur le palier et entame le siège... Trois heures plus tard, un des « secrétaires » de Jacques sort. Périer le bouscule, s'engouffre dans l'entrée et se précipite dans la chambre du fond, celle du chanteur. Et lui ordonne : « Bon, maintenant, tu signes ! » Impressionné, Jacques s'incline...

Le tournage commence un mois après la naissance de Thomas, le 16 juillet 1973, à Blaye, près de Bordeaux. « Ce n'est pas par amitié pour Jacques que je lui ai demandé d'être la vedette de mon film. Je rêvais de le faire tourner parce qu'il possédait un don rare : le sens du silence. Même sur scène, il était capable de prolonger le silence jusqu'à la limite de l'insoutenable. Et puis, je rêvais d'être son premier metteur en scène », explique aujourd'hui Périer. Dès la première prise, Jacques s'avère épatant. Normal, Sébastien, c'est lui. Périer lui a construit un rôle sur mesure. Il n'a pas voulu tabler sur le côté cynique, agressif et moqueur que le chanteur montre sur scène, mais miser sur la face triste, pudique, sensible, contemplative qu'il laisse affleurer dans l'intimité. Pour lui, Dutronc, c'est un James Dean à la française...

À sa sortie, le 16 janvier 1974, l'œuvre est bien accueillie. Adoubé par François Périer, qui, dans le film, incarne son père adoptif, Jacques est d'emblée reconnu comme un acteur à part entière... Même si *Antoine et Sébastien* ne mobilise guère le public, une carrière vient de démarrer. En dix ans, Dutronc va tourner dans vingt-trois longs-métrages !

Comme Wolfsohn lui a mis le pied à l'étrier pour la chanson, Périer l'a poussé devant l'œil de la caméra... De l'un et de l'autre, Dutronc ne ressentait pas vraiment l'envie. Il s'est retrouvé là par hasard. Un peu contraint. Sans trop savoir ce qui lui arrivait. Le seul problème, c'est qu'à chaque fois, sa présence emporte le morceau...

*

Le cinéaste Andrzej Zulawski qui l'a remarqué dans *Antoine et Sébastien* et *O.K. Patron* va lui ouvrir définitivement les portes du 7e art. En dépit de l'échec commercial du film ainsi que de l'image fantaisiste et insolente du chanteur, il l'impose aux producteurs de *L'Important, c'est d'aimer* pour tenir le rôle du mari de Romy Schneider.

« Du tournage, il n'y a rien à dire parce que Jacques est d'un professionnalisme absolu, total. Il n'a jamais une seconde de retard, il n'est jamais ivre, il connaît toujours ses textes. Il est complètement dans le coup. Je n'ai jamais prétendu le diriger au sens de lui montrer comment on joue la comédie parce qu'avec un phénomène comme Jacques, il ne faut surtout pas faire ça. Si on le veut, c'est pour une raison précise, ce n'est pas pour qu'il devienne quelqu'un d'autre. Je ne voulais pas un de ses multiples masques, le séducteur-chansonnier, le désinvolte, tous les rôles qu'il joue dans la vie. Je voulais un Dutronc dépouillé, celui qui n'aurait pas fait carrière [1] », commente le metteur en scène.

L'Important c'est d'aimer, trente ans après sa sortie, demeure une œuvre forte et âpre, entre chaos et cruauté, où le destin des personnages semble se heurter à une providence cachée. Le style rageur de Zulawski et l'implication des acteurs (Romy Schneider, Klaus Kinski, Claude Dauphin, Roger Blin, Michel Robin) peuvent, certes, remuer physiquement le spectateur mais surtout créent une alchimie entêtante. Ce film a du chien et du style.

Zulawski, qui connaît à peine le Dutronc chanteur, a une vision juste de Jacques en acteur studieux : « Pour jouer l'émotion, il faut qu'il soit ému, pour jouer la colère, il faut qu'il soit en colère. Il joue véritablement en relation directe avec un intérieur qu'il travaille, pour se mettre en état. Il joue donc comme les enfants qui sont bons dans la première prise

1. *Première*, février 1975.

et qui sont de moins en moins bons parce que de moins en moins sincères et de plus en plus fabriqués [1]. »

Sur les autres plateaux de tournage, Jacques va garder cette façon de jouer. Avec très peu de prises. En ayant préparé à l'avance sa scène, qu'il connaît par cœur, même s'il arrive, décontracté, cigare au bec, plaisantant avec l'équipe technique. Commentaire de l'intéressé : « Je voudrais réussir à jouer comme Bogart, qui avait toujours l'air de regarder l'heure à la pendule du studio [2]... »

Le Jacques qu'il incarne dans le film de Zulawski, facétieux, désinvolte mais impuissant à vivre, n'est sans doute pas si éloigné de la réalité. La scène de son suicide marque les esprits : « C'est éprouvant d'arriver sur un plateau et de s'entendre dire : "Tu prends de la mort aux rats !", enfin, c'était des Alka-Seltzer, mais à huit heures du mat', c'est aussi dur que la mort-aux-rats... Je me souviens aussi que, quand je m'écroulais dans les toilettes, une accessoiriste me versait du Viandox sur la tête pour que ça fasse plus sale. Éprouvant ça aussi [3]. »

Son jeu lui permet en tout cas d'asseoir sa réputation de comédien à surveiller de près. Assez rapidement, on parle en effet de la génération des 3 D : Depardieu, Dewaere et Dutronc...

*

Claude Lelouch, Claude Sautet, Jacques Rouffio, Jean-Claude Tramon, Francis Girod, Jean-François Adam, Laurent Heynemann, Jean-Pierre Moscardo, Jean-Luc Godard, Gérard Pirès, Christian de Chalonge, Jean-Louis Comolli, Jean-Pierre Mocky, Alain Jessua, Moshé Mizrahi, Maurice Dugowson, Barbet Schroeder l'engagent les uns après les autres. Il ne

1. *Première*, février 1975.
2. *Pensées et répliques*, Le Cherche midi, 2000.
3. *Pensées et répliques*, Le Cherche midi, 2000.

refuse pas. Au contraire : « C'est intéressant d'être payé pour mentir quand toute sa vie on a appris que c'était vilain[1]. »

Tous ne sont pas excellents. Aucun n'est franchement mauvais. Quelques-uns méritent de passer à la postérité : *Le Bon et les méchants* pour le naturel, *Mado* pour les silences, *Violette et François* pour l'anticonformisme pessimiste, *L'État sauvage* pour le sarcasme sur la décolonisation, *Sauve qui peut (la vie)* pour les hésitations, *Malevil* pour le futur cataclysmique, *Les Tricheurs* pour le jeu avec le feu...

*

Prenons l'exemple de *L'État sauvage*, qui est à l'affiche en 1978[2]. Ancien assistant de Vadim, Francis Girod a déjà tourné deux films (*Le Trio infernal*, *René la canne*) avant *L'État sauvage*. Auparavant journaliste, il a écrit un *Manuel de la pensée yé yé* qui lui a ouvert les portes du monde des idoles des jeunes. Du coup, il devient ami avec Jean-Marie Périer qui lui parle longuement de Dutronc. Piccoli, qui est son acteur fétiche – et surtout le coproducteur du film –, lui en dit aussi le plus grand bien. L'acteur l'a connu par le biais de Sautet, le cousin de Jacques. Au côté de Marie-Christine Barrault, il faut un jeune premier. Pourquoi pas Jacques ? Lors d'un déjeuner dans le jardin de la maison de la rue Hallé, Jacques se laisse tenter par les huit semaines de tournage en Afrique[3]. Le plus difficile est de le convaincre de porter des chaussures à talonnettes pour être à la hauteur de Marie-Christine Barrault... En échange, il réussit à faire engager un de ses « assistants » !

« Derrière l'autisme, les plaisanteries grasses, j'ai apprécié le type, plus qu'écorché vif, traînant des blessures dont je n'ai

---

1. *Pensées et répliques*, Le Cherche midi, 2000.

2. Ce film est l'adaptation d'un roman de Georges Conchon, qui reçut le prix Goncourt en 1964.

3. Pour la petite histoire, n'ayant pas, au final, obtenu d'autorisation de tournage en Afrique, l'équipe dut au dernier moment partir pour la Guyane et tourner entre Cayenne et Saint-Laurent-du-Maroni.

jamais réussi à connaître la nature (échec scolaire, exhibitionnisme...). À partir du moment, où il a confiance, cela roule. Il ne demande jamais à refaire une prise. Mais à chaque fois, il cherche quelque chose de différent. Il n'éprouve aucun narcissisme par rapport à son image : il ne voit le film que terminé. Et pas tout le temps ! Il vampirise, il digère le personnage puis le ressort à travers le filtre Dutronc. En fait, il agit comme une plaque sensible et fournit peu d'effort de construction », se souvient le réalisateur.

La journée de travail achevée, Jacques se comporte avec l'équipe en fils de famille bien élevé, un peu morose mais toujours ponctuel. Pour Girod, Jacques s'est construit un personnage de séducteur flemmard, qui lui permet de cacher, derrière autodérision et aquabonisme, une grande pudeur. En fait, ce serait un authentique anar, adepte du mauvais esprit, qui ne serait heureux que dans la création. « Je ne pense pas qu'il ressente de plaisir à jouer de la comédie... Mais comme c'est bien payé, pas fatigant, qu'on voyage et qu'on vous aime, pourquoi pas ? Je l'imagine très bien vieillir en une sorte d'Hugo moraliste et paillard, à la gouaille extraordinaire », explique-t-il.

En guise de cachet, Jacques comme Claude Brasseur, Michel Piccoli, Marie-Christine Barrault, Daniel Mann, les autres vedettes du film, a reçu l'équivalent de 15 000 des euros actuels et 4 % sur les recettes du film... Trente ans plus tard, dans *Pédale dure* de Gabriel Aghion, Jacques aurait été payé 300 000 euros ! Commentaire de l'intéressé : « Je suis loin d'être un écureuil. J'ai toujours tout dépensé et j'ai un gros client, c'est le Trésor Public. Je ne m'en plains pas d'ailleurs, c'est comme ça et c'est tout mais il faut fournir. Sur trois films, j'en fais un pour moi, deux pour l'État. Pour le reste, la comptabilité, c'est pas mon truc [1]. »

*

1. *Elle*, 1992.

Il a aussi failli jouer dans un des *Indiana Jones* de Steven Spielberg, le réalisateur cherchant un acteur français pour être Bellocq, le méchant qui s'oppose au héros incarné par Harrison Ford dans *Les Aventuriers de l'arche perdue*.

Après un déjeuner en tête à tête à Londres, Jacques, qui est loin d'être à l'aise en anglais, part effectuer des essais à Londres. Le résultat ne semble avoir convaincu personne car, d'un commun accord, chacun retourne de son côté à ses occupations...

C'est finalement Paul Freeman, qui tiendra ce rôle lors de la sortie du film en 1981.

*

Le tournage de *Sauve qui peut (la vie)* en 1979 mérite qu'on y revienne. Depuis dix ans, Jean-Luc Godard ne s'est consacré qu'au cinéma militant. Pour ce retour à la fiction, il a en fait décidé de parler de lui : « L'idée que j'avais, c'est un personnage qui revient ou dont les autres disent qu'il revient et ce retour, en fait, est un autre départ[1]... » Dans le film, Jacques joue Paul Godard, un producteur de télévision... Il hésite entre la ville et la campagne, sa femme et sa maîtresse. « Bref, la vie quoi ! », commente l'intéressé.

« Godard, je l'ai vu une fois à Paris. Il n'avait pas de scénario. Il m'a montré un truc assez court sur une K7. Il m'a dit : "C'est le film." Puis je suis allé le voir en Suisse. Il est venu me chercher à l'aéroport. Dans la voiture, c'était bien parce qu'il ne parle pas et moi non plus et le seul truc que j'ai trouvé à dire c'était : "C'est vert", parce que je trouvais sur la route que tout était vert. Il m'a dit : "C'est bien vous avez compris le film." Le soir même il nous a fait faire une rédaction. Il y avait Nathalie Baye, Isabelle Huppert et moi. Racontez le film que nous allons tourner. Moi comme j'avais dit : "C'est vert", j'en ai été dispensé... Travailler avec Godard, c'est être dirigé par un très grand chef d'orchestre mais il faut être un bon

1. *Première*, 1980.

musicien parce qu'il oublie de vous donner la partition[1] », se marre Dutronc.

Chaque matin, sur le plateau, Godard raconte aux acteurs les scènes qu'ils vont tourner, puis leur donne leur texte généralement écrit la veille. Ils n'ont droit de le lire qu'une fois. Et moteur... Pas d'improvisation. Des dialogues simples, presque banaux, mais d'une grande précision. Une des répliques de Jacques va rester fameuse : « Quand je vois un camion, je pense toujours à Marguerite Duras[2]. »

Isabelle Huppert que Jacques a surnommé « le criquet » se souvient de sa grande disponibilité et de son professionnalisme. Dès qu'il doit jouer, il est là, prêt, attentif... Il a toujours avec lui une petite valise qui contient quatre verres, un plateau et trois bouteilles d'alcool, dont il fait largement profiter comédiens et techniciens.

Vingt-cinq ans après sa sortie, il ressort de *Sauve qui peut (la vie)* l'impression d'assister à une grande leçon de cinéma, avec des moments qui ne sont pas sans rappeler *À bout de souffle*. Nathalie Baye obtiendra le César du meilleur second rôle pour son interprétation de Denise Rimbaud, la maîtresse de Paul Godard... *Paris Match* titre : « Et si Jacques Dutronc était le nouveau Gabin ? »

*

Si le cinéma occupe largement la vie Jacques pendant ces dix années, il ne s'éloigne pas complètement de la musique...

En février 1975, il enregistre un 33 tours avec deux chansons de Jean Loup Dabadie (*J'comprends pas*, une jolie réussite et *Mais surtout sentimentale*, plus anecdotique), quatre de Lanzmann déjà sorties en 1973 (*Le Testamour*, *Le Dilemme*, *La France défigurée* et *L'Amour à la chaîne*) et la reprise de

1. *Salut Sex*, un film de Jean-Marie Périer, 1992.

2. *Le Camion* est un film particulièrement audacieux de Marguerite Duras avec Gérard Depardieu, où deux acteurs discutent de ce qui aurait pu être un film et finalement l'est...

Gentleman cambrioleur. L'ami Gainsbourg lui en a écrit quatre : « Gainsbourg ne voulait pas me rencontrer. Moi non plus. Parce qu'on était sûrs que ça allait marcher nous deux. »

Si *L'Île enchanteresse* manque de consistance, *L'Amour prison* vaut par son deuxième degré (« *Je lime, je lime, je lime doucement mon barreau* »). *Les roses fanées*, où les chœurs sont assurés par Jane Birkin, est une agréable pochade sur fond de piano bastringue. Quant à la frénétique *Bras mécanique*, elle renoue avec le rock des débuts de Dutronc. L'habileté des paroles de Serge aurait mérité qu'elle devienne un tube :

« *Elle a un bras mécanique*
Des joints en plastique
Une pince de homard
Dans un gant en boxe
Un œil en onyx
Un pneumo-thorax
Un fauteuil relax
Et pour son sexe
Des jouets en plastique... »

Malheureusement, la maison de disques misera sur les resucées du *Gentleman cambrioleur* et du *Testamour*. Jacques, accaparé par ses tournages, ne s'occupera guère de la promotion. Du coup, l'album, qui est la dernière contribution du chanteur pour Vogue, n'aura pas un grand retentissement [1].

*

Entre deux tournages, Jacques passe de longues nuits avec Serge. Ces deux-là se ressemblent trop pour ne pas s'apprécier : « C'est quand même un des rares de ce métier qui ne parlait que de lui, mais bien quand même, raconte Dutronc.

---

1. Même si il faut noter l'accueil correct reçu par le 45 tours intégrant *La Ballade du bon et des méchants*, générique du film de Claude Lelouch, et *La Vie, l'amour c'est dingue*.

Tu pouvais te casser les deux bras, les deux jambes, tomber du sixième et lui dire : "Je pourrai pas te voir." Et lui te répondait : "Oh, moi c'est pareil, j'ai une écharde." Bon, c'est sympathique... Et je crois que c'était un vrai artiste en tout cas. Il a eu quand même le talent de n'être jamais sa caricature ; parce que c'était pas dur, hein. Des fois, ça frôlait... [...] Et ce que beaucoup n'ont pas compris, c'est qu'il a jamais été détruit par le gorgeon, ni par la cigarette, ni machin. C'était autre chose, sa destruction. Voilà, c'est tout. Si, le seul truc qui nous faisait marrer quand même, puisqu'il est mort on peut en parler – enfin il est mort, il est couché ! –, c'est qu'à chaque fois on rigolait en pensant à Yul Brynner parce qu'on disait : "Quand les mecs meurent, les ongles et les cheveux continuent à pousser[1]." »

Le seul problème, semble-t-il, c'est que Serge tient moins bien l'alcool que Jacques et s'écroule, bourré, avant lui. Persuadés que les commissariats sont les meilleurs bistrots, ils s'y invitent pour être enfermés dans les cellules, qu'ils appellent « leur suite », où il trinquent avec les pandores, sergents de ville et autres capitaines. Au petit matin, les compères sont raccompagnés chez eux avec force sirènes et gyrophares... Thomas se rappelle aujourd'hui encore de ce genre de retours triomphants.

Dans *L'Express*, Gainsbourg dira de Jacques : « Il y a Vian, Dutronc et moi. Le reste, c'est zéro... Dutronc est le seul que j'accepte. Il n'y a pas une once de vulgarité chez ce garçon. » En 1977, c'est en pensant à lui qu'il écrit *L'Aquoiboniste* que Françoise Hardy refusera de chanter, mais que Jane Birkin interprétera :

« *C'est un aquoiboniste*
Un faiseur de plaisantristes
Qui dit toujours à quoi bon
À quoi bon
Un aquoiboniste

1. *Salut Sex*, un film de Jean-Marie Périer, 1992. L'acteur Yul Brynner (1915-1985) est le parrain de Charlotte Gainsbourg.

Un drôle de je-m'enfoutiste
Qui dit à tort à raison
À quoi bon... »

*

Entre temps, Wolfsohn, qui est lui aussi un grand ami de Gainsbourg et participe de loin en loin aux agapes des deux copauds, a quitté Vogue pour Gaumont Musique, où il est chargé de développer le catalogue « variété ». Il fait le siège de Dutronc pour qu'il chante à nouveau. Jacques se laisse convaincre sans trop de difficulté, pour trois albums, car Serge lui a promis de lui apporter les paroles de plusieurs chansons...

Guerre et pets sort le 18 décembre 1980. « C'est parti d'une idée avec Gainsbourg. Il y avait tellement de films de guerre à l'époque qu'on voulait faire un film de pets [1] », précise avec son humour habituel le gentleman chanteur.

Lanzmann est aussi de l'aventure mais ne signe que deux morceaux, *La Vie dans ton rétroviseur* et *Manque de tout*, qui ne sont que l'ombre de l'ombre de ses premiers textes. Il a claqué la porte avant la fin de l'enregistrement... Wolfsohn a en effet renoué avec ses (mauvaises) habitudes de la rue d'Hauteville et a traîné plus bas que terre Lanzmann et Gainsbourg : « Vos trucs, c'est de la merde ! Recommencez ». Jacques, léger sourire aux lèvres, continue à boire son chivas sans broncher. Gainsbourg sirote une coupe de dom pérignon et s'apprête à obtempérer.

Lanzmann raconte la suite : « J'ai pris Serge à part : "J'en ai marre des humiliations, je décroche !" De sa voix la plus lente, il me conseilla : "T'es cinglé coco ! Faut pas t'emballer comme ça. Pense plutôt au blé que ça va te rapporter !" Merde, mais je ne vais tout de même pas leur cirer les bottes ? C'est de la tyrannie, du sadisme ! Il répliqua en souriant :

1. *Pensées et répliques*, Le Cherche midi, 2000.

“Tiens, tu veux que je te montre ! Regarde, moi je vais y aller leur lécher les bottes, et même le cul s’ils le veulent”[1]... »

Au milieu de l’hilarité générale, Gainsbourg se met à quatre pattes... Écœuré, Lanzmann fout le camp. Et prend le premier avion pour le Népal.

Les six morceaux de Gainsbourg collent parfaitement au Dutronc de cette période. Potache et cynique. Le meilleur exemple étant la litanie de qualificatifs à prendre au seconde degré de *L’Hymne à l’amour (moi le nœud)* :

« *Bougnoule*
Niakoué
Raton
Youpin
Crouillat
Gringo
Rasta
Ricain
Polac
Yougo
Chinetoque
Pékin
C’est l’hymne à l’amour... Moi l’nœud... »

Si le teigneux *J’ai déjà donné* est dans la lignée de *L’Opportuniste*, il faut bien reconnaître que les autres morceaux, certes sympathiques, ne suscitent pas l’enthousiasme. *Ballade comestible*, *Mes idées sales* ou *L’éthylique* ne sont que des rock bien léchés, mais à peine sauvés par quelques trouvailles textuels... La version no future du *Temps de l’amour* apparaît plus crispante qu’autre chose. Malheureusement, l’étincelle, sur une rythmique ska, qu’est *L’avant-guerre, c’est maintenant* ne donne pas à l’ensemble un style bien défini. On aimerait plus d’identité, d’éclat, de jubilation. Ce n’est qu’un

1. *Le Voleur de hasards*, Jacques Lanzmann, Éditions J.-C. Lattès, 1992.

album de plus... Un peu triste. Un poil désenchanté. Pas vraiment concerné.

*

En 1982, *C'est pas du bronze* ne convainc pas plus. Anne Segalen, l'ancienne compagne de Jacques Lanzmann, signe la plupart des morceaux. Et Jacques se fend des autres (*L'Autruche*, *Tous les goûts sont dans la nature* et *Savez-vous planquer vos sous ?*). Au menu, jeux de mots vaseux, samba déglinguée, rock plombé... Le cocktail est bâclé et poussif.

À signaler, néanmoins, le très country, *Le Cœur lourd dans mon poids lourd*, où Jacques laisse percer sa passion pour les « trucks » américains : « *Faut que je lui dise qu'entre elle et mon camion, je ferai jamais de différence. Et même qu'importe le camion pourvu qu'on ait la tendresse.* » À ce niveau-là, on reste sans voix...

*

Deux ans plus tard, Jacques doit encore à Gaumont un album qu'il n'a pas du tout envie d'enregistrer. Wolfsohn s'est en effet éclipsé. Le gentleman chanteur passe le marché suivant : « Soit je vous donne un 45 tours qui cartonne, soit un 33 tours qui ronronne. » Maxime Schmitt, le remplaçant de Wolfsohn, a l'intelligence de jouer la carte du 45 tours...

La face A doit être un titre confié à Gainsbourg autour du thème *Merde In France*. La face B, *La foshion-neuh conne d'you* est un rock parodique qui démarre par les accords de *Let's dance* de Bowie et enchaîne par un pastiche d' *Oh les filles* d'Au bonheur des Dames.

Vincent Palmer, ex-Bijou, est à la guitare. Dutronc chante en yaourt et renoue ainsi avec la veine dadaïste de *La compapadé*. Problème, le jour de l'enregistrement, Gainsbourg a abusé des cocktails et ne livre pas son texte. C'est Françoise Hardy qui trouve la solution : *Merde in France*, c'est la face

B... Mais bon sang, bien sûr. Dutronc bricole quelques onomatopées et le disque est dans la boîte :

« *Hey la foshion-neuh conne d'you mouloud*
Lavabo trottoir mouloudj
Merde In France (Cacapoum cacapoum)
Hey la foshion-neuh conne d'you (Cacapoum, cacapoum)
He's a bouc he's a lard he's a triple bouquelard
Merde In France (Cacapoum cacapoum)... »

Explication de texte de l'homme au cigare : « Le rock ne devrait être chanté qu'en anglais, c'est lamentable de chanter en français, ça ne peut pas exister autrement qu'en anglais ! J'aime bien moi, les mots qui sonnent comme ça, sans rien dire. J'aime pas les trucs *Sur la plage*, *Je t'ai quitté*, tout ça : ça me fait chier. Et les autres trucs, hermético-poético-politicos, ça m'emmerde. Je trouve ça joli pour les autres mais moi je ne peux pas. Je préfère les sous-entendus, les quatrièmes degrés... Ce texte-là, ça fait 20 ans qu'il était fait [1]... »

Cette énorme farce va se transformer en un tube incroyable... La pochette est un miroir qui reflète l'image de celui qui la regarde, avec écrit *Merde in France* en bas. Gainsbourg y est crédité comme... barman. Pour les besoins de la promotion, Dutronc monte un corps de balai avec les membres de sa bande, qui, lors des émissions de télévision, tiennent les chœurs avec des balais à la place des micros... Dutronc biche un max ! Il a battu les punks sur leur propre terrain ! Le gentleman chanteur est le prince des provocateurs.

*

Depuis 1983, Jacques est absent des écrans. Mais il n'a pas renoncé au cinéma. Au contraire. Il veut réaliser son propre film...

I pinzutti (« les pointus » en corse) raconte l'arrivée en

---

1. *Libération*, 19 mars 1984.

Corse d'une équipe de cinéma chargée de réaliser une pub pour des slips en laine. Le scénario, qui est une charge contre les continentaux (les pointus) et un hymne à l'île de Beauté, a été écrit par Jacques. Il voit le film comme une comédie à l'italienne avec Gainsbourg tenant le rôle d'un type obligé de se faire faire une prise de sang, mais qui, devant être à jeun, n'y arrive jamais... Michel Beaune, Coluche, Pierre Desproges sont également du casting !

« C'est un truc burlesque. Un peu fou. Avec des gags à la pelle. Avec des gendarmes sur un barrage d'EDF. Pour un Corse, ça devient un barrage de gendarmerie. Avec une séquence des *Dents de la mer* version terrienne : les gens sur la plage vont se réfugier dans l'eau, terrifiés par un vrai bouc qui s'appelle Maker », raconte-t-il à Jean-François Bizot, le rédacteur en chef d'*Actuel*[1].

Las. Pendant trois ans, Dutronc va accumuler les déjeuners, les dîners, les petits déjeuners, les rendez-vous, les réunions, les audiences, les têtes-à-têtes, les meetings avec tous les producteurs parisiens ou même européens. En vain. Tout le monde rit au pitch de son film. On promet de se revoir. Et puis rien. Personne n'ose pendre ce risque. Jacques le chanteur, OK, Jacques, l'acteur, off corse, Jacques, le farceur, oh yeah... Jacques, le créateur, euh, attendez, va falloir que j'y aille parce que j'ai du lait sur le feu...

Sans trop s'appesantir sur cet échec, Jacques va en sortir fort marri. Au bord de la dépression. Il a refusé de tourner avec Wenders dans *Jusqu'au bout du monde* pour boucler son affaire ! Et, nada... Le plus douloureux, c'est de ne pas avoir pu exprimer sa passion pour la Corse : « Je l'ai faite en bateau, à pied, en bagnole. C'est un pays froid où il fait chaud, ça se mérite. Soit il pleut trop, soit il pleut pas. Soit c'est l'amitié totale, soit c'est le mur total. C'est un rude combat. Ce qui sauve la Corse et qui peut unir tout le monde, c'est que c'est

---

1. *Actuel*, septembre 1987.

un point stratégique en Europe, et un des rares endroits qui peut rester ce qu'il est[1]. »

Il a encore une fois le sentiment de n'avoir réussi que par accident. Dès qu'il abandonne son masque d'agité du bocal pour bâtir quelque chose de véritablement personnel, c'est le bide...

*

Alors, il boit. De plus en plus. Avec âpreté. Et opiniâtreté. Pour installer des lampions colorés au fond de ses pensées noires.

« Le Pastis 51, c'est la fête, on peut en boire quatre-vingts. La quarantième bière est fatigante, mais l'intérêt est nul. Le whisky, plus dur à avaler, demande une attention particulière, c'est un véritable réconfort. Il existe un whisky pour chaque humeur. Mais j'aime ceux qui sont bien "tourbés"[2] dit-il ». Son vin préféré ? Un Saint Estèphe, le cos d'Estournel. Son cocktail ? Le Slinger, menthe fraîche, cognac et Jet 31, du blanc... Le bougre a bon goût.

En vingt ans, il boit autant que n'importe qui en vingt siècles... Beaucoup de gens boivent, très peu savent être bourrés, lui, si. Ce sont des étranges moments où il a le talent de parler beaucoup, et souvent avec brio, pour surtout ne rien dire. Il oscille alors entre politesse du désespoir et mépris orgueilleux envers ce qui ne lui ressemble pas. La bande écoute. Applaudit. Rit. Se tait. Manque-t-il de bouffons pour être un roi ? Ou de rois pour être un vrai bouffon ?

« Le personnage le plus important du groupe, c'est le silence. Pour être des nôtres, il faut savoir se taire quand personne n'a envie de parler... En principe, il n'y a que des fadas autour de moi. Je me suis nommé directeur de clinique psy-

1. *Actuel*, septembre 1987.
2. *7 à Paris*, 15 avril 1987.

chiatrique, ou de maison de repos. J'ai ma blouse, là, qui traîne dans un coin[1]... » raille-t-il.

*

En avril 1987, après avoir signé un nouveau contrat chez Columbia, une filiale de Sony, il annonce qu'il prépare un album dont la sortie est prévue à la fin de l'année. Maxime Schmitt suit Jacques dans cette aventure... Sans rien dire à personne, le chanteur a déjà maquetté dix morceaux. Il a même le titre général de l'album : *C.Q.F.D.* : C pour Corse, Q c'est explicite, F pour Françoise, D pour Dutronc[2]... Il ne lui reste plus qu'à trouver des musiciens et un emballage ad hoc.

Schmitt propose Earl Slick, le guitariste de David Bowie, et Jean-Jacques Burnel, le bassiste des Stranglers, un groupe anglais, qui a l'avantage d'avoir pour langue maternelle le français, ses parents s'étant établi en Angleterre avant sa naissance.

La première chanson enregistrée, *Les Gars de la narine*, est jouée par la Musique des Équipages de la Flotte de Toulon dans l'amphithéâtre du port militaire du Midi. Jacques adore les fanfares et au grand dam de l'armée, qui fera part de sa fâcherie lors de la sortie, il détourne avec tout le savoir faire dont il est capable les envolées des quatre-vingt-deux pioupious...

Les autres morceaux sont mis en boîte en huit jours, début juin, au studio du Palais des Congrès à Paris. Étienne Daho signe le très rock, *Qui se soucie de nous*, bien que Jacques en ait réécrit la majeure partie (l'intitulé de départ était : *Qui se soucie de ça ?*). Les I Muvrini, un groupe polyphonique corse dirigé par Jean-François Bernadini, écrivent les paroles de *Corsica*, où Jacques déclare en corse son amour à l'île de

1. *Pensées et répliques*, Le Cherche midi, 2000.
2. En fait, il livre des explications différentes aux journalistes qu'il reçoit. Pour certains, c'est plus simplement : Ce Qu'il Faut Démontrer !

Beauté... Bambou, la compagne de Gainsbourg et la maman de Lulu, dont Jacques est le parrain, répond au chanteur sur *Opium*, une chanson de marin des années 30. La comédienne Alexandra Kazan tient les chœurs sur *Strip Tease*. Dutronc s'occupe du reste.

Dans *À nous deux*, il tire un coup de chapeau à sa petite famille : « *À nous deux, on est trois.* » *Beau blaireau* est un pastiche du *Boléro* de Ravel... *Europ'n'roll*, où la guitare d'Earl Slick est au bord de la fusion, est une suite de jeux de mots culinaires. L'instrumental *Sainte Suzanne* évoque le calme et la tranquillité d'un petit village corse...

Une autre chanson, *Partir quand même*, aurait dû figurer sur *C.Q.F.D.* Mais l'intransigeance de Françoise, qui n'aime pas les arrangements et refuse d'en changer quelques phrases, l'empêche. « J'avais demandé à Françoise d'écrire les paroles. Elle a écrit un très beau texte. Seulement, à partir du moment où tu lui donnes une mélodie, elle écrit ses paroles dessus, mais si tu changes ensuite une seule note, c'est le scandale. Alors j'ai arrêté... Je l'ai enregistrée, je lui ai fait écouter, on a failli divorcer, donc c'est elle qui la chantera dans son prochain disque [1] », déclare Dutronc.

Au final, *C.Q.F.D.*, qui sort le 2 novembre 1987, est loin d'être un mauvais album, bien que l'omniprésence des guitares électriques et la surproduction des arrangements nuisent à la fraîcheur du propos. Si le côté bâclé de ses deux prédécesseurs a disparu, on peut regretter une certaine absence de spontanéité...

Grâce à une habile campagne de promotion, qui va de déclaration à l'AFP (« Je repousse la sortie de mon album pour ne pas nuire à celui de Michael Jackson ») en concours avec les lecteurs de *Libération* pour qu'ils conçoivent la future pochette, le disque est très attendu.

L'accueil critique, sans être totalement enthousiaste, est favorable. « Dutronc a inventé, entre laconisme et lacanisme,

1. *L'Express*, 8 novembre 1987.

une sorte de rock made in France souvent imité, jamais égalé[1] » note Philippe Barbot dans *Télérama*...

Le public suit. Bien qu'il n'y ait aucun tube, *C.Q.F.D.* se vend plutôt bien. Derrière ses Ray ban et les volutes de son cigare, le gentleman chanteur peut esquisser un sourire. Le pari est réussi...

*

À la fin de l'année, son médecin diagnostique une méchante hépatite. Dutronc doit impérativement arrêter de boire pour préserver son foie.

Avec élégance, Jacques accepte ce coup du sort et aligne quelques habiles pirouettes : « D'arrêter de boire ne fut pas dur, non. De continuer à arrêter, oui. Mais, boire, c'est dur aussi. Faut pas penser que c'est un exploit de ne pas boire, non. Le seul truc que j'aie regretté dans tout ça, c'était de boire de l'eau à table. Ça, je dois dire, c'est un truc ignoble. Autant ne pas manger ! J'avais un foie effrayant, c'est vrai, mais surtout j'en avais assez. Mais je n'avais pas l'angoisse de mourir, non. D'ailleurs, je n'ai pas l'impression d'aller beaucoup mieux[2]. » Il s'essaie même à quelques aphorismes : « L'alcool, il y a deux versions. Soit, c'est un ennemi qui te veut du bien mais qui te fait du mal, soit c'est un ami qui te veut du mal, mais qui te fait du bien[3]. »

Il va arrêter pendant six ans. D'abord facilement. Puis, les insomnies le minent. Son visage se creuse. L'angoisse le taraude. Il maigrit. Se renferme sur lui. De plus en plus silencieux.

*

1. *Télérama*, 7 novembre 1987.
2. *Elle*, octobre 1992.
3. *Pensées et répliques*, Le Cherche midi éditeur, 2000.

En 1988, il revient au cinéma dans un film de Zulawski, *Mes nuits sont plus belles que vos jours*, où Sophie Marceau lui donne la réplique.

Jacques apparaît à l'écran décharné, les traits tirés, l'air fatigué. Il joue le rôle de Lucas, un informaticien cynique, désabusé, méfiant et surtout victime d'une maladie incurable qui le contraint à déverser un flot de paroles incohérentes. Il va mourir dans trois jours. Et tombe amoureux de Blanche, une télépathe qui s'exprime en alexandrin...

Ce drame de l'incommunicabilité, est, à sa sortie le 19 avril 1989, salué comme un tour de force. Après s'être éloigné du cinéma pendant cinq ans, faute de scénarios convaincants, Jacques troque ses habits de gentleman chanteur contre ceux d'acteur prestidigitateur...

*

Maurice Pialat suit de près Dutronc depuis qu'il l'a aimé dans *L'Important, c'est d'aimer*. Il voit en lui une sorte de Gabin jeune. En 1980, lorsqu'il prépare son cinquième long-métrage, *Loulou*, il envisage de proposer à Jacques d'incarner Loulou, le loubard macho et mufle qui séduit Nelly, l'épouse bourgeoise d'un publicitaire, interprétée par Isabelle Huppert.

Par l'intermédiaire de Jacques Villeret, les deux hommes se voient longuement en Corse et passent de nombreuses soirées à discuter sur la terrasse de la villa... Ils sont de la même trempe. Des autodidactes qui haïssent la complaisance, ne jouent pas le jeu et ne font jamais semblant. Des désespérés en colère contre l'humanité, car le mal est en l'homme. Des shootés à la noirceur qui s'étourdissent dans le vacarme des conversations des autres. Des passionnés de Céline, qui connaissent par cœur des passages entiers de *Mort à crédit*. D'ailleurs, lorsque Pialat voudra mettre en scène *Voyage au bout de la nuit*, son Bardamu ne pouvait être que Dutronc. Malheureusement, faute de financement, le projet capota... Et puis, entre les deux, il y a la peinture : l'un tenta d'être peintre et l'autre, dessinateur...

Mais, Jacques ne peut pas être Loulou. Devant tourner deux films coup sur coup, avec Huppert, *Retour à la bien-aimée* de Jean-François Adam et *Sauve qui peut (la vie)*, un troisième relèverait à ses yeux du procédé. Pialat choisira finalement Gérard Depardieu, mais l'envie ne disparaît pas.

Van Gogh est né d'une rencontre avec Daniel Auteuil. L'acteur qui vient de tourner, *Jean de Florette* et *Manon des Sources*, de Claude Berri, d'après Marcel Pagnol, avant de jouer dans *Quelques Jours avec moi* de Claude Sautet, désire travailler avec le réalisateur de *À nos amours*. Lors d'un rendez-vous, l'acteur évoque le *Baudelaire* de Bernard-Henri Lévy. Pialat le lit. Peu convaincu, il parle alors de Van Gogh. Auteuil s'emballe. Il commence à réfléchir à son rôle. Il se laisse pousser la barbe, se coiffe en brosse, bref, se prend pour Van Gogh. Et pousse le réalisateur à rédiger un scénario et à s'atteler à la production. Pialat, qu'une vaste fresque et une reconstitution historique n'intéressent pas, décide de construire son film autour des derniers jours et des ultimes toiles du peintre à Auvers-sur-Oise... Mais le jour dit, Auteuil n'est pas là. Il a préféré jouer Scapin au festival d'Avignon.

Pialat approche alors Lambert Wilson. Puis Jean-Hugues Anglade... Ce sera finalement Jacques Dutronc. Parce qu'en fait, il y pense depuis dix-sept ans. « La seule photo de Van Gogh qu'on possède est de dos. De dos, je lui ressemble. Pourquoi pas de face [1] ? » se justifie Jacques.

Le tournage commence en juin 1990, en Touraine, entre Richelieu, Marigny-Marmande et Saint-Rémy-sur-Creuse. Dutronc arrive les mains dans les poches, avec son air de dilettante pas vraiment concerné. C'est une façade. Il a travaillé comme un fou son texte. Il le connaît parfaitement.

« Il ne demandait jamais d'explication, tournait sans un mot, s'éclipsait dès la fin de la prise. Lisse, impénétrable, mais

1. *Télé 7 Jours*, 6 janvier 1991.

intériorisé par on ne sait quelle blessure. Conscient que Van Gogh était le rôle de sa carrière [1] », dira ensuite Pialat. « Pour Maurice, il ne faut pas jouer, il faut se contenter d'être. Je suis un acteur rentré, qui s'extériorise peu. Van Gogh aussi projetait tout sur sa toile. Ce que Pialat a voulu montrer, c'est l'âme de Van Gogh, plus que sa vie », précise Dutronc.

Pour se sentir à l'aise, Jacques tourne avec sa vieille veste de toile noire. Le soir, il coiffe ses cheveux décolorés en roux avec l'aspirateur de l'hôtel. Dans le film, il avance le dos voûté, le regard fixé sur le sol comme s'il était en proie à une douleur quasi métaphysique, qui ne s'exprime ni par les mots, ni par les discours. « C'est sorti de moi, comme de la fièvre, comme une colère. Après certaines scènes, j'étais content. Pas content d'avoir fini comme un connard, mais content d'avoir vécu cette chose-là [2]. »

Lors d'une prise, Jacques tombe d'une charrette et une fourche lui perce la joue. Il y a du sang partout. L'équipe s'affole. Pas Pialat : « Mais où est le problème ? » La scripte lui répond : « Ça ne va pas être raccord ! » Une autre fois, Jacques doit plonger tout habillé dans un étang et rester une minute et vingt secondes au fond de l'eau, accroché à des moellons en béton. Tout se passe comme prévu. Jacques remonte à la surface. Seul commentaire du réalisateur : « Tu as fait des bulles ».

« Je ne me souviens pas de tout parce que, pendant le tournage, j'étais malade, j'étais sous hypnotique, raconte-t-il. Mais je me rappelle son charme terrible. Il avait un sourire incroyable. Il était très beau, vraiment. Du coup, il pouvait se permettre d'insulter tout le monde. C'est un lieu commun, mais pour aimer les autres, il faut d'abord s'aimer soi-même. Or dans son cas, ce, n'était pas gagné... Il n'était pas tendre : plutôt à point [3]. »

Le film est présenté à Cannes, où, à la surprise générale et

---

1. *Le Nouvel Observateur*, 30 juillet 1995.
2. *Le Nouvel Observateur*, 30 juillet 1995.
3. *Les Inrockuptibles*, 15 janvier 2003.

sur intervention directe du président du jury, Romain Polanski, il ne reçoit rien. Sa sortie, le 30 octobre 1991, sous un déluge d'enthousiasme de la critique qui a décelé le chef-d'œuvre, n'est qu'une demi-réussite commerciale qui va profondément affecter Pialat.

Qui, peu à peu, se détache de son film. À tel point que lorsque, en février 1992, Dutronc reçoit le César du meilleur acteur pour son interprétation de *Van Gogh*, il se vexe et explique que, lui, juge l'acteur « discutable » dans le film.

La situation s'envenime tellement entre eux qu'un jour, croisant le réalisateur dans un restaurant, Françoise s'agenouille devant lui pour lui demander d'arrêter de dire que Jacques est nul et que le film est une merde à cause de lui [1]... Avec beaucoup d'élégance, l'acteur, lorsqu'on lui demanda ensuite quelle serait sa réaction si Maurice Pialat lui proposait un autre rôle, répondit : « D'abord, je lui dirais non pour lui faire plaisir. Ensuite, je lui dirais oui pour lui donner satisfaction. »

Les deux hommes ne se reverront presque plus. Dutronc lui téléphonera plusieurs fois. Au seul son de sa voix, le réalisateur raccrochera à chaque fois... Quelques jours avant sa mort, Jacques viendra le saluer une ultime fois.

*

Quelques mois après la remise du César, Madeleine, la mère de Jacques, disparaît. Il dit simplement : « Elle est ailleurs. » Dutronc n'aime pas les bavardages. À une lettre de trois pages avec une vague formule au milieu, il préfère un télégramme... Mais il n'en pense pas moins.

*

À Evian, pendant le tournage de *Toutes peines confondues*, un polar de Michel Deville qu'il joue avec Mathilda May et

---

1. Anecdote relatée dans *Pialat* de Pascal Mérigeau, Grasset, 2002.

Patrick Bruel, Bertrand de Labbé, son agent, dîne avec Jacques. Au menu, tranche de saumon fumé et verre d'Evian pour tout le monde.

Depuis sept ans, ils ont pris l'habitude, chaque été, de déjeuner ensemble à *La Bergerie*, un restaurant près de L'Île-Rousse, et rituellement, à la fin du repas, l'homme d'Art Media assène : « C'est un immense gâchis que tu ne fasses pas de scène. » Dutronc rigole mais ne moufte jamais. À Évian, surprise, si. Dutronc est agacé par la popularité de l'interprète de *Casser la voix* ! Il veut montrer à tous ces jeunots ce qu'un bientôt quinquagénaire est capable de faire ! Donc, OK pour la scène... Et on va voir ce qu'on va voir !

Le 3 novembre 1992, Jacques Dutronc monte sur la scène du Casino de Paris. Il n'a pas joué en public depuis vingt ans... La dernière fois, c'était à Tahiti ! Il va y rester jusqu'au 28 novembre. Et enchaînera ensuite une tournée à travers toute la France avant de revenir au Casino du 3 mai au 5 juin 1993. Perfecto et lunettes noirs pour le look. Rock pour la musique... Au menu, quelques-uns de ses titres les plus connus (*Et moi et moi et moi*, *L'Opportuniste*, *J'aime les filles*, *La Fille du Père Noël*, *Les play-boys*, *Il est cinq heures Paris s'éveille*), un hommage sans rien dire à Gainsbourg (*Les Roses fanées*, *L'Hymne à l'amour*), quelques morceaux récents (*Opium*, *Corsica*) et deux petits nouveaux (*Entrez m'sieur dans l'humanité* et *L'Âme sœur*) écrits par l'écrivain Linda Le.

Elle a 23 ans. Née au Vietnam d'une mère française et rapatriée à Paris après la chute de Saigon, elle se sent étrangère partout et notamment dans son époque qui ne lui ressemble guère. C'est en lisant son deuxième roman, *Les Évangiles du crime* [1], sur les conseils de Patrick Modiano, que Jacques a eu envie de lui demander d'écrire pour lui. Belle comme le jour, même si une noirceur tragique hante son

1. *Les Évangiles du crime*, Julliard, 1992.

œuvre, elle est timide, ponctuant ses propos de longs silences. L'extrême douceur de sa voix accentue son côté décalé...

« J'étais sceptique sur mes capacités sur mes capacités, mais il a été très convaincant... Il voulait des chansons destructrices. Ça ne m'a pas étonnée outre mesure. J'ai eu l'impression de me transformer en détective. Il me fallait trouver une facette qui n'ait pas été explorée. Je l'ai trouvé dans ce qu'il m'a dit avoir aimé dans mon livre, une sorte de destruction en marche, progressive et lente. »

Jacques tombe sous le charme. Ils passent de longues soirées à converser. Pour une fois, c'est lui qui parle. « Il donne l'impression d'être replié sur lui-même, en retrait de ce qui l'entoure, mais je crois que c'est un guetteur à l'affût. C'est un ludion, lucide et ludique[1] », dit-elle. Jacques présente ses deux chansons comme des « poèmes agressifs et très beaux » : *« Entrez m'sieur dans l'humanité/L'échelle est mise, les crasses permises/Les dents longues, le sourire douillet/Laissez vos frères dans la mouise. »*

Au Casino, Dutronc fait salle comble. Plusieurs générations s'y bousculent. La vieille garde vérifie que les tubes de son adolescence n'ont pas pris une ride. Les plus jeunes apprécient ce rock fin et malin, made in France. L'accueil du public est dithyrambique. Celui de la presse aussi, dont un représentant monte chaque soir sur scène pour interviewer en « live » le maître de cérémonie... Au pied de l'estrade, Thomas photographie son père. En coulisse, Françoise attend et soutient Jacques.

L'avant-dernier soir, le 4 juin, le président de la République, François Mitterrand en personne, prend place sur un des fauteuils de velours rouge d'une des loges. « Le bon Mitterrand marquait le temps sur la rampe de vieux velours cramoisi des loges, tapant dans ses mains. D'ailleurs il tapotait plutôt, avec quelque chose d'illustrement benoît, pom-pom, comme une élégance douillettement historique dans le contre-

1. *Télérama*, octobre 1992.

temps, aux bons moments[1] », se souvient le journaliste Bruno Bayon.

L'album, *Dutronc au Casino*, qui sort en décembre 1992, caracole vite en tête des ventes et s'écoulera à 620 000 exemplaires... Jacques a réussi sa rentrée.

*

Les trois années suivantes, rien. Il ranime la flemme. Entre la rue Hallé, la Corse et la villa de Plaisir, louée par Columbia pour qu'il compose tranquillement les chansons de son prochain album...

Peu à peu, insidieusement, un verre de vin par-là, une bière par-ci, il renoue avec son péché mignon. Son humour se durcit. Ses jeux de mots grincent, proches de la cruauté. Il se planque derrière la fumée de ses cigares, des Lusitanias, les meilleurs de Cuba.

Thomas ne le quitte plus. Il a décidé de travailler avec lui sur le prochain album. Avec Arnaud Garroux, un copain rencontré à Saint-Charles, la fac où il préparait son école de cinéma, il commence à écrire des paroles pour un éventuel disque de Jean Luisi.

— Pourquoi vous écrivez pour ce vieux débris et pas pour moi ? s'insurge un jour Jacques.

À vingt ans, on ne doute de rien et on se moque de la terre entière. Banco, donc. Sans mesurer à quel point la barre est haute... À partir de phrases ou des jeux de mots que leur jette Jacques, ils vont noircir des cahiers entiers de notes. Au bout du compte, il en retiendra trois : *À part ça*, *Faut qu'je rode* et *Laisse Lucie faire* : « *Laisse Lucie faire/C'est par là queue/Le diable se tire...* »

En fait, Jacques a un trac monstrueux. Il n'a pas sorti d'album inédit depuis huit ans et il sait que, après le carton du Casino et de la tournée, l'attente est grande. Il doit être à la hauteur. Personne ne se rend compte combien la vie lui pèse.

1. *Libération*.

Il a presque tout réussi sans trop comprendre ni comment, ni pourquoi. Son succès lui échappe. On le dit paresseux. Erreur. C'est un angoissé qui cherche sans cesse, prenant une direction, puis une autre. « Je préfère faire plein de devoirs qu'un seul bien chiadé », explique-t-il. Alors, il écoute ce que les autres lui disent. Il ne tient pas toujours compte de leur avis, mais il aime bien ce sentiment de vassalité. En dehors de Thomas et de son copain Arnaud, qui lui sert aussi de secrétaire assistant, il va hésiter longtemps avant de boucler le casting des auteurs et trouver les mélodies pour accompagner leurs textes.

La première de la liste est bien évidemment Linda Lé. Il l'appelle le lieutenant parce qu'elle lui raconte, lorsqu'elle sort de son mutisme, des histoires absurdes et noires. Un soir d'été, un couple d'amants emporté par la griserie d'une bonne bouteille de vin saute sur son lit comme sur un trampoline. Un bond plus important, et hop, ils passent par la fenêtre. Cinq étages plus bas, l'un est mort, l'autre infirme [1]... Après, *L'âme sœur* et *Entrez m'sieur dans l'humanité*, elle lui écrit un troisième texte, *Rappelez-moi de vous oublier*.

Il y a aussi Jean Fauque, le parolier de Bashung. Ses pirouettes et son goût du troisième, voire du quatrième degré, plaisent à Jacques, qui se marre en chantant : « *J'ai Maginot sur l'autre ligne* » (dans *Elle m'a rien dit, elle m'a tout dit*). Il ne tarit pas d'éloges sur le nouveau membre de la bande : « C'est une espèce de génie moderne. Il suffit d'ouvrir une bouteille et toc, il apparaît. Bon, il sort pas de la bouteille parce qu'elle est pleine, sinon évidemment, il ne viendrait pas [2]. »

Quant à David McNeil, c'est un grand escogriffe franco-américain, fils du peintre Marc Chagall, qui, après avoir chanté lui-même, a eu aussi envie d'écrire pour les autres (Montand, Clerc, Souchon) et de publier des romans (*Tous les*

1. Anecdote relatée par Véronique Mortaigne dans *Le Monde*, 7 octobre 1995.

2. Entretien avec l'auteur, paru dans *L'Évènement du Jeudi*.

bars de Zanzibar). Il donne à Jacques deux chansons fines et sensibles : *La Pianiste dans une boîte à Gand* et *Brèves Rencontres*, qu'il habillera de deux jolies mélodies à l'ambiance très jazzy.

Dutronc reprend également en duo avec Étienne Daho un de ses propres morceaux, *Tous les goûts sont dans ma nature*, qu'il avait interprété en 1982 sur l'album *C'est pas du bronze*. Un instrumental intitulé *Thomas*, et joué par Thomas, clôt le disque, qui paraît le 3 octobre 1995.

Patrick Modiano rédige pour l'occasion un article qui servira de dossier de presse envoyé aux médias : « Je suis heureux de retrouver dans ce nouvel album la voix de Jacques Dutronc. Elle nous accompagne depuis longtemps et nous fait aujourd'hui ses dernières confidences sur le timbre rêveur et nonchalant que nous aimons : "*Rappelez-moi/de vous oublier/avant que l'amour perde la mémoire...*" Mais on cherche toujours l'amour sœur. En écoutant la première chanson, cet étrange courrier du cœur, j'imaginais Dutronc dans le quartier de sa naissance, entre Saint-Lazare et Trinité. Des cabinets de détectives privés – Lumo, Enquêtes et Filatures –, Germaine, Tarots, Cristal, Taches d'encre – et aussi agences matrimoniales. Caché derrière ses lunettes noires, Jacques frappe à la porte d'une Madame Magdeleine ou d'une Madame Blanche, "relations désintéressées, mariages, toutes situations" et lui demande d'un ton las, une Vénus à Valium ou une empoisonneuse au Véronal. Elles rôdent la nuit dans les rues. Tels sont les mystères de Paris auxquels Jacques Dutronc a toujours été sensible, ce Paris dont il est un enfant, comme Gabin et Chevalier. D'ailleurs, il partage avec eux ce privilège si rare : avoir la cote d'amour... »

Brèves Rencontres est un album réfléchi et mûr, où, loin des éclats et des provocations de l'époque *Merde in France*, Dutronc apparaît assagi. Sur des orchestrations de facture classique, allant d'un jazz échappé de chez Errol Garner à du rock carré, sa voix se fait chaude et vibrante. Elle est même l'atout essentiel du disque. À l'heure de ses cinquante ans, le

Dutronc crooner l'emporte sur le Dutronc rocker. Quant au Dutronc-pette, il est aux abonnés absents, sans doute parti avec Gainsbarre tutoyer les étoiles...

*

Pendant cinq ans, Jacques ne se consacre plus qu'au cinéma. Il enchaîne deux longs métrages avec Patrick Grandperret, un ancien assistant de Pialat, *Le Maître des enfants*, un film pour enfants tourné au Cameroun, et *Les Victimes*, d'après un roman de Boileau et Narcejac, avec Karin Viard, Florence Thomassin et Vincent Lindon, avec qui la complicité se mue vite en amitié.

En 1998, Nicole Garcia lui demande de jouer aux côtés de Catherine Deneuve dans *Place Vendôme*. Le film figé dans des conventions romanesques d'une autre époque n'échappe au convenu que par l'interprétation de Catherine Deneuve. Et l'apparition inquiétante d'un Dutronc décharné, une canne à la main, dans un rôle d'escroc lâche...

*

En fait, Jacques a de plus en plus de mal à marcher. Ses hanches le font horriblement souffrir. Il doit subir une intervention chirurgicale pour une double arthrose de la hanche. L'opération est loin d'être une partie de plaisir. Mais Dutronc reste muet, comme d'habitude, sur sa souffrance... Après plusieurs semaines d'immobilisation à l'hôpital et une rééducation éprouvante, il retrouve la maison de Corse, qu'il ne va presque plus quitter pendant deux ans.

La bande s'est réduite. La cour des miracles des premières années se limite désormais à Jean Luisi, Lucien Colombani (un chauffeur de taxi de L'Île-Rousse), à François Paolini et à Fanfan, le berger. Arnaud Garoux, le copain de Thomas, décharge Jacques de tous les petits tracas de la vie quotidienne. Il répond au téléphone. Il sert l'apéro à 10 h 58 précises de façon à ce que chacun ait son verre en main à 11 heures tapante. Les agapes se déroulent jusqu'à 16 heures. Ensuite, on passe à table. Arnaud se charge de préparer les repas. Le soir, extinction des feux à 22 heures : Jacques se couche tôt et se lève encore plus tôt...

Sur sa table de nuit, il y a trois livres de chevet. *Voyage au bout de la nuit* de Céline, bien sûr. Mais aussi, *Le Petit Prince* de Saint Exupéry, quand l'alcool lui embrume l'esprit. Et surtout, *Éloge de l'ombre*, un essai de l'écrivain japonais Tanizaki Junichiro (1886-1965) rédigé dans les années trente, qui glorifie la culture japonaise d'avant l'arrivée des Occidentaux. Jacques est en effet un grand spécialiste du monde japonais.

Il relit aussi régulièrement sa collection de Tintin. Et écoute la 3e symphonie de Gorecki. À la télévision, il se délecte de *Derrick*. Et se repasse souvent en DVD *Happiness*, une comédie à sketches et à l'humour vache de Todd Solondz, avec Ben Gazzara, Jane Adams, Elizabeth Ashley, qui relate les rêves de bonheur inaccessible de trois sœurs du New Jersey prises entre leurs maris, leurs enfants, leurs amants et leurs chiens... Il aime beaucoup revoir les vieux films de Noël Roquevert : *L'Assassin habite au 21*, *Le Corbeau*, *Fanfan la tulipe*. C'est son acteur français préféré : « J'adore ses mimiques, son œil fixe, son regard extrêmement droit, incisif, même dans les comédies dramatiques. Je l'ai rencontré pour monter une pseudo-opérette avec lui. Il est arrivé vers moi, a pointé sa canne et m'a dit : "Paris s'éveille" [1]. »

En fait, Jacques vire de plus en plus à l'ermite. « Je dors très mal, très peu. Parfois je constate que je m'emmerde donc je réfléchis à ce que je devrais faire. Puis, je me dis que si je le faisais, je m'emmerderais encore plus, donc, en fait, ça va à peu près [2]. » Il vient rarement à Paris. Il rend de temps en temps visite à son père qui habite, depuis la disparition de sa femme, dans un appartement à Calvi [3]. Et autrement, s'occupe

1. *L'Express*, 22 mai 2003.
2. *Paris Match*, avril 2000.
3. Son père est décédé pendant l'été 2004.

du jardin et des dizaines de chats qui s'y ébattent. Comme l'explique Jean-Marie Périer : « Jacques est un chat : on ne peut l'attraper que s'il décide de venir[1]. » Le joyeux pessimiste de *L'Opportuniste* est devenu un homme sombre, rongé de questions, un perfectionniste obsédé par les détails...

« Il est facile de me parler mais de là à attendre des réponses », dit-il. L'insoutenable légèreté de Jacques D. est un leurre. Certes, il déteste parler des choses sérieuses. Et préfère sourire en coin. « Plus on avance, plus on a, en principe, de choses à raconter, moins on a envie de le faire. On devient de plus en plus discret[2]. » Jacques est quelqu'un qui garde pour lui les choses importantes, celles qui font mal, tracassent. Il ne se plaint que de bêtises. À ceux qui, le 11 septembre 2001, le questionnent sur l'attentat contre les tours du World Trade Center à New York, il lâche : « Quand je pense à tous les cons qui avaient arrêté de fumer[3]... » Mais, à part ça que se passe-t-il lorsqu'il baisse les armes ?

*

Ses trois films suivants ne livreront pas la réponse. Le pianiste de *Merci pour le chocolat* de Chabrol semble absent et détaché. Dimitri, le malade de *C'est la vie* de Jean-Pierre Améris[4], est un solitaire silencieux. Bertrand, l'homme d'affaires de *Embrassez qui vous voudrez* de Michel Blanc, bien que touchant, apparaît comme un cynique désabusé... Autant de masques que Dutronc a déjà utilisé pour se cacher. Quant à son rôle de père putatif revenu de tout dans le consternant

1. Entretien avec l'auteur.
2. *L'Express*.
3. *Le Temps d'apprendre à vivre*, Jean-Marie Périer, XO Éditions, 2002.
4. Il rencontre sur le tournage, Sylvie Durand, une maquilleuse, qui est depuis son assistante, « multicarte », précise-t-il. Sa fille Louise chante en duo avec Jacques dans *L'Homme et l'enfant* sur l'album *Madame l'existence.* Le titre a été initialement chanté par Eddie Constantinie.

Pédale dure, il doit entrer dans la catégorie des films commandés, en fait, par le Trésor Public...

Madame l'existence, son plus récent album, sorti en mai 2003, a déçu certains, quand d'autres lui ont trouvé des qualités. Le rabibochage avec un Jacques Lanzmann désormais ronchon et ronronnant n'a semblé qu'un procédé pour planquer un manque d'inspiration et d'audace. Alain Lubrano, le complice musical de Françoise, que Jacques, en dépit d'une certaine jalousie, a invité en Corse pour l'aider à enregistrer [1], n'a pas réussi à mettre un peu de couleur dans le pessimisme ambiant... En dépit d'une couverture médiatique correcte [2], l'album ne franchira même pas le seuil de la liste des meilleures ventes...

« Je sais qui va gagner... Le trou », expliquait Jacques en 1967, lors d'une de ses premières interviews à la télévision. « Cactus et crabe au cul, voilà ma carrière », commente-t-il aujourd'hui. Il est plus de cinq heures dans sa vie et l'aquaboniste est déprimé.

---

1. Si les voix ont été enregistrées en Corse, les musiques, elles, le furent à Paris et à Bruxelles. Quant aux titres originaux, ils sont édités par Kundalini, la société d'édition qui appartient à Françoise Hardy. Pour la première fois, Jacques cosigne les paroles avec Lanzmann.

2. Un prime time sur France 2, une couverture de *Télérama*, quelques interviews et puis s'en va...

En guise de conclusion

Tant de belles choses s'intitule l'album que sort Françoise Hardy le 16 novembre 2004. Benjamin Biolay, Alain Lubrano, Perry Blake, Jacno, Thierry Stremler et Ben Christophers sont venus lui prêter main forte. Oui, tant de belle choses se sont écoulées depuis ce jour de novembre 1961, où elle a signé son premier contrat discographique ; tant de belles choses depuis cette nuit de septembre 1967 où elle et Jacques... Tant de belles choses depuis la naissance de Thomas en juin 1973... Oui, Françoise nous a offert tant de belles choses.

*

Elle ne s'en doute peut-être pas, mais ses chansons ont la douceur des plus beaux rêves, ceux qui vous donnent le courage de prendre la vie à bras le corps et de sourire à d'autres visages.

Adolescent, vous l'écoutiez chanter sur la radio de la voiture des parents *L'Amitié*, et vous auriez tellement voulu que cela soit à vous qu'elle s'adresse. Plus tard, lors d'un concert des Rolling Stones au Palais des Sports, elle s'assit par hasard à vos côtés, vous n'en meniez pas large et vous n'avez pas osé ne serait-ce que la regarder.

Et puis un jour, vous avez sonné à une porte et elle vous a ouvert en riant. C'est cela qui vous a le plus surpris, ce rire, cette gaieté, cet humour. Vous l'avez écoutée un après-midi entier dans ce salon noir ; au fond, on apercevait un jardin. Vous ne savez plus de quoi elle vous a parlé. Peut-être d'un vin de Bordeaux. Ou du roman de Michel Houellebecq, *Extension du domaine de la lutte.*

Une autre fois, vous marchiez à ses côtés dans une rue près de l'Étoile. Vous vous êtes souvenu de cette pochette de Bob Dylan où il arpente une rue de New York, avec une fille dans ses bras. L'espace d'un instant, le songe a télescopé la réalité.

Plus tard, beaucoup plus tard, elle vous a sèchement remis à votre place parce que vous arriviez en retard à un rendez-vous. Vous avez vu une autre Françoise. Ferme, intransigeante, décidée. Avant l'intervention américaine en Irak, elle vous a envoyé des mails pleins de colère contre cette guerre qui s'annonçait. Et puis vos questions l'ont irritée. Elle s'est fâchée toute rouge et vous a traité de tous les noms. Vous avez été surpris par un tel emportement et avez fait amende honorable. Depuis, elle se moque poliment de vos demandes inopportunes...

*

Avec Jacques Dutronc, Françoise forme depuis maintenant trente-sept ans un couple rare. À la vie peu commune...

Ces deux-là ont plus que le bonheur en partage. Il est troublant de constater à quel point, physiquement, ils se ressemblent de plus en plus, androgynes l'un comme l'autre...

Ils se sont longtemps évités, jouant au chat et à la souris. Ensuite, ils ont eu l'intelligence de la distance, pour éviter l'accrochage, dans tous les sens du terme. Au début, il n'était pas là. Aujourd'hui, guère plus, non plus. Entre-temps, elle l'a attendu, lui envoyant des messages très personnels qui sont ses plus belles chansons. Il y a répondu à sa façon. Et jamais, en dépit des hauts et des bas, des avis de tempête et des coups de suroît, le lien ne s'est défait. La conversation a continué...

« Le couple heureux qui se reconnaît dans l'amour défie

l'univers et le temps ; il se suffit, il réalise l'absolu », écrit Simone de Beauvoir dans *Le Deuxième Sexe*. C'est sans doute cela le plus remarquable. Dutronc et Hardy ne se sont pas égarés. Jacques a éludé les questions. Et Françoise, oublié les réponses.

L'un vit en Corse. De plus en plus solitaire et silencieux. L'autre, à Paris. Curieuse de découverte. Passionnée de musique classique.

De temps en temps, au bout du téléphone, il y a leurs voix et les mots qu'ils ne se diront pas...

ANNEXES

Discographie de Françoise Hardy

45 tours

Dans les années 60, les 45 tours proposent quatre titres, on les appelle EP (Extended Play), à partir de 1968, ils deviennent des simples deux titres (SP).

05/62 – Je suis d'accord/Oh oh chéri/Tous les garçons et les filles/Il est parti un jour. (Vogue EPL 7967) EP nº 1. Trois pochettes différentes existent.

10/62 – C'est à l'amour auquel je pense/Ça a raté/Le Temps de l'amour/J'ai jeté mon cœur. (Vogue EPL 8047) EP nº 2.

12/62 – Ton meilleur ami/On se plaît/La fille avec toi/Il est tout pour moi. (Vogue EPL 8048) EP nº 3.

05/63 – L'Amour s'en va/Je pense à lui/L'Amour d'un garçon/-Comme tant d'autres. (Vogue EPL 8076) EP nº 4. Trois pochettes différentes existent.

1963 – Qui aime-t-il vraiment ?/Saurai-je/Bien longtemps/On dit de lui. (Vogue EPL 8111) EP nº 5.

1963 – Le Premier Bonheur du jour/Va pas prendre un tambour/Nous tous/J'aurais voulu. (Vogue EPL 8139) EP nº 6.

1963 – Le sais-tu ?/L'Amour ne dure pas toujours/Toi je ne t'oublierai pas/Avant de t'en aller. (Vogue EPL 8179) EP nº 7.

1964 – Catch A Falling Star/Find Me A Boy/Only Friends/I Wish It Were Me. (Vogue EPL 8207) EP nº 8. Les quatre morceaux sont chantés en anglais.

1964 – Pourtant tu m'aimes/Jaloux/On se quitte toujours/C'est la première fois. (Vogue EPL 8221) EP nº 9.

1964 – Et même/Tout me ramène à toi/C'est le passé/Apprends-le moi. (Vogue EPL 8222) EP n° 10.

1964 – Je n'attends plus personne/Pas gentille/Tu ne dis rien/Pars. (Vogue EPL 8290) EP n° 11.

1964 – Je veux qu'il revienne/Mon amie la rose/La Nuit est sur la ville/Nous étions amies. (Vogue EPL 8291) EP n° 12.

1965 – LES DISQUES D'OR DE LA CHANSON (Vogue EPL 8317) Compilation n° 1.

1965 – Dis-lui non/Dans le monde entier/Tu es venu à moi/Son amour s'est endormi. (Vogue EPL 8346) EP n° 13.

1965 – All Over The Wolrd/Only You Can Do It/Another Place/-However Much. (Vogue EPL 8348) EP n° 14 Les quatre morceaux sont chantés en anglais.

1965 – Wer Du Bist/Ich Hab'Das Gluck/Die Liebe Geht/Peter Und Lou. (Vogue EPL 8352) Les quatre morceaux sont chantés en allemand. EP n° 15.

1965 – Le Temps des souvenirs/J'ai bien du chagrin/Tu ne m'attendras pas/Bout de lune. (Vogue EPL 8369) EP n° 16.

1965 – L'Amitié/Ce petit cœur/Non ce n'est pas un rêve/En t'attendant. (Vogue EPL 8389) EP n° 17.

1965 – Tu peux bien/Il se fait tard/Quel mal y a-t-il à ça/Je t'aime. (Vogue EPL 8441) EP n° 18.

1965 – La Maison où j'ai grandi/Tu verras/Il est des choses/Je ne suis là pour personne. (Vogue EPL 8427) EP n° 19.

1965 – La Maison où j'ai grandi/Tu verras. (Vogue V 45 1337) Premier simple extrait du EP n° 19 commercialisé avec pochette.

1966 – Je changerai d'avis/Comme/Rendez-vous d'automne/Peut-être que je t'aime. (Vogue EPL 8487) EP n° 20.

1966 – Si c'est ça/Surtout ne vous retournez pas/Qu'ils sont heureux/Je serai là pour toi. (Vogue EPL 8511) EP n° 21.

1966 – Voilà/Au fond du rêve doré/Qui peut dire/Les Petits garçons. (Vogue EPL 8566) EP n° 22.

1967 – Des ronds dans l'eau/En vous aimant bien/Viens là/Mon amour adieu. (Vogue EPL 8595) EP n° 23.

1968 – Ma jeunesse fout le camp/Mais il y a des soirs/Il n'y a pas d'amour heureux/C'était charmant. (Vogue EPL 8613) EP n° 24.

1968 – Je ne sais pas ce que je veux/La Terre/Avec des si/J'ai fait de lui un rêve. (Vogue EPL 8635) EP n° 25.

1968 – Comment te dire adieu/Il vaut mieux une petite maison.../-Suzanne/L'Anamour. (Vogue EPL 8652) EP n° 26.
1968 – LES DISQUES D'OR de la CHANSON (Vogue DOV 02) Compilation n° 2.
1968 – À quoi ça sert/Ouverts ou fermés. (Vogue V 45-1535)
1966 – Étonnez-moi Benoît/La mer, les étoiles et le vent/Où va la chance/C'est lui qui dort. (Vogue EPL 8660) EP n° 27.
1969 – Des bottes rouges de Russie/Il voyage/L'Heure bleue/Au fil des nuits et des journées. (Vogue EPL 8676) EP n° 28.
1969 – J'ai coupé le téléphone/Les Doigts dans la porte. (Vogue V 45-1655)
1969 – La Mer/Les Feuilles mortes. (Vogue V 45-1798)
1969 – Le Crabe/Tu ressembles à tous ceux qui ont eu du chagrin/Assiette Niet/Un Petit sourire. (Sonopresse HY 1101) EP n° 29.
1970 – Soleil/Je fais des puzzles. (Sonopresse HY 45-901)
1970 – Traüme/Loving You. (Sonopresse HY 45-902)
1970 – Dame souris trotte/Point. (Sonopresse HY 45-906)
1970 – T'es pas poli (Duo avec Patrick Dewaere)/Let My Name Be Sorrow. (Sonopresse HY 45-907)
1971 – Le Martien/Chanson d'O. (Sonopresse HY 45-908)
1971 – Même sous la pluie/La Question. (Sonopresse HY 45-909)
1972 – Rêve/Poisson. (Sonopresse HY 45-910)
1973 – La Berlue/Nuit d'été. (Sonopresse HY 45-911)
1973 – Message personnel/Première Rencontre. (WEA 16 331)
1974 – Je suis moi/Demain, c'est hier. (WEA 16 416)
1975 – Ce soir/Je te cherche. (WEA 16 518)
1975 – Que vas-tu faire ?/Le Compte à rebours. (WA 16 664)
1976 – Si c'était à refaire (RCA SHS 40 071) : Femme parmi les femmes, bande originale du film.
1976 – Femme parmi les femmes/Tu t'amuses. (RCA SHS 40 072)
1977 – Havane/Flash-Back. (Pathé Marconi 541 A) Disque de promotion.
1978 – J'écoute de la musique saoûle/Occupé (EMI 2C 008 17 703)
1979 – Émilie Jolie (RCA DB 8470) : Chanson de la sorcière.
1980 – Jazzy rétro satanas/Seule comme une pomme. (EMI 2C 008 72 110)
1980 – Jazzy rétro satanas/Juke-box. (EMI JB PAT 600 235)
1980 – Juke-box/Branche cassé. (EMI 2C 008 72 253)
1980 – Tamalou/Vert ouvert. (Flarenasch 721.643)

1981 – Sentimentale/Voyou voyou. (Flarenasch 720 663)
1981 – Villégiature/Ça va comme ça. (Flarenasch WEA 721 649)
1982 – Tirez pas sur l'ambulance/L'auréole néon. (Flarenasch WEA 721 685)
1982 – Tous les garçons et les filles/Dis-lui non. (Vogue 101 344 VG 108) Réédition
1983 – Moi vouloir toi/Casse pas toute ma maison. (WEA 721 693) Quatre pochettes différentes existent.
1983 – C'est bien moi/Tabou. (Flarenasch 721 712)
1986 – V.I.P./Jamais synchrone. (Flarneasch 721 837)
1988 – Partir quand même/Avec toute ma sympathie. (WEA 721 940)
1988 – Partir quand même/Partir quand même. (WEA 721 940) Disque de promotion.
1988 – Laisse-moi rêver/Une Miss s'immisce. (WEA 721 957) Deux pochettes différentes existent.
1989 – La Sieste/Arrêtons. (Carrère 14 695)
1989 – Message personnel (anglais)/Message personnel (français). (WEA PRO 317) Disque de promotion.
1989 – En résumé, en conclusion/Il voyage. (Carrère 14 894)
1989 – En résumé, en conclusion/Il voyage. (Carrère FL 1201) Disque de promotion.
1989 – Je ne suis là pour personne/Les Petits Garçons. (Carrère 15 024) Réenregistrement
1991 – Je suis de trop ici. (Carrère FL 91/09) Disque de promotion.
2000 – Puisque vous partez en voyage/I'll Be Seing You. (Virgin Visa 8449) « Puisque vous partez en voyage » est un duo avec Jacques Dutronc.

CD singles

1988 – Partir quand même/Avec toute ma sympathie. (WEA 727 940)
1988 – Partir quand même (version longue)/Avec toute ma sympathie/Partir quand même (version courte). (WEA 727 940)
1988 – Laisse-moi rêver (single)/Laisse-moi rêver (maxi club DBF)/Laisse-moi rêver (maxi Daho). (WEA 721 957)

1989 – La Sieste/Arrêtons. (Carrère FL 09/02) Disque de promotion.

1989 – Je ne suis là pour personne/Les Petits garçons. (Carrère 95 182) Réenregistrement.

1991 – Je suis d'accord/Oh oh chéri/Tous les garçons et les filles/Il est parti un jour. (BMG 191 191 032) Réédition EP n° 1.

1991 – La Maison où j'ai grandi/Tu verras/Il est des choses/Je ne suis là pour personne. (BMG 191 191 044) Réédition EP n° 19.

1991 – Comment te dire adieu/Il vaut mieux une petite maison.../ Suzanne/L'Anamour. (BMG 191 191 045) Réédition EP n° 26.

1992 – Si ça fait mal/Si ça fait mal. (Flarenasch 182 652)

1996 – Mode d'emploi/Contre jour. (Virgin 8 935 322 8)

1996 – Dix heures en été. (Virgin SA 3778) Disque de promotion.

1996 – Un peu d'eau (version n° 1). (Virgin SA 3845) Disque de promotion.

1996 – Un peu d'eau (version n° 2). (Virgin SA 3878) Disque de promotion.

1996 – Les Madeleines/Un peu d'eau (version n° 2) (Virgin 894 529 2) Quatre couleurs de pochettes différentes : bleu, vert, jeune et orange.

2000 – Je suis d'accord/Oh oh chéri/Tous les garçons et les filles/Il est parti un jour. (NMPP 200-03-03) Réédition EP n° 1 vendue en kiosque.

2000 – Je veux qu'il revienne/Mon amie la rose/La Nuit est sur la ville/Nous étions amies. (NMPP-12-3) Réédition EP n° 12 vendue en kiosque.

2000 – Puisque vous partez en voyage/Puisque vous partez en voyage. (Virgin Visa 4972) Puisque vous partez en voyage est un duo avec Jacques Dutronc.

2000 – Puisque vous partez en voyage/La Pleine lune. (Virgin Visa 896 764 2-6) Puisque vous partez en voyage est un duo avec Jacques Dutronc.

2000 – Celui que tu veux. (Virgin SA 6139) Disque de promotion.

2000 – Tous mes souvenirs me tuent. (Virgin SA 8318) Disque de promotion.

Maxi 45 tours

1978 – J'écoute de la musique saoûle/Occupé (EMI 2C 052 528 222 ZA)
1980 – Tamalou. (Flarenasch WEA 720 643) Maxi de promotion.
1982 – Tirez pas sur l'ambulance/L'auréole néon. (Flarenasch WEA 721 685)
1986 – V.I.P./Jamais synchrone. (Flarneasch 721 837)
1986 – V.I.P./V.I.P. (Flarneasch 722 837)
1988 – Partir quand même/Partir quand même/Avec toute ma sympathie. (WEA 721 940)
1989 – En résumé, en conclusion/Tirez pas sur l'ambulance/Comment te dire adieu. (Carrère SL 90-02) Disque de promotion.

Albums

Le format CD s'est généralisé à partir du milieu des années 80, tous les albums de Françoise Hardy ont profité d'une réédition. Les compilations trop nombreuses ne sont pas répertoriées.

1962 – FRANÇOISE HARDY (Vogue LD 600-30)
C'est à l'amour auquel je pense/Ça a raté/Il est parti un jour/Il est tout pour moi/J'ai jeté mon cœur/J'suis d'accord/La fille avec toi/Le temps de l'amour/Oh oh chéri/On se plaît/Ton meilleur ami/Tous les garçons et les filles. Existe en LP et en CD.

1963 – FRANÇOISE HARDY (Vogue FH 1)
Avant de t'en aller/Comme tant d'autres/J'aurais voulu/L'amour d'un garçon/L'amour ne dure pas toujours/Le premier bonheur du jour/Le sais-tu/Nous tous/On dit de lui/Saurai-je/Toi je ne t'oublierai pas/Va pas prendre un tambour. Existe en LP et en CD.

1964 – FRANÇOISE HARDY (Vogue FH 2)
Dans le monde entier/Et même (version 1)/Je n'attends plus personne/Je veux qu'il revienne/La Nuit est sur la ville/Mon amie la rose/Nous étions amies/Pars/Pas gentille/Pourtant tu m'aimes/Tu n'as qu'un mot a dire/Tu ne dis rien. Existe en LP et en CD.

1965 – FRANÇOISE HARDY (Vogue FH 3)
Ce n'est pas un rêve/Ce petit cœur/Dis-lui non/En t'attendant/Il se fait tard/Je pensais/Je t'aime/L'amitié/Le temps des souvenirs/Quel mal y a-t-il a ça/Tout ce qu'on dit/Tu peux bien. Existe en LP et en CD.

1966 – FRANÇOISE (Vogue CLD 702.30)
Comme/Il est des choses/Je changerais d'avis/Je serai là pour toi/La Maison ou j'ai grandi/Mes jours s'en vont/Peut-être que je t'aime/Qu'ils sont heureux/Rendez-vous d'automne/Si c'est ça/Surtout ne vous retournez pas/Tu es un peu a moi. Existe en LP et en CD.

1967 – MA JEUNESSE FOUT LE CAMP (Vogue CLD 720)
C'était charmant/Des Ronds dans l'eau/En vous aimant bien/Il est trop loin/Il n'y a pas d'amour heureux/La Fin de l'été/Ma jeunesse fout le camp/Mais il y a des soirs/Mon amour adieu/Qui peut dire/Viens la/Voilà. Existe en LP et en CD.

1968 – FRANÇOISE HARDY (Vogue CLD 728)
À quoi ça sert/Comment te dire adieu/Étonnez-moi, Benoît.../Il n'y a pas d'amour heureux/Il vaut mieux une petite maison dans la main.../L'Anamour/La Mer, les étoiles et le vent/La Mésange/La Rue des cœurs perdus/Où va la chance/Parlez-moi de lui/-Suzanne. Existe en LP et en CD.

1969 – FRANÇOISE HARDY EN ANGLAIS (Vogue CLD 729)
Empty Sunday/Hang On To A Dream/Let It Be Me/Lonesome Town (La Rue des cœurs perdus)/Loving You/Never Learn To Cry (Mon monde n'est pas vrai)/That'll Be The Day/The Way Of Love (Parlez-moi de lui)/There But For Fortune (Ou va la chance)/Tiny Goddess (Je ne sais pas ce que je veux)/Who'll Be The Next In Line/Will You Love Me Tomorrow. Existe en LP et en CD uniquement au Japon.

1970 – FRANÇOISE (Sonopresse HY 30 901)
Au fil des nuits et des journées/Avec des si/Comment te dire adieu/Des Ronds dans l'eau/Étonnez-moi, Benoît.../Il voyage/J'ai coupé le téléphone/L'Heure bleue/Les Doigts dans la porte/Loving You/Ma jeunesse fout le camp/Träume. Existe en LP et en CD.

1971 – FRANÇOISE HARDY (Sonopresse HY 39 902)

Dame souris trotte/Effeuille-moi le cœur/Fleur de lune/Je fais des puzzles/L'Ombre/Le Crabe/Mon monde n'est pas vrai/Point/San Salvador/Soleil/Tu ressembles à tous ceux qui ont eu du chagrin/Un petit sourire, un petit mot. Existe en LP et en CD.

1971 – FRANÇOISE HARDY (Sonopresse HY 30 902)

Bâti mon nid/Chanson d'O/Doigts/La Maison/La Question/Le Martien/Même sous la pluie/Mer/Oui, je dis adieu/Rêve/Si mi caballero/Viens. Existe en LP et en CD.

1972 – L'ÉCLAIRAGE (Sonopresse HY 30 903)

Bowm bowm bowm/Bruit de fond/Cafard/Et si je m'en vais avant toi/L'Éclairage/La Berlue/Le Soir/Ma vie intérieure/Ou est-il/Pardon/Prisons/Quand mon amour va prendre l'air. Existe en LP et en CD.

1972 – LOVE SONG (Kundalini KUN 65057)

Bown Bown Bown (Bowm Bowm Bowm)/Brulure/Can't Get The One I Want/I Think/It's Gonna Rain Today/If You Listen/ Let My Name Be Sorrow/Ocean/Sometimes/Take My Hand For A While/The Garden Of Jane Delawnay/Till The Morning Comes/Until It's Time For You To Go.

1973 – MESSAGE PERSONNEL (WB 56 019)

Berceuse/Chanson floue/L'Amour en privé/L'Attente/L'Habitude/Message personnel 1 & 2/On dirait/Pouce, au revoir/Première rencontre/Rêver le nez en l'air. Existe en LP et en CD.

1974 – ENTRACTE (WB 56091)

Bonjour, bonsoir/Ce soir/Chanson noire/Et voilà/Fin d'après-midi/Il y a eu des nuits/Je n'aime pas ce qu'il dit/Je te cherche/ Merveilleux/S'il avait été. Existe en LP et en CD.

1977 – STAR (EMI 2C 066-14426)

À Vannes/Chanson sur toi et nous/Drôle de fête/Enregistrement/ Fatiguée/Flashbacks/Je ne suis que moi/L'impasse/Star/Ton enfance. Existe en LP et en CD.

1978 – FRANÇOISE HARDY (EMI 2C 070-14697)

Beau Boeing belle Caravelle/Brouillard dans la rue Corvisart/Hallucinogène/J'écoute de la musique saoule/Nous deux nous deux et rien d'autre/Occupe/Perdu d'avance/Si je le retrouve un jour/Swing au pressing/Tip tap t'entends mes pas/Tu m'vois plus tu m'sens plus. Existe en LP et en CD.

1980 – GIN TONIC (EMI 2C 070-14869)
Ame s'trame drame/Bosse bossez bossa/Branche cassée/Chanson ouverte/Gin tonic/Jazzy retro satanas/Juke box/Minuit minuit/ Que tu m'enterres/Seule comme une pomme/Si c'est vraiment vraiment vrai. Existe en LP et en CD.

1981 – À SUIVRE (Flarenasch 723 623)
À suivre/Ça m'suffit/Ca va comme ça/Coupure de courant L'amour c'est trop fort/Plus personne/Rêve de starlett/Sentimentale/Tamalou/Vert ouvert/Villégiature/Voyou voyou. Existe en LP et en CD.

1982 – QUELQU'UN QUI S'EN VA (Flarenasch 723 643)
C'est bien moi/Ces petits riens/En scope et stéréo/L'Auréole néon/Mazurka/Quelqu'un qui s'en va/Retour de nuit/Tabou/Tirez pas sur l'ambulance/Un deux trois chat. Existe en LP et en CD.

1988 – DÉCALAGES (Flarenasch 723 690)
Arrêtons/Décalages/Dilettante/Dire tout/Je suis de trop ici/La sieste/Laisse-moi rêver/Partir quand même/Une miss s'immisce/-Vibrations. Existe en LP et en CD.

1996 – LE DANGER (Virgin 7243 8 416612 0)
À sa merci/Contre-jour/Dix heures en été/Ici ou la/L'Obscur objet/La Beauté du diable/Le Danger/Les Madeleines/Mode d'emploi/Regarde-toi/Tout va bien/Un peu d'eau/Zéro partout. Cet album n'existe qu'en CD.

2000 – CLAIR-OBSCUR (Virgin 7243 8 492032 6)
Celui que tu veux (avec Olivier Ngog)/Clair obscur/Contre vents et marées/Duck's blues/I'll Be Seeing You (avec Iggy Pop)/La Pleine lune/La Saison des pluies/La Vérité des choses/Puisque vous partez en voyage (avec Jacques Dutronc)/So Sad (avec Étienne Daho)/Tous mes souvenirs me tuent/Tu ressembles à tous ceux qui ont eu du chagrin/Un Homme est mort. Existe en LP et en CD.

Coffrets

1995 – THE COMPLETE VOGUE RECORDINGS 1962 / 1967 (BMG 74321323772)
Coffret 4 CD comprenant 83 titres période Vogue.

1999 – FRANÇOISE HARDY (BMG 74321690942)
Coffret 3 CD long-box comprenant 54 titres période Vogue.

Collaborations

AIR
1998 – Jeanne. (Virgin 894 802 2) Participation

BLUR
1995 – To The End. (EMI 8 821 772 9) : Duo Françoise Hardy/ Blur sorti en CD single.

MALCOLM MCLAREN
1994 – Revenge Of The Flowers. (BMG 249 452) Duo Françoise Hardy/Malcolm McLaren sorti en CD single.

COLLECTIF
24/11/98 – Sa raison d'être. (ECS VVR 1003892) Album de l'association *Ensemble contre le sida*, Françoise Hardy participe, uniquement au premier titre qui est un collectif d'une cinquantaine d'artistes : Jane Birkin, Johnny Hallyday, Francis Cabrel, Alain Chamfort, Eddy Mitchell, Florent Pagny...

Divers

Françoise Hardy a enregistré de nombreuses chansons en langue étrangère que l'on retrouve sur des albums sortis dans de très nombreux pays : Brésil, Japon, Japon, Espagne, Italie, Allemagne, Mexique, USA, Canada... Un site existe il répertorie plus d'un milliers de pièces pour celui qui voudrait pousser la recherche un peu plus loin http://ourworld.compuserve.com/homepages/geroki/

Langue française

Sur un album brésilien sorti en 1970 et intitulé FRANÇOISE HARDY (Philips SCDP-PF-001/GB) on trouve deux chansons inédites en France : *Les Glaces* et *À cloche-pied sur la grande muraille de Chine*.

Langue Allemande : 19 chansons
Ich Bin Nun Mal Ein Mädchen (Pourtant tu m'aimes)
Was mach' ich ohne dich (Comment te dire adieu)
Die Roten Russenstiefel (Des bottes rouges de Russie)
Einmal, wenn du gehst
Zeig' mir bei Nacht die Sterne (Let It Be Me)
Oh Oh Wie Gut (Oh oh Chérie)
Ich Steige Dir Auf's Dach
Wer Du Bist
Ich Hab' Das Gluck (J'aurais voulu)
Die Liebe Geht (L'Amour s'en va)
Peter Und Lou (Tous les garçons et les filles)
Er War Wie Du
Ein Fenster Wird Hell (Dans le monde entier)
Dann Bist Du Verliebt
Ich Sag Ja (J'suis d'accord)
Frag Den Abendwind
Wenn Dieses Lied Erklingt
Die Liebe Geht (L'Amour s'en va)
Er War Wie Du

Langue anglaise : 38 chansons
Blue Turns To Grey (inédit)
Tell Them You're Mine (C'était charmant)
Now You Want To Be Loved (Des ronds dans l'eau)
I Just Want To Be Alone (J'ai coupé le téléphone)
I Will Change My Life (Je changerai d'avis)
Midnight Blues (L'Heure bleue)
Suzanne
Catch A Falling Star
Find Me A Boy (Tous les garçons et les filles)
Only Friends (Ton meilleur ami)

I Wish It Were Me (J'aurais voulu)
All Over The World (Dans le monde entier)
Only You Can Do It (Je veux qu'il revienne)
Another Place (La Nuit est sur la ville)
However Much (Et même)
You Just Have To Say A Word (Tu n'as qu'un mot à dire)
This Little Heart (Ce petit cœur)
It's Getting Late (Il se fait tard)
Say It Now (Dis-lui non)
Just Call And I'll Be There (Le Temps des souvenirs)
The Rose (Mon amie la rose)
It's My Heart (Tu peux bien)
Autumn rendez-vous (Rendez-vous d'automne)
So Many Friends
You Just Have To Say The Word
Loving You
Hang On To A Dream
Will You Love Me Tomorrow
Lonesome Town (La rue des cœurs perdus)
Who'll Be The Next In Line
Never Learn To Cry (Mon monde n'est pas vrai)
There But For Fortune (Où va la chance)
That'll Be The Day
The Way Of Love (Parlez-moi de lui)
Tiny Godness (Je ne sais pas ce que je veux)
Let It Be Me
Empty Sunday (J'ai le cœur vide aujourd'hui)
So Many Friends (L'Amitié)

Langue italienne : 31 chansons
L'Amore Va (L'Amour s'en va)
Oh Oh Cheri (Oh oh chéri)
Per Tanto Tempo (Bien longtemps)
Se E Ma (Avec des si)
Il Pretesto (Comment te dire adieu)
Stivali Di Vernice Blu (Des bottes rouges de Russie)
I Sentimenti (Et même)
Ci Sono Cose Piu Grandi (Il est des choses)
El Telefono Corte (J'ai coupé le téléphone)

La Bilancia Dell'amore (Je ne sais pas ce que je veux)
Devi ritornare (Je veux qu'il revienne)
L'Ora Blu (L'Heure bleue)
Io Conosco La Vita (La Fin de l'été)
Il Mare Le Stelle Il Vento (La Mer, les étoiles et le vent)
La Notte Sulla Cita (La Nuit est sur la ville)
Il Saluto Del Matino (Le Premier Bonheur du jour)
Gli Altri (Voilà)
Il Tuo Migliore Amico (Ton meilleur ami)
Quelli Della Mia Eta (Tous les garçons et les filles)
Ci Sto' (J'suis d'accord)
L'Eta' Dell'Amore (Le Temps de l'amour)
E' All' Amore Che Penso (C'est à l'amour auquel je pense)
Vorrei Capiriti (Saurais-je ?)
La Tua Mano
Vorrei Essere Lei (J'aurais voulu)
Parlami Di Te
Nel Mondo Intero (Dans le monde entier)
Devi Rotornare
Non Svegliarmi Mai (Non, ce n'est pas un rêve)
Une Ragazza Come Le Altre (Comme tant d'autres)
Nel Monde Intero

Discographie de Jacques Dutronc

45 tours

Dans les années 60 les 45 tours proposent quatre titres, on les appelle EP (Extended Play), à partir de 1968 ils deviennent des simples deux titres (SP)

06/66 – Et moi, et moi, et moi/J'ai mis un tigre dans ma guitare/Mini-mini-mini/Les Gens sont fous, les temps sont flous. (Vogue EPL 8461) EP nº 1.

11/66 – Les Play-boys/Sur une nappe de restaurant/On nous cache tout, on nous dit rien/La Fille du père Noël. (Vogue EPL 8497) EP nº 2.

02/67 – Les Cactus/La Compapadé/L'Opération/L'Espace d'une fille. (Vogue EPL 8498) EP nº 3.

04/67 – J'aime les filles/J'ai tout lu, tout vu, tout bu/L'Idole/Les Petites annonces. (Vogue EPL 8536) EP nº 4.

11/67 – La Publicité/Les Rois de la réforme/Le Plus difficile/Hippie hippie hourrah. (Vogue EPL 8587) EP nº 5.

03/68 – Il est 5 heures Paris s'éveille/L'Augmentation/Comment elles dorment/Fais pas ci, fais pas ça. (Vogue EPL 8611) EP nº 6.

06/68 – Le Courrier du cœur/Ça prend, ça n'prend pas/La Métaphore/Les Métamorphoses. (Vogue EPL 8630) EP nº 7.

09/68 – L'Opportuniste/La Leçon de gymnastique du professeur Dutronc/Amour, toujours, tendresse, caresse/Transes-dimanche. (Vogue EPL 8640) EP nº 8 (il existe une édition spéciale estampillée Ouest France, et offert par le journal) EP nº 8.

11/68 – À tout berzingue/Le Roi de la fête/Proverbes/Le Mythofemme. (Vogue EPL 8648) EP nº 9.

12/68 – La Seine/Je suis content/La Solitude/Les Vangauguins. (Vogue EPL 8659) EP n° 10.

12/68 – LES DISQUES D'OR DE LA CHANSON : Les Play-boys/Et moi, et moi, et moi/Les Cactus/Il est cinq heures Paris s'éveille. (Vogue DOV 11) Compilation.

05/69 – La Maison des rêves/Quand c'est usé on le jette. (Vogue V 45-1594)

06/69 – Laquelle des deux est la plus snob/Les Femmes des autres/L'Aventurier/Le Responsable. (Vogue EPL 8667) EP n° 11.

06/69 – Le Responsable/Laquelle des deux est la plus snob. (Vogue V 45-1596)

11/69 – L'Hôtesse de l'air/La Paresse/Où est-il l'ami Pierrot ?/ L'Amour est le moteur du monde. (Vogue EPL 8679) EP n° 12.

03/70 – À la vie, à l'amour/Ma poule n'a plus que 29 poulets/Restons français, soyons gaulois/Elle m'a dit non, elle m'a dit oui. (Vogue EPL 8690) EP n° 13.

03/70 – À la vie, à l'amour/Restons français, soyons gaulois. (Vogue V 45.1711)

08/70 – À la queue les Yvelines/Il suffit de leur demander. (Vogue V 45.1748)

11/70 – LA VOITURE DU CLAIR DE LUNE. (Vogue ENF 33.13) Conte musical.

11/70 – LE SCEPTRE. (Vogue ENF 33.14) Conte musical.

11/70 – L'Ane est au four et le bœuf est cuit/Le Fond de l'air est frais. (Vogue V 45.1778)

03/71 – L'Arsène/Stercok (Georges Raudi). (Vogue V 45.1780) (Stercok est interprétée par Georges Raudi)

10/71 – Le Monde à l'envers/J'avais la cervelle qui faisait des vagues. (Vogue 45 V.4010)

04/72 – Le Petit jardin/L'Âge d'or. (Vogue 45 V.4029)

09/72 – Quand un garçon/Une Place au soleil (Sophie Darel). (Vogue 45 V.4075) (Quand un garçon est un duo avec Sophie Darel)

1972 – Tic Tic/Elle est si... (Vogue 45 V.4086)

1972 – Les Play-boys/Il est cinq heures Paris s'éveille. (Vogue 45 V.4175)

1973 – Le Dragueur des supermarchés/La France défigurée. (Vogue 45 V.4255)

09/73 – Le Testamour/Le Dilemme. (Vogue 45 V.3002)

12/73 – Gentleman Cambrioleur/Arsène Lupin. (Vogue 45 V.3030)
11/74 – L'Aventurier/L'Amour à la chaîne. (Vogue 45 V.306)
12/74 – L'Amour prison/J'comprends pas. (Vogue 45 V.12030)
02/75 – L'Île enchanteresse/Les Roses fanées. (Vogue 45 V.12051)
04/75 – Le Bras mécanique/Mais surtout sentimentale. (Vogue 45 V.12126)
11/76 – La Ballade du bon et des méchants/La Vie, l'amour c'est dingue. (Vogue 45 V.14057)
1980 – Il est cinq heures, Paris s'éveille/Les Play-boys. (Vogue 101 302) Réédition
1988 – Les Cactus/Et moi, et moi, et moi. (Vogue 102248) Réédition
12/92 – On nous cache tout, On nous dit rien/La Fille du père Noël. (Vogue 743213037) Réédition
1993 – L'Opportuniste/La Fille du père Noël. (Vogue 743212847) Réédition
1974 – Antoine et Sébastien. (Polydor 2056 314) Bande originale de film.
1980 – L'Hymne à l'amour (Moi l'nœud)/ J'ai déjà donné. (Gaumont 750 801)
1980 – L'Hymne à l'amour (Moi l'nœud)/ J'ai déjà donné. (Gaumont 751 809)
1981 – Le Temps de l'amour/La Vie dans ton rétroviseur. (Gaumont 751 806)
1982 – Savez-vous planquer vos sous/Remue-Ménages (Gaumont 751.824)
1984 – Merde In France/Camisole. (Gaumont 751.830)
10/87 – Les Gars de la narine/Sainte Suzanne. (CBS 651 1203 0)
10/87 – Les Gars de la narine/Sainte Suzanne (CBS 651 203 7).
1987 – Qui se soucie de nous/Strip-Tease. (CBS 651 344 7)
1988 – Opium/Europe'N'Roll. (CBS 651 610 7)
1992 – L'Opportuniste/Corsica. (Columbia 658 891-7)

CD Singles

Extrait des albums, ce format remplace les 45 tours.

ET MOI, ET MOI, ET MOI (Vogue VG 191033) Réédition du 45 Tours EP n° 1.

LES PLAY-BOYS (Vogue VG 191034) Réédition du 45 Tours EP n° 2.

LE CACTUS (Vogue VG 191042) Réédition du 45 tours EP n° 3.

J'AIME LES FILLES (Vogue VG 191043) Réédition du 45 tours EP n° 4.

IL EST CINQ HEURES PARIS S'ÉVEILLE (Vogue VG 191035) Réédition du 45 tours EP n° 6.

1991 – COMPLÈTEMENT DUTRONC (Vogue199 504) : Et moi, et moi, et moi/Les Play-boys/Les Cactus/Il est 5 Heures Paris s'éveille. CD de promotion.

1992 – ON NOUS CACHE TOUT ON NOUS DIT RIEN (Vogue BM 74321130132) : On nous cache tout on nous dit rien/La Fille du Père Noël.

1992 – L'OPPORTUNISTE (Columbia COL 658891 1) : L'Opportuniste/Corsica. Enregistré en public novembre 92.

1992 – LA FILLE DU PÈRE NOËL (Columbia COL 658891 17) : La Fille du Père Noël/Berceuse. Enregistré en public novembre 92.

1995 – DUTRONC EN DUO AVEC DAHO (Columbia COL 662814 1) : Tous les goûts sont dans ma nature/Laisse Lucie faire.

1996 – FAUT QU'JE'RÔDE (Columbia COL 663406 1) : Faut qu'je rôde (nouvelle version)/ Rappelez-moi de vous oublier.

1998 – ÉMILIE JOLIE (Polydor 9004) : Chanson du hérisson. CD de promotion.

1998 – ÉMILIE JOLIE (Polydor 3792) : Chanson finale. CD de promotion.

2000 – HARDY DUTRONC (Virgin 4972) Puisque vous partez en voyage. CD de promotion.

2003 – Madame l'existence/Voulez-vous. (Columbia) CD de promotion.

2003 – L'Homme & l'enfant (Columbia SAMPCS13511). CD de promotion. (Duo avec Louise Duval.)

2003 – C'est peut-être ça (Columbia SAMPCS13218). CD de promotion.

Maxi 45 tours

1982 – Transit Aigu/Savez-Vous Planquer Vos Sous ? (Gaumont Musique 750.824)
1984 – Merde In France (Cacapoum)/ Merde In France (Cacapoum)/ Camisole. (Gaumont Musique 752.830)
1987 – Qui se soucie de nous/Strip-Tease. (CBS SAMP 1191)
1988 – Opium (Pirate Mix)/ Opium. (CBS SAMP 1250)
1988 – Opium/Europe'N'Roll/Opium. (CBS SAMP 6516106)
1988 – Les Cactus/Et moi, et moi, et moi/Mini, mini, mini/Fais pas ci, fais pas ça. (Vogue 312096)
11/91 – Complètement Dutronc. (Vogue 199 504)
12/92 – On nous cache tout, on nous dit rien/La Fille du père Noël. (Vogue 74321303)

Albums

Lorsque les albums n'ont pas de titre, il est de coutume de l'appeler du nom du premier morceau. Les albums peuvent être des 33 tours (l'abréviation est LP pour Long Playing) ou des CD. Les compilations trop nombreuses et pléthoriques n'ont pas été répertoriées, sauf la dernière en date.

09/66 – LES PLAY-BOYS (LP Vogue CLD 701-30) 1er album
Et moi, et moi, et moi/J'ai mis un tigre dans ma guitare/Mini-mini-mini/Les Gens sont fous, les temps sont flous/Les Playboys/Sur une nappe de restaurant/On nous cache tout, on nous dit rien/La Fille du père Noël/Les Cactus/La Compapadé/L'Opération/L'Espace d'une fille. Réédité en CD.

1968 – COMMENT ELLES DORMENT (LP Vogue CLD 722) 2e album
Comment elles dorment/Fais pas ci, fais pas ça/La Métaphore/La Publicité/L'Augmentation/Hippie hippie hourrah/Il est 5 heures Paris s'éveille/Les Métamorphoses/Ça prend, ça n'prend pas/Les Rois de la réforme/Le Courrier du cœur/Le Plus difficile. Réédité en CD.

1969 – À TOUT BERZINGUE (LP Vogue CLD 727) 3e album
À tout berzingue/La Seine/Les Vangauguins/Transes-dimanche/Proverbes/L'Opportuniste/Le Roi de la fête/Amour, toujours, tendresse, caresse/Je suis content/La Leçon de gymnastique du professeur Dutronc/La Solitude/Le Mythofemme.

09/70 – L'HÔTESSE DE L'AIR (LP Vogue SLVLX 440) 4e album
Le Responsable/L'Idole/L'Amour est le moteur du monde/La Maison des rêves/Quand c'est usé on le jette/Les Petites annonces/Ou est-il l'ami Pierrot ?/ L'Aventurier/Laquelle des deux est la plus snob/Les Femmes des autres/La Paresse/L'Hôtesse de l'air. Réédité en CD.

12/71 – LE MONDE À L'ENVERS (LP Vogue SLD 806) 5e album
Le Monde à l'envers/J'avais la cervelle Qui faisait des vagues/-Restons français, soyons gaulois/Ma poule n'a plus que 29 poulets/Il suffit de Leur demander/Le Conte de fées/Les parasites/Le Fond de l'air est frais/À la queue les Yvelines/Elle m'a dit non, elle m'a dit oui/L'Âne est au four et le bœuf est cuit/L'Arsène.

1972 – 1972 (LP Vogue LDM 30 114) 6e album
Le Petit jardin/Vie privée, domaine public/L'Éléphant aveugle/Ne pas t'oublier/Ksst ksst/Elle est si.../ L'Âge d'or/L'Homme de paille/Le Combat/Adieu ma vie/Tic tic.

02/75 – L'ÎLE ENCHANTERESSE (LP Vogue LDY 28.033) 7e album
L'Île enchanteresse/Le Testamour/La France défigurée/L'Amour à la chaîne/Le Dilemme/J'comprends pas/Gentleman cambrioleur/L'Amour prison/Mais surtout sentimentale/Les Roses fanées/Le Bras mécanique.

12/80 – GUERRE ET PETS (LP Gaumont Musique 753 801) 8e album
L'Hymne à l'amour (Moi l'nœud)/ Ballade comestible/Le Temps de l'amour/L'Ethylique/J'ai déjà donné/La Vie dans ton rétroviseur/Manque de tout/Mes idées sales/L'Avant-guerre c'est maintenant.

1982 – C'EST PAS DU BRONZE (LP Gaumont Musique 753 809) 9e album
C'est pas du bronze/Tous les goûts sont dans ma nature/Savez-

vous planquer vos sous/L'Écorché vive/L'Autruche/Le Cœur lourd dans mon poids lourd/Remue-Ménages/Berceuse/Transit aigu.

10/87 – C.Q.F.DUTRONC (LP CBS 460 405 1/CD CBS 460 405 2) 10e album
Les Gars de la narine/Europe'N'Roll/A nous deux (C.Q.F.D.) Corsica/Qui se soucie de nous/Beau blaireau/Strip-Tease/Opium-/Sainte Suzanne. Il existe quatre pochettes différentes. Existe en LP et CD.

12/92 – DUTRONC AU CASINO (LP Columbia COL 472834-1/CD Columbia COL 14-472834-10)
L'Opportuniste/J'aime les filles/La Fille du Père Noël/Qui se soucie de nous/Les Roses fanées/Les Cactus/J'comprends pas/ L'Hymne à l'amour (Moi l'nœud)/ Opium/Corsica/À la vie, à l'amour/J'ai déjà donné/Entrez m'sieur dans l'humanité/L'Âme sœur/Berceuse/Il est cinq heures, Paris s'éveille/La Compapade/ Merde in France (cacapoum)/ Et moi, et moi, et moi. Existe en LP et CD ainsi qu'en CD-livre (Columbia COL 489143-2). Disque enregistré au Casino de Paris.

1995 – BRÈVES RENCONTRES (CD Columbia COL 4811167 2) 11e album
Lame sœur/À Part ça/Faut qu'j'rôde/Tous les goûts sont dans ma nature (en duo avec Étienne Daho)/Entrez m'sieur dans l'humanité/La Pianiste dans une boîte à Gand/Elle m'a rien dit m'a tout dit/Brèves Rencontres/Laisse Lucie faire/Rappelez-moi de vous oublier/Thomas (instrumental). N'existe qu'en CD.

2003 – MADAME L'EXISTENCE (CD Columbia COL 511224 2/LP Columbia COL 511 045 1) 12e album
Madame l'existence/La Vie en live/Un Jour tu verras/Face à la merde/L'Homme et l'enfant/Voulez-vous/L'Ère de rien/Transat en solitaire/C'est peut-être ça/Sainte Suzanne/Dou Douce. Existe en LP et CD.

2004 – EN VOGUE (CD BMG 8 28766 1687-2) Compilation
Et moi, et moi, et moi/Mini-mini-mini/Les Play-boys/On nous cache tout, on nous dit rien/La Fille du père Noël/Les Cactus/J'aime les filles/L'Idole/La Publicité/Il est 5 heures Paris

s'éveille/Fais pas ci, fais pas ça/L'Opportuniste/Le Roi de la fête/L'Aventurier/Le Responsable/L'Hôtesse de l'air/Le Fond de l'air est frais/Le Petit jardin/Le Dragueur des supermarchés/Gentleman Cambrioleur/Les Play-boys (version espagnole)/ Il Mondo Va Cosi (Et moi, et moi, et moi version italienne). C'est le seul disque sur lequel on peut découvrir deux chansons chantées en langue étrangère.

Coffrets

1989 – JACQUES DUTRONC STORY 1966-76 REMIX 89 (Vogue 654000)
Coffret 4 CD comprenant l'intégrale des enregistrements Vogue, soit 72 titres, remixés.

1992 – L'INTÉGRALE VOGUE 1966 / 1976 (Vogue BM 74321120312)
Coffret 5 CD comprenant l'intégrale des enregistrements Vogue, soit 90 titres + un live enregistré à la Tête de l'Art en octobre 1971 commercialisé pour la première fois de 16 plages. Les titres n'ont pas été remasterisés. Deux packagings différents sont proposés, le premier en forme de boîte de conserve et le second en boîtier carton.

1999 – JACQUES DUTRONC (BMG 74321690922)
Coffret 3 CD long-box comprenant 54 titres période Vogue.

2000 – JACQUES DUTRONC (Columbia COL 5013202)
Coffret 3 CD long-box comprenant 39 titres période Columbia, soit les albums : C.Q.F.DUTRONC + DUTRONC AU CASINO + BRÈVES RENCONTRES

2004 – INTÉGRALE LES CACTUS (BMG)
Coffret 7 CD proposant comprenant l'intégrale des enregistrements Vogue, soit 91 titres + un live enregistré à la Tête de l'Art en octobre 1971 le même que celui de l'intégrale 5 CD de 1992 mais augmenté d'une reprise de Mireille Mathieu (« Qu'elle est belle ») + un CD entièrement constitué d'inédits : « Il Mondo Va Cosi » (« Et moi et moi et moi » version italienne, « Les Play-boys » (ver-

sion espagnole), « Il est cinq heures, Paris s'éveille » (version espagnole), « Les Gens sont fous, les temps sont flous » (version alternative), « Le Dragueur des supermarchés » (version alternative), « Ma vie c'est un manège fin » (délire orgue/voix), « Le John Wayne des HLM » (inédit), « Cassoulet rock » (inédit), Délire piano/voix, « Monsieur Cyber » (inédit), « Repose Beethoven » (reprise de la chanson signée Chuck Berry « Roll Over Beethoven »), « Effluves » (instrumental inédit), Gala Chez Vogue (mini concert de 22 minutes également intitulé Un Sapin De Noël et/ou Sortie D'Usine). Les titres ont été entièrement digitalisés.

Album pirate

Album non désiré par l'artiste et d'origine inconnue

1991 – L'ESPACE D'UNE FILLE (YéYé Mémories YYM005)
Mini – Mini – Mini/Sur une nappe de restaurant/On nous cache tout, on nous dit rien/Les Gens sont fous, les temps sont flous/La Compapadé/Qu'elle est belle/L'Amour avec toi/La Fille du père Noël/L'Espace d'une fille/Les Cactus/Les Cactus.
Concert de Jacques Dutronc enregistré le 21 novembre 1966 à Iverdon (Suisse) et sorti officieusement, on peut y entendre deux reprises inédites « Qu'elle est belle » de Mireille Matthieu et « L'Amour avec toi » emprunté à Michel Polnareff.

Collaborations

BENJAMIN
Jacques Dutronc est le directeur artistique de Benjamin, il dirige les séances et joue de la guitare. Il a également coécrit certaines de ces chansons*.
02/66 – Mon ami d'autrefois*/ Au gré du vent*/ Cheveux longs*/ Un Train. (EP Vogue EPL 8419) 45 Tours

EL TORO & LES CYCLONES
Jacques Dutronc est guitariste.

01/62 – Oncle John/Je l'aime telle qu'elle est/Comme un tigre/-Vivre sa vie. (Vogue EPL 7910) 45 tours.

06/62 – Le Vagabond/Elle est tout/Vingtième étage/Qui te le dira. (Vogue EPL 7954) 45 tours

1995 – EL TORO & LE CYCLONES (Magic 521 452) CD proposant l'intégrale des enregistrements du groupe El Toro & les Cyclones (8 titres), des Cyclones (10 titres) ainsi que d'El Toro (2 titres).

PETER FLAM

C'est l'orthographe annoncée sur son premier 45 tours sorti en 1966 mais il s'agit en réalité de Claude Puterflam comme le précise son deuxième 45 tours. Claude travaille alors dans les studios Vogue et accompagne Jacques Dutronc sur scène en jouant du tambourin. Il enregistrera plusieurs disques sous son nom dans les années 70 après un passage au sein de Système Crapoutchic.

1966 – Tu ne m'as pas cru*/ Il ne faut pas pleurer/Elles me font rire, les chansons d'amour/C'est la vie. (EP Vogue EPL 8467)

1967 – Quand on n'a trouvé personne à aimer/Je partirai/Cœur d'acier/Tu es partie. (EP Vogue EPL 8557)

FRANÇOISE HARDY

1962 – Le Temps de l'amour. (Vogue EPL 8047) Premier 45 tours proposant une composition cosignée Jacques Dutronc.

1963 – Va pas prendre un tambour. (Vogue EPL 8139) Chanson cosignée Jacques Dutronc.

1972 – Cafard. (Sonopresse HY 30 903) Morceau figurant sur l'album L'ÉCLAIRAGE et coécrit par Jacques Dutronc.

1974 – Fin d'après-midi. (Warner Bros 56 091) Morceau figurant sur l'album ENTR'ACTE et coécrit par Jacques Dutronc.

1978 – Brouillard dans la rue Corvisart. (Pathé Marconi 2C070 14697) Morceau figurant sur l'album FRANÇOISE HARDY et chanté en duo par Jacques et Françoise.

1988 – Partir Quand Même. Duo Jacques-Françoise.

HADI KALAFATE

Hadi Kalafate est bassiste, il travaille avec Jacques Dutronc depuis son retour de l'armée, et participe à l'enregistrement de ses premiers disques. Lorsqu'il décide de tenter sa chance, Jacques Dutronc le produit.

1969 – À la plage, je suis un jules/L'Abominable homme des bars. (V.45-1617 Production JD) SP.

1970 – La Pub Erotic/L'Indic. (Vogue 451690 Production JD) SP.

ANNE-MARIE NEBOT

Chanteuse lancée par Vogue qui enregistrera deux 45 tours, dont un titre coécrit par Jacques Dutronc*.

1967 – Le Vent malin*/ Chanson pour toi/Une Rose, une plage, une fille/Les Lignes de ta main. (EP Vogue EPL 8575) 45 tours.

RÉGINE

1969 – De deux choses l'une. (Pathé Marconi SPTX 340 553) Titre écrit par le tandem Jacques Lanzmann/Jacques Dutronc présent sur le 33 tours RÉGINE.

ZOUZOU

Jacques Dutronc est le directeur artistique de Zouzou, il dirige les séances d'enregistrement et joue de la guitare. Il a également coécrit certaines de ces chansons*.

04/66 – J'avais rêvé*/ Il est parti comme il est venu*/ Ne cherche Pas*/ Puisque tu es revenu*. (EP Vogue EPL 8433) 45 tours.

04/67 – Petit garçon*/ Tu fais partie du passé*/ Ce samedi soir/-Demain. (EP Vogue EPL 8546) 45 tours.

12/03 – ZOUZOU L'INTÉGRALE (BMG 82876571662) CD proposant l'intégrale des enregistrements de Zouzou, ainsi que des versions alternatives époque Vogue.

Filmographie de Françoise Hardy

1963

Château en Suède de Roger Vadim

Scénario : livre de Françoise Sagan

Avec Monica Vitti, Jean-Claude Brialy, Curd Jurgens, Suzanne Flon, Jean-Louis Trintignant, Sylvie, Daniel Emilfork, Michel Le Royer, Loulou Laguerre.

1965

Une balle au cœur de Jean-Daniel Pollet

Scénario : Didier Goulard, Pierre Kast

Avec Sami Frey, Jenny Karezi, Spiros Focas, Vassilis Diamantopoulos, Nikos Fermas, Costas Ferris, fanis Hinas, George Marinos, Dimitris Myrat, Anna Raftopoulou, Nikos Tsachiridis, Viveta Tsiouni, Zannino.

1966

What's New Pussycat de Clive Donner

Scénario : Woody Allen

Avec Peter Sellers, Peter O'Toole, Romy Schneider, Capucine, Paula Prentiss, Woody Allen, Ursula Andress, Eddra Galc, Katrin Schaake, Eléonore Hirt, Jean Parédès, Jacques Balutin, Jess Hahn, Howard Vernon, Michel Subor.

Apparition de Françoise Hardy.

1966

Masculin, féminin de Jean-Luc Godard

Scénario : Jean-Luc Godard

Avec Jean-Pierre Léaud, Chantal Goya, Marlène Jobert, Michel

Debord, Catherine-Isabelle Duport, Eva-Britt Strandberg, Birger Malmsten

Apparition de Françoise Hardy.

1967

Grand Prix de John Frankenheimer

Scénario : Robert Alan Aurthur, John Frankenheimer

Avec James Garner, Yves Montand, Eva Marie Saint, Toshirō Mifune, Brian Bedford, Jessica Walter, Antonio Sabato, Adolfo Celi, Claude Dauphin, Enzo Fiermonte, Geneviève Page, Jack Watson, Donald O'Brien, Jean Michaud.

1976

Si c'était à refaire de Claude Lelouch

Scénario : Claude Lelouch

Avec Catherine Deneuve, Anouk Aimée, Charles Denner, Francis Huster, Colette Baudot, Jean-Jacques Briot, Jean-Pierre Kalfon, Valérie Lagrange, Manuella Papatakis, Georges Staquet, Jacques Villeret, Niels Arestrup, Albina de Boisrouvray, Paul Bellaiche, Richard Caron. Apparition de Françoise Hardy.

Filmographie de Jacques Dutronc

1973

Antoine et Sébastien de Jean-Marie Périer

Scénario : J.-M. Périer, Fernand Pluot, Monique Lange

Musique : Jacques Dutronc (arrangements : François Rauber)

Avec François Périer, Ottavia Piccolo, Keith Carradine, Marisa Pavan, Marie Dubois, Pierre Tornade, Jacques François, Olivier Hussenot, Hadi Kalafate, Jean Michaud, Francine Custer, Oreste Lionello.

1973

O.K. Patron de Claude Vital (supervisé par Georges Lautner)

Scénario : Janine Oriano, Albert Kantofff, Claude Vital (d'après un roman de Janine Oriano)

Musique : Jacques Dutronc

Avec Mireille Darc, André Pousse, Francis Blanche, Maurice Biraud, Daniel Ceccaldi, Paul Préboist, Axelle Abadie, Renée Saint-Cyr, Robert Dalban, Dominique Zardi, Henri Guybet, Michel Constantin, Hadi Kalafate, Jean Luisi, Gabriel Jabbour.

1974

L'Important c'est d'aimer d'Andrzej Zulawski

Scénario : A. Zulawski, Christopher Frank (d'après le roman, *La Nuit américaine* de C. Frank)

Musique : Georges Delerue

Avec Romy Schneider, Fabio Testi, Klaus Kinski, Claude Dauphin, Michel Robin, Gabrielle Doulcet, Roger Blin, Nicoletta Machiavelli, Guy Mairesse, Katia Tchenko.

1975

Le Bon et les Méchants de Claude Lelouch

Scénario : C. Lelouch, Pierre Uytterhoeven

Musique : Francis Lai

Avec Marlène Jobert, Jacques Villeret, Bruno Cremer, Brigitte Fossey, Jean-Pierre Kalfon, Philippe Léotard, Valérie Lagrange, Marie Déa, Alain Mottet, Stéphane Bouy, Arlette Emery, Anne Libert, Claudio Gaia, Jean Luisi, Oskar Freitag, José-Luis de Villalonga, Adrien Cayla-Legrand, Étienne Chicot, Michel Peyrelon, Michel Fortin et la participation de Serge Reggiani.

1976

Mado de Claude Sautet

Scénario : C. Sautet, Claude Néron

Musique : Philippe Sarde

Avec Michel Piccoli, Ottavia Piccolo, Charles Denner, Julien Guiomar, Bernard Fresson, Romy Schneider, Michel Aumont, Claude Dauphin, André Falcon, Jean Bouise, Jean-Paul Moulinot, Denise Filiatrault, Nicolas Vogel, Jacques Richard, Marc Chapiteau, Nathalie Baye.

1977

Violette et François de Jacques Rouffio

Scénario de Jean-Loup Dabadie

Musique : Philippe Sarde

Avec Isabelle Adjani, Serge Reggiani, Léa Massari, Françoise Arnoul, Sophie Daumier, Catherine Lachens, Roland Bertin, Bernard Allouf, Philippe Brizzard.

1977

Le Point de mire de Jean-Claude Tramont

Scénario : Gérard Brach, J.-C. Tramont, d'après le roman, *Le Photographe* de Pierre Boulle

Musique : Georges Delerue

Avec Annie Girardot, Matthias Habich, Jean-Claude Brialy, Françoise Brion, Jean Bouise, Claude Dauphin, Michel Robin, Philippe Rouleau, Lucienne Lemarchand, Christine Laurent, Sylvia Badesco, Jess Hahn, Jean Lescot, Hans Verner, Alain Adair, Michel Blanc, André Chazel, Josiane Leveque, Jacques Mavry,

Peter Bonke, Jean-Pierre Jore, Teddy Bilis, Marie-Anne Chazel, Max Vialle, Daniel Kamwa, Henri Attal.

1977
Sale Rêveur de Jean-Marie Périer
Scénario : J.-M. Périer
Musique : Jacques Dutronc, Aretha Franklin, Sidney Bechet
Avec Léa Massari, Jean Bouise, Maurice Bénichou, Nathalie Périer, Greg Germain, Anémone, Danièle Godet, Philippe March, Raoul Bourdet, Marthe Villalonga, Caroline Loeb, Pakita, Madeleine Barrault-Bouchez, Magali Clément.

1978
L'État sauvage de Francis Girod
Scénario : Georges Conchon, F. Girod, d'après le roman de G. Conchon, Prix Goncourt 1964
Musique : Pierre Jansen
Avec Marie-Christine Barrault, Claude Brasseur, Doura Mané, Michel Piccoli, Rudiger Vogler, Baaron, Umban U'Kset, Jean-Baptiste Tiemele, Peter Bachelier, Philippe Brizzard, Pierre Walker, Marblum Jequier, Cheikh Doukoure, Jacques Sereys, Sidiki Bakaba, Alphonse Beni.

1978
Pierrot mon ami de François Leterrier (pour la télévision)
Scénario : Antoine Gallien, d'après le roman de Raymond Queneau
Musique : Georges Delerue
Avec Anne Jousset, Jacques Dufilho, Jean-Marc Thibault, Sylvie Joly, Maurice Biraud, Gérard Jugnot, Etienne Chicot, Jean Champion, Edith Ker, Ginette Garcin, Hubert Deschamps, Micha Bayard, Michel Blanc et Max le chimpanzé.

1978
Retour à la bien-aimée de Jean-François Adam
Scénario : J.-F. Adam, Georges Perec, Jean-Claude Carrière, Benoît Jacquot
Musique : Antoine Duhamel
Avec Isabelle Huppert, Bruno Ganz, Christian Rist, Jean-François Adam, Rodolphe Schacher, Aline Bertrand, Axelle Bernard, Irina Grjebina

1979

À nous deux de Claude Lelouch

Scénario : C. Lelouch

Musique : Francis Lai, Pierre Barouh

Avec Catherine Deneuve, Jacques Villeret, Paul Préboist, Gérard Caillau, Bernard Crommbey, Gilberte Géniat, Jean-François Rémi, Monique Mélinand, Guy Retore, Marie-Pierre de Gerando, Karine, Xavier St-Macary, Evelyne Ker, Anne Jousset, Simon Lelouch, Olivier Lai, Nathalie Caron, Jacques Godin, Emile Genest, Daniel Auteuil, Alain David, Jean-Paul Muel, Bunny Godillot, Myriam Mézières, Evelyne Gilbert, Gérard Darmon, Sam Levene, Bernard Lecoq.

1979

Le Mors aux dents de Laurent Heynemann

Scénario : L. Heynemann, Claude Veillot, Pierre Fabre

Musique : Antoine Duhamel

Avec Michel Piccoli, Michel Galabru, Charles Gérard, Nicole Garcia, Jacques Sereys, Clémentine Amouroux, Jean-Pierre Sentier, Roland Bertin, Michel Beaune, Jean Benguigui, Monique Chaumette, Maria Laborit, Brigitte Rouan, Roland Blanche, Michel Berto, Christian de Tillière, François Dyrek, Dominique Zardi, Fred Personne, Philippe Khorsand, Jean Luisi, Jean-Michel Ribes.

1979

Le Mouton noir de Jean-Pierre Moscardo

Scénario : J.-P. Moscardo, Jean-Claude Héberlé

Musique : Georges Delerue

Avec Hélène Rolles, Tanya Lopert, Arthur Wilkins, Jean Desailly, Marie Daems, Raymond Bussières, Brigitte Fossey, Jean Luisi.

1979

Sauve qui peut (la vie) de Jean-Luc Godard

Scénario : Jean-Claude Carrière, Anne-Marie Mieville

Musique : Gabriel Yared

Avec Isabelle Huppert, Nathalie Baye, Roland Amstutz, Fred Personne, Anna Baldaccini, Dore de Rosa, Roger Jendly.

1980
L'Entourloupe de Gérard Pirès
Scénario : Jean Herman, Michel Audiard, d'après le roman de Francis Ryck, *Nos intentions sont pacifiques*
Musique : Django Reinhardt
Avec Jean-Pierre Marielle, Gérard Lanvin, Anne Jousset, Jean Lanier, Daniel Laloux, André Penvern, Françoise Deldick, Isabelle Mergault, Abdennedi Aris, Abdelkader Kada Benchiha.

1980
Rends-moi la clé de Gérard Pirès
Scénario : Nicole de Buron, Mathilde Pean, G. Pirès
Musique : Patrick Juvet
Avec Guy Marchand, Jane Birkin, Nathalie Nell, Roland Bertin, Jean-Paul Muel, Amandine Rajau, Marina Saglio, Jean-Jacques Moreau, Gérard Pirès, Franck-Olivier Bonnet, Mathé Souverbie.

1981
Malevil de Christian de Chalonge
Scénario : C. de Chalonge, Pierre Dumayet, d'après le roman de Robert Merle
Avec Michel Serrault, Jean-Louis Trintignant, Jacques Villeret, Robert Dhéry, Hanns Zischler, Pénélope Palmer, Jean Leuvrais, Jacqueline Parent, Guy St-Jean, Oskar Freitag.

1981
L'Ombre rouge de Jean-Louis Comolli
Scénario : Claude Biondi, Gérard Guicheteau, Jean-Louis Comolli
Musique : Michel Portal
Avec Claude Brasseur, Nathalie Baye, Andréa Ferréol, Lev Belsky, Maurice Risch, Pascal Bonitzer, Facundo Bo, Charles Millot, Panisse, Gratien Tonna, Max Vialle, Pinkas Braun.

1982
Y'a-t-il un Français dans la salle ? de Jean-Pierre Mocky
Scénario : J.-P. Mocky, Frédéric Dard, d'après le roman de F. Dard
Musique : Roger Loubet
Avec Victor Lanoux, Marion Peterson, Jacqueline Maillan, Jean-François Stévenin, Michel Galabru, Andréa Ferréol, Jacques Dufilho, Jean-Luc Bidault, Emmanuelle Riva, François Cavanna, Dominique Lavanant, Henri Poirier, Alain Foures, Alexandre

Rignault, Dominique Zardi, Jean-Claude Romer, Gérard Hoffmann, Antoine Moya.

1982

Paradis pour tous d'Alain Jessua

Scénario : A. Jessua, André Ruellan

Musique : René Koering, Costin Miereanu

Avec Patrick Dewaere, Fanny Cottençon, Stéphane Audran, Philippe Léotard, Patrice Kerbrat, Jeanne Goupil, Jean-Paul Muel, François Dyrek, Caroline Bergh, Pierre Hatet, Stéphane Bouy, Francis Lemaire, Thalie Fruges, Anna Gaylor, Nicole Gueden, Philippe Brigaud, André Thorent, Elisabeth Mortensen, Catherine Privat, Maria Laborit, Jean Cherlian.

1982

Une jeunesse de Moshé Mizrahi

Scénario : M. Mizrahi, Patrick Modiano, d'après le roman de P. Modiano

Musique : Philippe Sarde

Avec Ariane Lartéguy, Patrick Norbert, Charles Aznavour, Michel Lonsdale, Henri Tisot, Marie-Christine Descouard, Jean-Claude Dauphin.

1983

Sarah de Maurice Dugowson

Scénario : M. Dugowson

Musique : Gabriel Yared

Avec Lea Massari, Heinz Bennent, Jean-Claude Brialy, Gabrielle Lazure, Gabriel Yared, Evelyne Dress, Frédérico Santalla, Jean-Claude Dauphin, René Feret, Gérard Darrieu, François Perrot.

1983

Tricheurs de Barbet Schroeder

Scénario : Pascal Bonitzer, Steve Baes, B. Schroeder, d'après le récit de S. Baes

Musique : Peer Raaben

Avec Bulle Ogier, Kurt Raab, Virgilio Teixeira, Steve Baes, Claus-Dieter Reents, Karl Wallenstein, Robby Muller.

1989
Mes nuits sont plus belles que vos jours d'Andrzej Zulawski
Scénario et dialogues : A. Zulawski d'après le roman de Raphaëlle Billetdoux
Musique : Andrzej Korzynski
Avec Sophie Marceau, Valérie Lagrange, Myriam Mézières, Saddy Rebbot, Laure Killing, François Chaumette, Marc Zammit, Michael Goldman, Jean-Pierre Hébrard, Salim Talbi, Isabelle Schiffmacker, Christophe Luthringer, Alexandra Kazan, Guy Di Rego.

1989
Chambre à part de Jacky Cukier
Scénario : Serge Frydman, Jacky Cukier
Musique : Philippe Sarde
Avec Michel Blanc, Lio, Frances Barber, Engelbert Humperdinck, Catherine Frot, Christine Murillo, Nicolas Asken, Roger Ashton-Griffiths, Peter Moffat, Lollie May, Sheila Gish, Henri Delmas.

1991
Van Gogh de Maurice Pialat
Scénario et dialogues : Maurice Pialat
Musique : Léo Delibes, Arthur Honegger, Jacques Dutronc, André Bernot, Montéhus-Georges Krier, Jean-Marc Bouget.
Avec Alexandra London, Gérard Sety, Bernard Le Coq, Corinne Bourdon, Elsa Zylberstein, Leslie Azzoulai, Jacques Vidal, Lise Lametrie, André Bernot, Patrick Lecroc.

1992
Toutes peines confondues de Michel Deville
Scénario : Rosalinde Deville, d'après le roman d'Andrew Coburn
Musique : Dimitri Chostakovitch
Avec Patrick Bruel, Mathilda May, Bruce Myers, Vernon Dobtcheff, Sophie Broustal, Joël Barbouth, Eric Da Silva, Hans-Heinz Moser, Jürgen Swingel, Bernard Waver, Jean Dautremay, Michael Pas.

1995
Le Maître des éléphants de Patrick Grandperret
Scénario : Alain Artrur, Saskia Cohen Tanugi d'après un récit de Didier Dufresne

Musique : René Guillot, Isnebo Sali Goudjeh, George Rodi, Steve Shehan

avec Erwann Baynaud, Sotigui Kouyate, Sidy Lanmine, Diarra, Halilou Bouba

1996

Les Victimes de Patrick Grandperret

Scénario : Patrick Grandperret, Arlette Langman d'après le roman de Boileau – Narcejac.

Musique : Bilondiey

Avec Vincent Lindon, Karin Viard, Florence Thomassin, Gérard Darmon.

1998

Place Vendôme de Nicole Garcia

Scénario : Jacques Fieschi, Nicole Garcia

Musique : Richard Robbins

Avec Catherine Deneuve, Jean-Pierre Bacri, Emmanuelle Seigner, Bernard Fresson, François Berléand, Dragan Nikolic, Philippe Clévenot.

2000

Merci pour le chocolat de Claude Chabrol

Scénario : Claude Chabrol, Caroline Eliacheff d'après le roman de Charlotte Armstrong, *The Chocolate Cobweb*

Musique : Matthieu Chabrol

Avec Isabelle Huppert, Anna Mouglalis, Rodolphe Pauly, Michel Robin, Brigitte Catillon, Mathieu Simonet.

2001

C'est la vie de Jean-Pierre Améris

Scénario : J.-P. Améris, Caroline Bottaro

Avec Sandrine Bonnaire, Emmanuelle Riva, Jacques Spiesser, Annie Grégorio

2002

Embrassez qui vous voudrez de Michel Blanc

Scénario : Michel Blanc d'après le roman de Joseph Connolly, *Summer Things*

Musique : Mark Russell

Avec Charlotte Rampling, Carole Bouquet, Michel Blanc, Karin

Viard, Denis Podalydes, Clotilde Courau, Vincent Elbaz, Lou Doillon, Sami Bouajila, Gaspard Ulliel, Mélanie Laurent, Mathieu Boujenah, Mickael dolmen, Barbara Kelsch, Nicalas Briançon, Jade Phan-Gia, Serge Brincat, Hélène Pecqueur.

2004

Pédale dure de Gabriel Aghion

Scénario : Gabriel Aghion, Pierre Palmade, Bertrand Blier, Patrick Timsit

Avec Michèle Laroque, Gérard Darmon, Dany Boon, Marie Agut.

Bibliographie

Jacques Dutronc

Jacques Dutronc, Crac ! Boum ! Huuuue !, André Chomier et Jean-Charles Lemeunier, Jean-Pierre Taillandier, 1993.

Jacques Dutronc, Christian Eudeline, Éditions Parallèles, 1994.

Dutronc, Michel Leydier, Librio, 1999.

Dutronc De A à Z, Gilles Lhote, Albin Michel, 2000.

Pensées et Répliques, Jacques Dutronc, Le Cherche midi, 2000.

Dutronc La Bio, Michel Leydier, Seuil, 2004.

Chansons de Dutronc en bandes dessinées, Collectif, Éditions Petit à Petit, 2004.

Françoise Hardy

Je chante donc je suis, Françoise Hardy, Union Générale d'Editions, 1964.

Le Grand Livre de la vierge, Françoise Hardy et Béatrice Guénin, Tchou, 1979.

Superstar et Ermite, Étienne Daho et Jérôme Soligny, Jacques Grancher, 1986.

Entre les lignes, entre les signes, Françoise Hardy et Anne-Marie Simond, Éditions de Radio Monte Carlo, 1986, J'ai Lu, 1988.

L'Astrologie universelle, Françoise Hardy, Albin Michel, 1990.

Notes secrètes, Éric Dumont, Albin Michel, 1991.

Ma vie intérieure, Gilles Verlant et Françoise Hardy, Albin Michel, 2002.

Les Rythmes du Zodiaque, Françoise Hardy, Le Cherche midi, 2003.

Remerciements

Un grand merci à Françoise Hardy (pour ses messages), à Jacques Dutronc (pour M. Romieu), à Thomas Dutronc (pour sa confiance)...

À Jacques Wolfsohn (pour son récit), à Hadi Kalafate (pour son humour), à Jean-Marie Périer (pour son élégance), à Francis Girod (pour ses films), à Yves Bigot (pour sa complicité), à Bertrand de Labbey (pour son appui), à Marc Maréchal (pour sa diplomatie), à Marie-Laurence Gourou (pour les archives), à Marc Sénéchal (pour son savoir-faire), à François Armanet (pour les souvenirs), à Michel Leydier (pour les vacances), à Gilles Verlant (pour les infos), à Gilles Haeri (pour son calme), à Thierry Billard (pour sa rigueur), à Marie Boué (pour son aide)...

À Edwy Plenel (pour sa fidélité), à Alain Frachon (pour sa bienveillance), à Jacques Buob (pour son soutien), à toute l'équipe du Monde 2 (pour sa sagacité), à Jean-Jacques Mandel (pour ses coups de gueule), à Alexandre Boussageon (pour son amitié), à Catherine Argand (pour les déjeuners), à Viviane Mahler (pour tout) et à tous ceux qui ont toujours été là...

Et aussi à Lou, Jules, Sylvain et Matthieu parce qu'ils sont les meilleurs.

Et surtout à Laetitia.

Table

1. Une rencontre 7
2. Françoise, la fille illégitime 13
3. Jacques, le fils chéri 29
4. La France du baby-boom 47
5. Françoise Hardy – Les premiers pas 51
6. Jacques Dutronc – On l'appelait Gaston 63
7. Françoise Hardy – Le temps des copains 73
8. Jacques Dutronc – Le déclic 87
9. Françoise Hardy – L'excellente 97
10. Jacques Dutronc – L'idole 117
11. Françoise Hardy – Qui peut dire ? 129
12. Jacques Dutronc – J'aime les filles 135
13. Françoise Hardy – Il n'y a pas d'amour heureux 145
14. Jacques Dutronc – L'opportuniste 161
15. Thomas Dutronc 181
16. Françoise, la surviveuse 195
17. Jacques, l'aquoiboniste 221

En guise de conclusion 255

Annexes

Discographie de Françoise Hardy 261
Discographie de Jacques Dutronc 274
Filmographie de Françoise Hardy 285
Filmographie de Jacques Dutronc 287
Bibliographie 296
Remerciements 299

Composition et mise en page

NORD COMPO
multimédia

CET OUVRAGE
A ÉTÉ ACHEVÉ D'IMPRIMER
SUR ROTO-PAGE
PAR L'IMPRIMERIE FLOCH
À MAYENNE EN OCTOBRE 2004

N° d'édition : FF849601.
N° d'impr. : 61227.
D. L. : octobre 2004.
(Imprimé en France)